咨言询论

（2018—2022）

宁波市鄞州区人民政府咨询委员会　编

沈权　主编

宁波出版社

序一

习近平总书记指出，加强决策咨询机构建设，全方位建设好自己的"智库"，是提高执政能力的要求。党的十八大以来，以习近平同志为核心的党中央把"智库"工作上升到关乎党和国家长远发展和战略全局的高度，提出加快推进中国特色新型"智库"建设。

鄞州区咨询委自2012年成立以来，始终围绕区委、区政府中心大局，聚焦前瞻谋划重点区域发展战略、密切关注经济社会热点问题、服务推进深化改革重大问题、积极助力鄞州区经济社会高质量发展等主题，深入开展了一系列调查研究和决策咨询，形成了一批有价值、高质量的咨询报告和工作建议，为区委、区政府科学决策、民主决策、依法决策发挥了智囊作用。

特别是过去五年来，区咨询委全体成员认真践行"一线工作法"，积极下镇街、到村社，进项目、访企业，真实了解经济社会发展情况，精准把脉高质量发展重大问题，研究成果丰硕，决策咨询务实，学术联动紧密。积极撰写咨询报告和咨询建议，编撰《咨询研究》《咨询建议》，一批成果转化为区委、区政府的决策部署，取得了积极成效。

这本《咨言询论（2018—2022）》，涉及经济建设、城乡建设、社会建设等方面50余篇咨询报告和有关建议，视野广阔、观点鲜明、内容

翔实，既有理论的高度、思想的深度，又有实践的效度、情感的温度，具有较强的指导性、针对性、实操性。

这本《咨言询论（2018-2022）》，呈现的总体感觉是大家既高点站位、心中有大局，主动从服务省市乃至全国高质量发展的高度，围绕推动鄞州区经济社会高质量发展，努力多做贡献、前瞻深谋细研、深入咨言询论、积极建言献策；又高远谋划、脑中有思路，分析提出了关于建设国际消费中心城市核心区、着力培育经济增长新动能、推进工业土地全域治理等咨询报告，以及关于构筑高端支撑平台、建设智能制造高地等建议；更高度聚焦、心中有群众，数篇咨询报告和有关建议都聚焦群众的关注关切和"急难愁盼"，在推进乡村振兴、加快老旧小区微改造、提升社区物业管理水平、开展垃圾分类等方面提出了一些务实有效的意见和建议，凝聚了区咨询委全体成员和有关社会各方的智慧与汗水，饱含了大家对鄞州区的关心关注和深厚感情。

希望新一届区咨询委全体成员，积极携手社会各方和有关"智库"，充分发挥作为区委、区政府思想库、智囊团、参谋部的多重作用，为高质量打造现代化滨海大都市"首善之区"、争当中国式现代化区域示范做出更大贡献。

是为序。

中共宁波市委常委、鄞州区委书记

2023年3月

序二

把报告写在鄞州大地上

逝者如斯夫,一转眼我担任鄞州区人民政府第二届咨询委员会主任已五年余。记得当时恰逢鄞州区行政区划调整,我和我的团队都是在职身份,相比省、市及兄弟县(市)区咨询委,我们自诩为浙江咨询委系统里的"年轻人"。

来咨询委工作前,我是区政府领导班子的一员,分管过农业、城建、常务等工作,一干就是十二年。我们团队的成员不是区四套班子领导转任,就是实务部门的一把手转岗,大家之前从事的基本是"埋头做事"的务实性工作。然而决策咨询主要是"抬头看路"的务虚性工作,这个转型的跨度还是有点大。所以我们这届咨询委一开始就瞄定前瞻性、实操性、创新性、时效性这个目标,把牢咨政不干政、议事不议人、动脑又动腿、求精不求多这个准则,充分利用好我们的经验,紧紧围绕党委政府中心工作,把报告写在鄞州大地上。

五年来,我们紧扣鄞州高质量发展主线,重点围绕三大主题扎实开展课题研究,建设新时代新型"智库"。围绕经济建设,我们开展了消费经济、在线经济、湾区经济、民宿经济、流量经济、月光经济、商务经济、平台经济等系列课题研究。围绕城乡建设,我们开展了东钱湖区域、大梅山区域、姜山城南片区、五乡城东片区、邱隘老镇区、

大嵩新区、中心城区等系列课题研究。围绕社会建设，我们开展了软实力建设、社区物业建设、"清廉鄞州"建设、人才队伍建设、工业社区建设、新型智库建设等系列课题研究。先后撰写报告建议近百篇，获得市区主要领导批示八十余次，一批研究成果落地转化。

五年经历告诉我，要做好咨询工作，首先是要当好"学者"。"腹有诗书气自华"，必须要紧跟时代步伐，不停地学习，活到老学到老，才能有决策咨询的底气。其次要当好"行者"。正如李强总理所言，办公室里遇到的都是问题，在基层看到的都是办法。"高手在民间"，只有深入基层吃透情况，才能接上决策咨询的地气。最后要当好"智者"。要找准区域经济社会发展中的重点、焦点、热点和痛点、难点、堵点，选择适当的课题、适当的视角、适当的时机，善于思考，亲力亲为，集思广益，才能始终保持决策咨询的朝气。

没有最好，只有更好，由于我们知识能力水平有限，文稿中缺点、谬误在所难免，敬请鉴谅。

是为序。

鄞州区人民政府咨询委员会主任

2023年3月

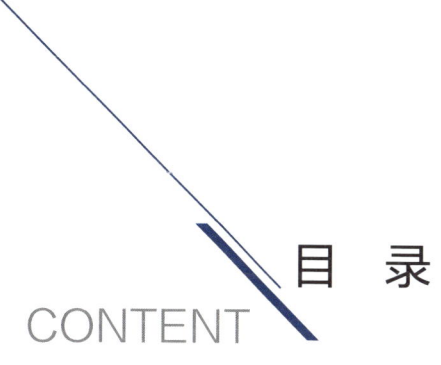

目录
CONTENT

经济建设篇

关于建设国际消费中心城市核心区　着力培植经济增长新动能的咨询报告　003

关于加快发展在线新经济的咨询报告　019

关于加快推进民宿经济发展的咨询报告　033

关于南部商务区提档升级的咨询报告　046

关于推进产业园区高质量发展的咨询报告　056

关于加快产业互联网应用　推进建筑业转型升级　搭建"众建联"创新平台的咨询报告　070

关于新冠疫情背景下发展鄞州泛旅游产业的咨询报告　078

关于鄞州区房地产市场平稳健康发展的咨询报告　092

关于建设宁波房地产消费服务未来中心的咨询报告　103

关于粤港澳大湾区开发建设及其对鄞州启示的咨询报告　112

关于构筑高端支撑平台建设智能制造高地的建议　121

关于支持宁波鄞州企业建设海外仓的建议　127

市区联动　打造宁波（鄞州）国际汽配中心的建议	130
关于抢抓城乡一体融合发展机遇实现鄞州第三次腾飞的建议	134
高度重视疫情冲击下流量经济保障问题	139
密切关注　积极应对中美贸易战对我区外贸企业带来的影响	145
关于新形势下鄞州乡村旅游提档升级的建议	148
关于有序推进地摊经济夜经济拉动消费增长的建议	153
关于利用城市街头空间发展地摊经济的建议	156
关于发展青创夜经济的建议	159

城乡建设篇

关于加快推进东钱湖区域发展的咨询报告	165
关于打造城东新区　不失时机加快五乡片区开发建设的咨询报告	179
关于实施大梅山区域开发建设的咨询报告	186
关于规划建设蓝色硅谷（大嵩新区）的咨询报告	196
关于推进滨海产城融合示范区建设的咨询报告	215
关于实施"三区三十"方略　打造美丽田园新城　加快推进姜山城市化建设的咨询报告	225
关于整体推进邱隘老镇区拆迁建设的咨询报告	235
关于鄞州中心城区存量土地挖潜利用的咨询报告	249

关于宁波云龙综合交通枢纽建设可行性的咨询报告　　**257**

关于高质量推进鄞州现代综合交通体系建设的咨询报告　　**287**

关于鄞州交通发展中存在的相关瓶颈与建议　　**299**

关于以数字化改革推进共同富裕标杆区建设的建议　　**303**

关于发展农村集体经济建设共同富裕标杆区的建议　　**307**

关于实施乡村振兴战略先行建设近郊村租赁房的建议　　**312**

关于进一步推进全区老旧住宅小区微改造的建议　　**315**

社会建设篇

关于提升区域软实力　强化"首善之区"硬支撑的咨询报告　　**321**

关于构建"三位一体"治理模式提升社区物业管理水平的咨询报告　　**339**

关于体系化推进工业土地全域治理的咨询报告　　**348**

关于牢记总书记嘱托　着力打造清廉建设高地　擦亮"首善之区"底色的咨询报告　　**356**

关于构建基层治理新格局　纵深推进"清廉鄞州"建设的咨询报告　　**366**

关于加强新时期智库建设的建议　　**378**

充分利用南高教园区科技人才优势加强区校战略合作的建议　　**381**

关于增强鄞州磁吸力　加快集聚优秀青年人才的建议　　**384**

关于我区商务区"党管人才"的建议　　**389**

关于引导乡贤全面融入发展　助推鄞州建设共同富裕标杆区的建议	395
打造特色社区需挖掘特色小巷文化	399
关于茅山片区文旅融动开发的建议	401
关于深入挖掘徐偃王历史传说文化的对策建议	406
关于探索八法联动推动垃圾分类的建议	411
关于加快规范鄞州区路名、小区名及门牌号的建议	414
后　记	417
附　录	418

经济建设篇

JINGJI JIANSHE PIAN

关于建设国际消费中心城市核心区着力培植经济增长新动能的咨询报告

自2016年行政区划调整以来，鄞州区经济总量跃上2000亿元台阶，财政收入突破400亿元大关，综合实力位居全国第四。但在肯定成绩的同时也应看到，GDP和综合财力增长趋缓，这说明构建新发展格局、推进高质量发展依然任重道远。我们深深感到，鄞州区经济要始终保持高质量发展的好势头，必须进一步拉长长板，补上短板。在毫不动摇抓好工业经济的同时，抓紧全方位谋划服务经济、数字经济发展，借力国家实施双循环战略东风，将鄞州区两区合并、宁波城市东扩的红利充分激发出来，把消费这个拉动经济增长的终极动力做强，从而确保区域经济持续健康发展。上阶段，鄞州区咨询委着眼经济增长新动能挖掘，对区内外几大商圈进行实地考察，并到相关部门及街道进行调研，形成了《关于建设国际消费中心城市核心区，着力培植经济增长新动能的咨询报告》，供区委、区政府决策参考。

一、背景与条件

消费是现代化国际大都市的核心功能之一，是拉动现代经济增长的主力军。2019年，宁波发布了《建设国际消费中心城市实施方案》，浙江省"十四五"规划明确支持杭州、宁波建设国际消费中心城市。作为宁波都市核心区，鄞州区建设国际消费中心城市核心区既是势在必行，更是当务之急。

（一）机遇所在

国家层面，当前，我国面临百年未有之大变局，但仍处于重要战略机遇期，正加快构建以国内大循环为主体、国内国际双循环相互促进的新发展格局，特别是新冠肺炎疫情发生以来，传统消费在线上延伸，新型消费形态不断涌现，党的十九大报告明确强调要增强消费对经济增长的基础性作用，消费在经济活动中的地位更加凸显。省市层面，浙江省、宁波市正高质量发展建设共同富裕示范区，生活品质提高是其中应有之义，随着一大批涉及消费的重大项目应运而生、开始实施，消费必将迎来新一轮迭代升级。区级层面，作为全省城市建成区面积最大的都市核心区，东部新城建设基本完成，南部新城发展日趋成熟，江东老城改造明显提速，钱湖新城谋划全面铺开，这为消费经济发展提供了广阔空间。

（二）竞争所迫

从全球看，纵观国内外热点城市，消费对地区生产总值、财政税收的贡献率均占主导地位，从一定意义上说，新一轮城市的竞争就是消费的竞争。从全国看，2019年，商务部等十四部委已经下发了《关于培育建设国际消费中心城市指导意见》。2021年7月，国务院批准上海、北京、广州、天津、重庆五市率先开展国际消费中心城市建设，成都、深圳等40多个城市也已启动国际消费中心城市培育计划，一批大中城市正加快消费转型升级。从长三角地区看，上海、杭州分别于2018年和2019年制定了国际消费中心城市建设三年行动计划，南京、苏州、无锡、徐州均出台了相应的实施意见。国际消费城市建设已经成为长三角地区倒逼产业转型升级、拉动经济增长的主引擎。从区级看，上海市徐汇区每年引进100家知名品牌建首店、旗舰店、概念店、体验店；成都市锦江区建设太古里等高端商业综合体，积极争创国际消费中心城市引领区；杭州市上城区以打造高端消费中心为载体，争当共同富裕示范区排头兵；毗邻的宁波市海曙区也把商贸消费作为促进经济发展的拳头主打策略；而鄞州区虽然坐拥东部新城、南部新城两个地标性商圈，但部分商业综合体辐射范围重叠，同质化现象严重，不少商场空置率高，甚至面临倒闭。对标先进县（市）区，鄞州区必须积极有为，迎头赶上，以国际消费中心城市核心区建设为载体，打造经济发展强力引擎。

（三）群众所愿

习近平总书记指出，人民对美好生活的向往就是我们的奋斗目标，而消费恰恰是反映人民群众美好生活向往的晴雨表。从2012—2020年，我国社会消费品零售总额从20.6万亿元增长到39.2万亿元，已成为仅次于美国的全球第二大消费市场。群众消费水平和生活品质有了很大提升，数字、文化、旅游、健康等新型消费热点层出不穷，新场景、新业态、新模式不断涌现。而宁波市的人均消费水平与收入不成

罗蒙环球乐园

正比，2021年上半年，宁波城镇居民人均可支配收入达4.1万元，在23座万亿GDP城市中排名第4，但宁波上半年社会消费品零售总额在万亿GDP城市中仅排名第19。大量消费外流，一个重要原因是品质消费资源缺乏，居民高端消费主要前往上海、杭州、香港等地。宁波本土消费亟须提档升级。

（四）条件所允

从硬件条件看，鄞州区交通基础设施完善，有地铁运营线4条，在建1条，计划开工6、7、8号线3条。商圈基础条件优越，国际会议中心和国际会展中心加快建设，阪急百货、开市客、山姆会员商店等国际知名商超品牌纷纷落户鄞州区，喜来登、康得思、瑰丽等品牌酒店入驻鄞州区，星巴克全区达到 50 多家，阪急开业仅 8 个月营业额即达到 30 多亿元，丰盈了宁波及周边地市群众的都市消费内容。从软件条件看，鄞州区已经成为国家电子证照应用全市唯一试点和省政务服务 2.0 改革试点区，获评全国投资潜力百强区第 4，且中东欧博览会永久落户鄞州区更是彰显了鄞州区的独特优势。从发展趋势看，鄞州区城乡居民可支配收入均为全市第一。2020 年社会消费品零售总额达到 878.7 亿元。鄞州区的商业繁荣度、商业活跃度在不断提升，连续 5 年超过消费强区海曙区，跃居全市第一。进入新发展阶段，鄞州区理应积极建设国际消费中心城市核心区，打造消费新高地。

二、目标与思路

根据调研，我们认为，鄞州区应充分发挥消费经济引领带动作用，着力促进消费、创新、转型三者互动，真正促使两区从外部"物理融合"到内部"化学反应"，从而步入消费、投资、出口互促共进的高质量发展新阶段。

（一）目标

建议的总目标是，经过 5 年努力，力争鄞州区社会消费品零售总额比 2020 年翻一番，服务业对 GDP 的贡献率达到 75% 左右，全面打造成为有较大影响力的国际消费中心城市核心区。具体目标为：

建设"百亿"商圈。系统谋划调整区域商业版图，注重打造消费新地标，着力提高商业运营度和专业能力，力争 5 年内以阪急为代表的东部新城商圈、万达—印象城组团为代表的南部新城商圈冲刺百亿

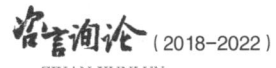

商圈,同时,加快培育以 K11 为代表的江东老城商圈。

培育"百个"品牌。实施消费品牌培育行动计划,引进国际一线品牌,扶持本土消费品牌,力争 5 年内销售超亿元国际国内知名消费品牌达到 100 个。

打造"百强"企业。实施消费名企工程,引进培育消费领域世界 500 强企业、头部企业及一线梯队企业,壮大消费市场主体,力争 5 年内鄞州区消费领域知名企业(商号)达 100 家。

落户"百个项目"。注重传统商贸业改造提升,培育消费新模式、新业态、新场景,积极引进实施一批消费经济新项目,力争 5 年内落户项目达到 100 个。

(二)布局

针对群众消费市场需求,结合鄞州区资源禀赋及分布,建议鄞州区消费经济布局为"二核三街多极多点",着力构建区域性、区块性、社区性三级消费体系。

二核:即以阪急、K11 为核心,引进国际一线消费资源,集聚新型商业业态和知名品牌,补齐宁波高端消费短板,布局区域性国际高端消费目的地。

三街:重点打造中山东路"浙东第一街"和四明路商业街品牌,布局南商一带时尚水街,将三条主街周边商业资源串联成线,对沿线商业消费进行提档升级,满足现代城市消费新趋势、新需求、新时尚。

多极:依托万达、印象城、欢乐海岸、环球城以及东外滩、下应—东钱湖组团、邱隘老镇等商业综合体和商业街区,精准错位运营,布局 10 个左右区块性消费极点。

多点：在政府主导下，坚持公益导向，兼顾经济效益，按照生活便利化、需求多样性的要求，打造100个左右社区邻里中心、乡镇商业集市和夜经济节点。

（三）思路

深入贯彻新发展理念，着力打好五张牌。

注重创新发展，打好供给牌。深化消费供给侧改革，推广应用互联网、VR、物联网等新技术，做精智慧消费、无人消费、跨境消费，做深绿色消费、体验消费等新业态、新模式，创新消费新供给，引领消费新市场。

注重错位发展，打好特色牌。注重与上海、杭州等周边城市错位发展，发挥港口、开放、制造业等优势，抓牢长三角和宁波都市圈中高端消费人群，打造具有区域特色的国际消费中心城市核心区。

注重开放发展，打好国际牌。依托东部新城、南部新城两大地标性商圈，积极承接上海进博会溢出效应，加大消费市场开放力度，引进国际高端消费品牌，引导宁波本土品牌走出去。

注重创意发展，打好文旅牌。注重文旅和消费的互动融合，将文化因子植入消费经济，发展一批文化创意中心、特色文化街区、旅游接待中心等，建设时尚消费目的地。

注重服务发展，打好亲民牌。注重消费更新迭代，打造购、游、娱、乐多元互动的消费服务场景，延展消费产业链，健全消费者权益保护机制，完善商业服务质量标准体系，营造便民消费服务环境，提升消费者的幸福感和获得感。

三、对策与举措

根据上述目标定位,我们认为鄞州区建设国际消费中心城市核心区,需从四个方面综合发力。

(一)提升消费能级,着力解决有"地方"消费问题

1.升级传统消费商圈。全面筛选分析商圈现状,坚持从实际出发两手抓:一手抓做大做强。强化共同体意识,以国际化标准谋划以阪急、宏泰、东部银泰、文化广场、会展中心、金融中心及宁波中心为核心的东部新城商圈建设,整体推进商圈品牌营销,鼓励内部错位发展,增加互联互通互动,完善标志标识,尽快提升商圈影响力,全力集聚商圈人气。树立整体观念,以四明路为纽带,串联起万达商圈和钱湖北路商圈,实现组团发展。注重系统谋划,加快以K11、龙湖天街、世纪东方、东外滩为代表的江东老城商圈建设,融入现代元素、传统文化,实现创意发展。另一手抓改造转型。遵循市场规律,对于空置率高、市场经营状况亟须改进的商场(商圈),如天伦广场、联盛广场、海港城、欢乐海岸等,按照差异化、特色化的方向,引入专业运营团队,引进品牌流量项目,焕发其新生活力。

2.搭建进口消费平台。在硬平台建设方面,加快国际会议中心和国际会展中心建设,依托国际性功能平台,吸引全球龙头国际贸易企业在鄞州区设立地区总部、功能性总部和研发中心等。在软平台建设方面,借助中东欧博览会永久落户鄞州区的东风,承接上海进博会溢出效应,进一步办好消费博览会、工业博览会、国际服装节、文旅博览会等各类博览会,积极引进网上贸易平台企业,扩大商品进口,细

分消费进口市场,丰富消费品供给。

3. 建设服务消费集群。在生产性服务业方面,重点推进南部商务区、和丰创意广场和东部新城国际航运中心建设,南部商务区重点做好为区域总部、中小企业创业创新和孵化服务工作,和丰创意广场作为甬港科创大走廊的一部分,重点做好研发设计服务,航运中心要重点集聚一批货代、船代企业,健全港航服务产业链。同时,强化四明金融小镇、东部新城金融中心等金融与财富管理平台功能,发挥保险创新综合试验区作用,建设集消费、融资、投资于一体的金融服务中心,多点支撑经济发展。在生活性服务业方面,重点在南部新城北区、江东老城、邱隘老街、姜山老镇等地集中发展,大力培育健康养老、娱乐休闲、文体教育、时尚创意等消费产业集群,打造一批集购物、

宁波阪急百货

娱乐、餐饮、休闲、商务等多功能于一体的特色商业街区。

4. 培育消费企业梯队。结合鄞州区经济特质，重点引进一批一线头部企业，鼓励开设企业直销窗口，鼓励社会资本投入文化、教育、泛旅游、养生等领域，引进高水平创业创新团队，扶持一批数字消费、大健康、特色民宿、宋韵文化、时尚消费等相关消费领域产业链项目。大力推进中小微消费企业发展，适时举办消费经济创业创新大赛，不断孵化升级创业创新相关获奖项目，培育壮大鄞州区消费经济企业矩阵。

（二）拓展消费领域，着力解决有"业态"消费问题

1. 形式上：线上线下结合，着力发展"线上"消费。线上消费既是时尚热点，又是差距之所在。要按照线上线下一体融合的方向，推动"互联网+消费"发展，培育消费新动能。鼓励知名电商平台在鄞州区设立企业总部、区域总部。发展电商网红直播经济，整合首南街道电商园、南部商务区等电商直播资源，建设培育直播电商园区（基地）。支持辖区知名特色商铺、餐饮、酒店、休闲娱乐场所等实体商家在线应用，发展O2O生活消费业态，支持生鲜、餐饮、快递邮政、金融缴费、家政、汽车维修、健康护理等专业和生活服务电商建设社区O2O服务平台，培育鄞州区社区经济和共享经济。

2. 时间上：白天黑夜结合，着力发展"月光"消费。联动商业综合体、特色街区、景区、夜集市、风情街、步行街等，发掘鄞州区夜经济资源。适时启动邱隘老镇更新改造，建设特色街区，保持"烟火气"。重点推出舟宿夜江、东裕夜市、钱湖夜游、庆丰夜演、青创夜集等项目，引导支持宝龙广场"试水"发展夜经济综合体，引入一批宁波特色精品店、网红店、网红达人，丰富宁波美食、文化创意、非遗传承、演艺休闲、运动康养、时尚精品等多元业态供给。利用大数据平台推介夜经济消费热点和目的地，激活夜经济活力。

3. 空间上：城市与乡村结合，着力发展"乡愁"消费。建设一批古韵老街，突出抓好以韩岭老街、天童老街、莫枝老街为代表的民俗老街建设，丰盈本土乡愁韵味。建设一批美丽乡村，以走马塘村、城杨村、童夏家村等为代表，挖掘古迹、古宅、名人、名胜等资源，激活古村文化记忆之新韵。打造一批"精特亮"风景线，按照探美、溯源、寻根的思路，建好以公园城市景观线、塘河湖泊旅游线、海丝商贸文化线、田园山村观光线、佛学禅修养生线等为代表的美丽风景线。培育一批特色民宿，依托鄞州区文旅资源特色优势，建设提升一批如集盒里城市民宿、网红花海民宿、马友友音乐民宿、农事体验民宿、运动休闲民宿等特色民宿，吸引市民去休闲度假。

4. 内容上：物质与精神结合，着力发展"文化"消费。支持文化、艺术、体育、旅游、时尚、社交和消费跨界融合，凸显数字文化、宋韵文化、非遗文化、时尚文化、奥运文化等文创元素，提升消费文化内涵。大力发展文旅消费，发挥东钱湖国家级旅游度假区龙头带动作用，整合东吴、塘溪、横溪等区域，深挖名人文化、禅宗文化、石刻文化、王安石治鄞等环东钱湖文旅资源，建设环东钱湖宋韵文化消费圈。全力支持品质消费，发展健康养生、艺术熏陶、全民健身、体验购物等文化消费业态，结合国家文化消费试点城市建设，支持艺术空间、艺术街区、创意工作坊、影院、书店等创新项目建设。积极发展数字消费，重视用户时尚体验，推动网络手游、动漫电竞、网络文学、新媒体等时尚娱乐产业发展，扶持发展酷乐潮玩、卡酷动画、百讯、甬派等一批本土在线时尚文娱消费公司发展。

（三）增强消费能力，着力解决有"群体"消费问题

1.不断壮大中坚消费群体。推进共同富裕示范区创建，深化收入分配制度改革，按照橄榄型收入人群比例，扩大中等收入群体规模，提高低收入群体收入，增强居民消费能力。布局国际高端消费业态建设，引进国际顶尖时尚总部经济入驻鄞州区，留住高收入人群消费。实施扩大就业工程，以创业带动就业，扩大社会参保覆盖面，逐年提高职工收入，培育壮大消费潜力群体。

2.努力适应差异消费群体。针对少儿群体，尽早配套出台相关生育优惠政策，大力提高文化启蒙、教育培训、创意玩具、动漫数码等消费供给，满足少儿求知、求美、求新的需求。针对老年人群体，大力发展康养、理疗、休闲、家政、文娱服务等"银发经济"，满足老有所养、老有所乐、老有所为的需求。针对中青年群体，大力发展时尚创意、运动健身、休闲旅游、创客创业等消费经济，满足中青年人群的时尚、健康、快乐的精神文化需求。针对女性群体，大力发展美容美发、茶艺养生、时尚家居、休闲购物等家庭消费经济，满足女性群体爱美、爱家、爱生活的多样化消费需求。

3.积极导入流量消费群体。在双循环背景下，注重流量畅通循环，导入客流、商流、人才学生流等不同消费流量群体，扩大消费经济流量。在客流方面，发挥鄞州区产城人文资源优势，大力发展泛旅游产业，将传统旅游与休闲、社交、探险、商务、团建等深度融合，丰富文化旅游内涵，供给多元化旅游产品，集聚旅客流量。在商流方面，发挥工商城市优势，吸引国内外商务人员来鄞采购消费，激发消费经济新动能。在人才学生流方面，发挥宁波都市圈和南高教园区区位地理优势，深入实施"万有鄞力"引才计划，欢迎人才和大学生来鄞州区实习、就业、创业、居住、落户，带动消费、房产、教育、医疗等全面发展，共建共享全面小康。

4.大力培育集团消费群体。企业集团消费是消费的重要组成部分，按照生产性集团消费、经营性集团消费、公用性集团消费和福利性集团消费四大消费类型，下大力气引进一批区域性消费经济集团总部。充分发挥好国家级"双创"基地作用，千方百计发展市场主体，培育以消费企业集团为龙头、中小微消费企业为主体的行业集团消费群。与此同时建好钢材五金、汽车汽配、食品药品、家居家电、纺织服装等专业市场、要素市场，为集团消费打好基础。

（四）打响消费品牌，着力解决有"东西"消费问题

1.打造中高端品牌集散地。发挥宁波城市消费优势，瞄准国内外一线中高端品牌，加大引进力度，集聚更多具备独特品牌价值和先进品牌运营模式的国内外知名商业品牌、商品品牌和服务品牌。鼓励企业设立品牌首店、旗舰店、体验店、展示店和创新中心、采购中心、结算中心、运营中心，提升鄞州区品牌集聚度。支持企业在本土扩大品牌销售，营造吸引中高端品牌集聚发展的良好生态。

2.打造原创品牌首发地。发挥区域辐射功能，吸引国内外原创品牌来鄞进行新品首发，加快集聚本土时尚设计师，吸引更多原创设计师品牌资源来鄞发展，引导东部新城和南部新城两大地标性商圈对自主品牌、原创品牌发展提供便利，支持GXG、菲戈、欧琳、小遛共享等原创品牌扩大影响力和销售规模。支持各类消费功能平台举办时装节、文化节、美食节、音乐节等活动，建议恢复举办鄞州区"商之乡"贸易（消费）节，集中发布新品，集聚长三角优质原创品牌资源。

3. 打造特色商品供给地。挖掘特色农产品资源,扩大雪菜、茶叶、水果、海鲜等特色农产品影响力。挖掘和保护老字号品牌资源,鼓励特色餐饮、非遗等老字号通过创意设计、跨界合作、线上营销等活动拓展市场,推出一批宁波鄞州区本土名店、名品、名街、名节,提升宁波本土特色商品的知名度和美誉度,打造一批鄞州区"伴手礼"。发挥宁波口岸优势,做大进口红酒、汽车和中东欧特色商品销售。实施"同线同标同质"工程,支持出口企业打造自有品牌,引导特色优质产品出口转内销。

4. 打造放心消费示范地。加大消费市场监管力度,打造"放心消费在鄞州区"品牌,保护消费者合法权益。重点培育一批放心消费示范街区、社区,提升居民消费获得感和幸福感。实施"守护安全,放心消费"系列消费服务活动,直面解决放心消费问题。开展餐饮、保健品、农贸市场、放心工厂、金融消费进社区等行业领域创建活动,提升消费服务质量。建设重要商品追溯系统,在食品、药品、儿童用品、日用品等领域推动建立全过程质量安全追溯体系。加强对品牌商标权、专利权保护,营造良好品牌保护软环境。

四、保障与建议

(一)提准领导决策度

建设国际消费中心城市核心区,培植经济增长新动能是一项重大工程,建议区级层面设立综合协调机构,由区主要领导挂帅,商务局具体负责,同时把街道工作重心全面转向消费经济发展,统筹协调推进各项工作,及时沟通联络并解决重大问题和困难,形成常态化工作机制,确保落实落细落地。

（二）提质规划引领度

注重与省市相关规划衔接，制定鄞州区建设国际消费中心城市核心区规划，抓紧出台实施方案。特别要针对鄞州区人均商业土地面积达到2.5平方米、已超出人均1.5—1.8平方米标准的情况，严格商业用地分类管理，严控以商业名义开展的住宅建设，适当控制写字楼宇，优化商业综合体布局，合理开发利用地下空间，完善地铁口商业布局，实现"高、中、低"结合，推动"商、文、旅"融合，构建"大商务"发展新格局。

（三）提增政策支持度

突出政策创新和关键政策突破，注重消费政策与产业政策一体联动，打出政策组合拳，完善资金、土地、人才等要素保障，大力支持重点商圈、重点企业、重要平台发展，大力支持消费经济新业态、新模式和创新型企业发展。对企业引进顶流品牌、举办有影响力的促销文化活动要给予大力支持。

（四）提效招商精准度

发挥"五皮"招商精神，探索实施组团招商、以商引商、企业招商、专业招商等多元招商方式，在不同商圈按照不同功能定位招商引资，统筹各个区域消费经济建设项目招商工作，落地引进一批境内外优质项目。同时引导社会资本进入消费经济领域，引导和支持天使投资、产业投资基金、家族财富投资及各类创投机构投资鄞州区消费经济领域创新项目。

（五）提升设施完善度

完善城市路网体系建设，提高城市交通枢纽与商业通达度、融合度，加快建设以轨道交通、城市快速路、公交、公共自行车和共享单车等为主体的市民便利出行体系，建设城市步道＋绿道＋公园＋商圈为核心的城市慢行体系，方便居民出行消费。加快以5G基站网络为代表的新基建基础设施建设，服务消费新业态、新模式、新需求。全面启动城市全域有机更新，布局建设一批停车设施，夯实国际消费中心城市核心区建设基础。

（六）提高宣传影响度

针对群体消费需求收缩现象，积极引导培育居民会消费、想消费的现代消费意识，树立新消费观念。策划鄞州区城市形象宣传，提炼鄞州区城市品牌核心价值，塑造鄞州区城市品牌独特形象。依托宁波毗邻上海且人脉资源深厚的优势，借助上海对全球的影响力和辐射力，以上海为桥头堡营销鄞州区，提升鄞州区国际知名度。充分利用上海进博会、广交会、中东欧博览会、高洽会等重大活动平台，积极创造条件，争取筹办各类国际性和区域性重大赛事活动。主动利用新媒体、融媒体、互联网等多种手段载体，全面展示鄞州区城市形象。

（2021年12月）

关于加快发展在线新经济的咨询报告

在线新经济是指借助互联网（物联网）、人工智能、5G、大数据、区块链等智能交互技术，与现代生产制造、商务金融、文娱消费、教育健康和流通出行等深度融合，具有在线、智能、交互特征的新业态新模式。这次百年未遇的新冠肺炎疫情，为在线新经济发展带来了前所未有的机遇。近期，习总书记在《求是》杂志上撰文指出：我国线上经济全球领先，在这次疫情防控中发挥了积极作用，线上办公、线上购物、线上教育、线上医疗蓬勃发展，并同线下经济深入交融，我们要乘势而上，加快数字经济、数字社会、数字政府建设。鄞州区政府咨询委聚焦新一轮产业发展，专门安排近一个月时间，走访了20余家有代表性的企业，并举行了有10余个相关部门参加的座谈会，同时组织专家委员进行专题研讨，形成《关于加快发展在线新经济的咨询报告》，供党委政府决策参考。

一、发展背景

当今世界正经历百年未有之大变局,新冠肺炎疫情全球大流行,使这个大变局加速变化。习总书记强调:"要努力在危机中育新机,于变局中开新局。"在线新经济很好地适应了当前发展的新趋势,满足了人们生产生活全天候、多元化、个性化、智能化的需求,是推动经济发展的新引擎。

从重要性看:国际上第四次工业革命和新一轮科技革命、产业变革方兴未艾,带动数字技术、数字经济、数字生活快速发展,国内正加快构筑国内国际双循环新发展格局,必将带来以数字消费为特征的排浪式新消费浪潮,从而催生众多百亿、千亿乃至万亿级的市场机会。乘势而上、加快发展在线新经济,已成为鄞州区经济工作的重中之重。

从必要性看:鄞州区经济以工业经济为主体,数字经济一直是我们的短板。近年来,虽然工业化、信息化融合进展情况良好,但由于起点较低,数字化赋能仍显不足。要推动经济转型升级,提高经济的整体竞争力,加快推进产业数字化和数字产业化。发展在线新经济,是鄞州区经济实现高质量发展的必由之路。

从可行性看:鄞州区作为宁波都市核心区,区位优势明显,产业基础突出,拥有南部商务区、东部新城商圈、和丰创意广场等一批重大功能平台,在数字经济领域集聚了一大批优秀人才、优势企业。尤其是随着数字经济战略的实施,完全有条件把鄞州区打造成为省市乃至长三角在线新经济的集聚高地。

从紧迫性看:当前各地在线新经济发展风起云涌,上海、杭州、深圳等地均制定了在线新经济行动方案。上海市长宁区已经出台了《支持发展在线新经济的若干政策》,并发布了在线新经济白皮书。杭州市余杭区正在实施"数字高速公路"新基建、"数字资源超市"新中枢、"数字百科全书"新标准三大基础工程。就连宁波市内的海曙区也已引进了工业互联网研究院、阿里宁波总部等重要功能性平台,极力发展数字经济。迎头赶上这一轮在线新经济发展浪潮,已成为鄞州区全区上下的当务之急。

纵观国内外新形势,我们判断,在线新经济发展已处于爆发式增长的前夜,新一轮产业变革的新风口即将全面到来,鄞州区必须抢抓机遇、积极有为。

二、发展现状

鄞州区在线新经济发展起步于企业信息化管理,目前数字经济占比已超过50%,经济社会正在向智能生产、智慧生活的方向演进,特别是在新冠肺炎疫情的"催化"下,工业化、信息化深度融合的成果正在迸发出巨大的能量。

一是增长速度明显加快。以软件和信息服务业为代表的在线新经济迅猛发展,营业收入从2010年堪堪突破25亿元发展到2020年即将突破250亿元,在宁波市行业占比超过25%,十年增长近9倍,远高于整体经济增速。尤其今年,世贸通跨境电商、供销电商业务量剧增130%以上,国研软件、文谷软件营业收入几近翻番;甬润科技花间直播旗下的花友直播,成立短短六个月,营业收入就接近2亿元;黑灯车间、数字工厂从无到有已达8家;健康医疗、工业互联网、智能物流等重点领域产业营业收入同比增幅超过20%。

二是企业实力加速提升。一批"隐形冠军"企业正在崛起。小遛共享用两年时间已布局全国180余座城市,2020年营业额将达到10亿元,稳居全国行业第4。启点教育的"悟空识字"App,通过苹果、华为等手机的下载注册用户已超过6000万。知学教育的"易哈佛"软件覆盖全国800万名职业医生和护士群体,成为细分领域的龙头。森浦资讯用10年时间使市场估值逐步接近10亿美金,已有6000多家银行、证券、基金、保险、资产管理公司在使用。百讯、卡酷动画等跨进在线文娱第一方阵。网络作家紫金陈的网上作品被改编成电视剧。乐歌人体工学、三个阿姨分别在广交会和上海进博会与李总理进行视频对话。不少企业仅占用1000左右平方米的商务楼宇面积,就产生几千万元利润,已引起很多风投公司的关注。

三是集聚效应开始显现。南部商务区借助国家广告创意园区平台优势,已集聚以新经济为主体的企业4000多家,从业员工4万多人。鄞州区工业园区借助省级工业园区平台优势,集聚了诸如一舟集团、元芯科技等一批在线研发企业。和丰创意广场依托省级小微企业园优势,集聚了世贸通、一达通、诚享教育等一批领头羊企业。科技信息孵化园则成功孵化出一批如宝略科技、小匠物联网等的高科技企业。永强大厦、和邦大厦等有望成为在线新经济专业楼宇。由于在线新经济的发展,全区商务楼宇利用率已达85%以上。

四是社会影响逐步扩大。通过实施数字经济"一号工程",大力发展以软件和信息服务业为代表的在线新经济,鄞州区先后获得国家动漫原创产业基地、国家广告创意产业园、国家"双创"示范基地等荣誉称号。鄞州区还是宁波国家软件名城的核心组成部分,是省信息经济发展示范区、省软件和信息服务业示范基地、省级两化深度融合国家示范区域。云科智造、国研软件入选全国大数据产业示范项目，奥克斯、美康生物等成为国家级两化深度融合示范企业，鄞州区智慧停车项目获国家级大奖。全区有望列为省数字经济创新和发展示范区。

在看到成绩的同时，也要清醒地认识到，与国内一流强区相比，鄞州区在线新经济差距仍然十分明显。

一是规模总量不大，头部企业缺乏。近几年，虽然在线新经济发展速度明显加快，但总量仍然偏小。据统计，数字经济核心产业增加值占工业增加值的比重仅有14%，嵌入式软件占比超过50%，缺乏在全国全省有影响力的头部企业，在5G通信、人工智能等尖端领域更缺少拔尖企业，致使在"赢者通吃"的互联网竞争环境里劣势明显。

二是人才支撑不足，领军人物缺乏。虽然人才引进工作成效明显，但引进的基本上属于中低端人才，缺少有科技含量的高层次人才、高端综合型人才和顶尖软件人才。南高教园区毕业生留在鄞州区本地的占比不高，浙大软件学院毕业生留在鄞州区的几乎没有，企业研发基地均设在沪杭等地。在人才工作成果方面，鄞州区较市内余姚等地差距较大，人才问题已是制约鄞州区在线新经济发展的根本性问题。

三是政策力度不够，产业引力缺乏。上海、深圳、杭州等地均打出了在线新经济政策组合拳，从企业引进培育、平台能级提升、质量品牌建设、融资人才、审批监管等方面全方位提供优质服务。反观鄞州区，面向企业的在线新经济扶持资金不增反减，流向软件信息服务业和文化创意的扶持资金大幅下降，且有关动漫等产业的部分政策未兑现，新基建速度偏慢，与余杭等地相比差距较大。

四是体制机制不顺，发展氛围缺乏。涉及在线新经济发展的部门众多，但缺乏有效统筹，作为产业发展基础的数据资源整合不到位，

个别部门的数据未能实现动态共享,数据孤岛现象依然存在。同时,发展在线新经济落实力度不够,存在"墙内开花墙外香""家花不及外花香"现象以及产业发展生态不优等问题。

综上分析,我们感到,发展在线新经济,鄞州区基础良好,潜力巨大,但也存在一些需要突破解决的问题。应该对标先进,找准差距,明确目标,突出重点,全面深入推进发展。

三、发展重点

立足在线新经济现有基础和爆发式增长的预期,我们认为,应依据"有所为有所不为"的原则,按照"总量做大、增量做快、存量做优、流量做多、质量做强"的思路,专注细分领域"小而美""小而精",着眼于工业化与信息化深度融合,实体经济和数字经济紧密结合,一手主攻招商引智,一手主抓孵化培育,谋划实施5个"10+"行动方案,力争通过3—5年努力,将鄞州区打造成为省市乃至长三角在线新经济示范区。

培育"10+"领军企业。加快培育10家以上掌握关键核心技术、拥有自主知识产权、在国内乃至国际具有竞争力的高成长性创新型在线新经济领军企业。

推出"10+"示范项目。推出一批带动作用强、市场影响大的在线新经济应用场景示范项目,进一步集聚用户流量,带动新产业发展。

打造"10+"品牌产品。打造一批美誉度高、创新性强的在线新经济品牌产品和服务,加快创新产品产业化和市场化,不断迭代升级,助推经济高质量发展。

突破"10+"关键技术。合作或独立开发一批研发与转化应用功能型平台，攻关一批在线新经济关键技术，引进消化吸收再创新一批技术成果，增强在线新经济产业核心竞争力。

实现"10+"规模倍增。力争3—5年内在线新经济年营业收入规模实现10倍增长。推动在线新经济"新产业、新业态、新商业模式"占比明显高于全国全省水平。

为此，建议聚焦以下十大发展重点。

1. 工业互联网。面向供给侧结构改革，支持龙头企业建设企业专网，引导工业互联网平台与工业软件企业合作，开发涵盖研发设计、过程控制、运营管理等领域的工业软件产品。聚焦柔性制造、云制造、共享制造，加快建设一批无人工厂、无人生产线和无人车间。重点推进高端装备制造、汽车零部件、家电、新材料等行业智能化转型，支持圣龙集团、博威集团、汉普、奥克斯集团等企业建设工业互联网平台，扶持国研软件、文谷软件、高格软件等本土软件企业发展。

2. 在线研发。建设在线研发平台，创新个性化设计、定制化设计、用户参与设计、交互设计，在工业生产、城市管理、基层社会治理、食品药品安全、信息安全等领域丰富产品和服务供给。开展各类众创、众智、众包、众设等线上研发设计活动，鼓励发展各种形态的研发者社区。重点扶持一舟集团、宝略科技等企业建设在线研发平台，支持科技信息孵化园、东外滩软件产业园打造研发者社区。

3. 在线电商（购物）。在平台方面，发挥鄞州区国际贸易优势，扶持世贸通等一批在线贸易综合服务平台型企业，建设国家级外贸综合服务联盟，优化外贸进出口集成服务，推动外贸新业态新模式发展。在产品方面，支持鄞州区名特优产品触网触电，支持中哲等企业开展线上营销，鼓励优先采购使用本土产品，打响鄞州区区域品牌。在民生方面，探索数字生活新服务，积极推广智慧零售到社区、到酒店、到医院、到企业、到家等直达模式，推广农产品质量线上追溯系统，建设智慧菜市场，探索超市冷链物流货车定时、定车、停车卸货模式，鼓励供销电商和M6等企业扩大规模、做强实力。

4. 在线金融。加快建设金融信息体系，充分发挥国家保险创新综合试验区和四明金融小镇作用，完善金融信息共享机制，鼓励金融机构基于新技术开展在线金融服务创新。积极引进发展各类风投和证券管理公司，发展智慧财富管理。支持民营资本投资发展金融分析工具研发、金融数据标识、技术管理工具、金融交易业务解决方案等各类业务，重点支持森浦资讯、一达通、甬兴证券等落户企业发展。

宏大电梯打造数字化车间

5. 在线文娱。顺应在线文娱消费新趋势,重视用户体验,加速发展网络视听。依托直播、小视频、音频和影视类载体,推进新技术应用于内容生产,推动网络手游、动漫电竞、网络文学、新媒体等互动娱乐产业发展,支持线上直播、比赛、交易、培训,重点扶持发展花间直播、卡酷动画、百讯、甬派等一批在线文娱平台公司发展。

6. 在线教育。推广线上线下深度融合的学习模式,打造甬上云课堂线上教育品牌。借助人工智能技术推出 AR 系列产品,稳步提升产品质量内涵。发展在线学前教育、科技教育和职业教育,围绕学习启蒙、科技启迪、职业技能等领域,构建完善启蒙教育培养体系和市民终身教育体系,支持启点、知学、诚享等发展成为细分领域头部企业。

7. 在线医疗。推进互联网医院发展,完善互联网诊疗服务管理体系建设,推广人工智能技术在疾病诊断、药物和检测试剂研发、医疗数据处理等领域应用,开展在线就医复诊、健康咨询、健康管理、家庭医生等各类服务。引导社会资本进入在线医疗行业,加快发展数字健康产业,试点推广建设在线医疗体外诊断试剂、体外诊断设备、检测设备等基础医疗设施。布局基层社区(行政村)健康管理站点,打通医保关卡,提升互联网医疗健康服务水平。积极扶持美康生物、三星医疗、金唐软件、万达数据等有实力企业发展。

8. 在线出行。推进智能网联汽车商业化场景应用,拓展汽车后市场服务,鼓励发展租赁共享汽车,探索自动驾驶出租车等出行新方式,优化升级共享电动车和共享自行车服务。加快"人—车—路—网"一体化道路基础设施建设,打造智慧出行服务链,重点支持小遛共享、智慧停车等在线出行服务相关企业发展。

9. 在线家政。融合家政服务、健康养生、养老服务、婴幼儿护理、

康复理疗等多元业态,建设集人才网络、业务培训、信息共享、动态交流、宏观调控等功能于一体的在线家政综合性服务平台。重点打造"三个阿姨"服务品牌,孵化一批在线家政服务企业,满足不同群体对家政服务的需求。

10. 在线办公。适应在家办公、异地办公、移动办公等需求,鼓励发展无边界协同、全场景协作的远程办公新模式。围绕视频会议、协同办公、协同开发等场景,打造远程办公平台和管理体系,优化用户体验,增强用户黏性。支持乐歌人体工学科技股份有限公司等优势企业抓住机遇扩大居家办公系列产品生产。

四、发展建议

在新经济加快蝶变的风口,在线新经济作为未来重要的经济增长极,鄞州区需要全力以赴予以推进。

(一)加强组织领导,统一思想认识

1. 优化理念。坚决摒弃传统经济发展模式,贯彻新发展理念,对发展在线新经济,全区上下务必保持高度重视,培养领导干部互联网思维,支持创新,鼓励创业,宽容失败,正确处理好长远与眼前的关系,真正像重视实体经济一样重视在线新经济发展,并切实落实到行动上。

2. 完善机制。建议成立由区主要领导挂帅的促进在线新经济工作领导小组,主管部门、服务部门、监管部门为成员单位,并设立专门办公室,建议设在区经信局(智慧办),负责统筹全区在线新经济发展

工作。

3. 压实责任。在线新经济发展需要统筹联动，系统谋划。建议尽快制定在线新经济发展三年行动计划，细化量化各部门、园区和镇街相关工作任务，分解工作责任，压实部门职责，形成发展在线新经济的强大合力。

4. 强化考核。建议将在线新经济工作纳入党委政府年度目标管理考核范围，定期进行督查，并将督查结果与干部考察使用相结合，以激发工作动力。

（二）加强政策扶持，构筑产业生态

因应新经济发展规律，政策导向逐步由侧重结果"贡献度"向侧重过程"成长性"转变，政策重点要集中力量扶持优势实力企业、科技初创企业和领军头部企业。

1. 财政奖励政策。整合各类扶持资金，优化支出结构，在兑现相关政策基础上，加大对在线新经济的投入力度，建议统一设立全区扶持在线新经济发展奖励资金，重点对在线新经济企业在举办、经营、投入、提升、上市等多个环节进行奖励补助。动员全区有实力企业组建家族财富基金，投资在线新经济项目和企业。鼓励风险投资、天使投资、创业投资、产业基金等股权投资基金入股在线新经济企业。积极帮扶企业上市，扩大直接融资规模。

2. 人才激励政策。将在线新经济企业人才引进、使用、培养全面纳入鄞州区人才扶持政策对象范围，并在教育、文化、医疗、住房等方面为人才提供便利和优惠。为应对房价上涨压力，建议调剂一批保障性住房，给符合条件的应届毕业来鄞大学生免租半年或一年，以便为他们在鄞州找工作提供"缓冲期",对已落实工作的适当给予房租补贴。

3. 招商扶持政策。瞄准在线新经济一线头部企业,加大招商力度,对于引进落地的企业继续给予大力扶持,对于补链强链项目、重大龙头项目实行"一项一议""一企一策"。同时,建立在线新经济招商项目库,发动企业家、实业家投身在线新经济招商,吸引各类竞赛路演得奖项目落户鄞州。

4. 要素供给政策。加强资金投放,建议由金融办牵头,抓紧研究出轻资产贷款办法。全面普查全区商务楼宇资源,优先优惠供给在线新经济企业使用。对于扩大再生产的在线新经济企业,在土地、厂房等资源要素供给方面优先予以考虑。在线新经济小微企业可享受孵化企业系列优惠。

与此同时,高度重视研究在线新经济促进实体经济深度融合发展政策,重视挖掘新产业、新业态、新模式,加快研究扶持诸如小遛电动车、国研智慧秤等本土化生产政策措施,延长在线新经济产业链。

(三)加强基础建设,开拓平台空间

1. 加快平台建设。高度重视抓好南部商务区建设管理,方便企业注册落户。适时启动南部商务区5期建设,着力引进一批在线新经济领域独角兽企业、总部型企业、行业小巨人企业。高标准抓好东外滩软件产业园建设,精心建设,加快招商。深入推进科技信息孵化园建设,重点孵化培育一批高科技含量企业。加快数字文化产业园建设,重点集聚一批研发和文化创意企业。

2. 实施新基建工程。在布局建设1700多个5G通信站点的基础上,加快5G独立组网建设,实现5G通信网络信号全覆盖。接入中科院重

永强大厦

大科技基础设施公共服务平台,提升对新材料、芯片等产业的支撑能级。完善物流基础设施建设,合理布局快递物流智控中心、智能物流认证与检测中心等公共平台,推动冷链仓储中心、海外仓、快递仓储中心、分拨中心、转运中心、配送站等基础设施建设,布局一批社区生鲜前置仓。

3.建设大数据库。建议由区府办、区大数据中心牵头,整合相关部门数据资源,集中力量建好政务、企业、金融、民生四大数据库,并在确保安全可控条件下,面向企业和社会开放共享大数据资源。

4.加强科研支撑。舍得下大本钱,突破引进一流大学院所共建在线新经济研究院。打通南高教园区玻璃门,联合宁波诺丁汉大学、浙江万里学院、浙大宁波理工学院等高校,建立政产学研联盟。吸引国内外大学到鄞州建设专业研究基地、博士后工作站和大学生实训基地，增强源头创新能力。

（四）加强政府服务，优化发展氛围

1. 强化保姆式服务。深化"最多跑一次"改革，推进"互联网+审批服务"，打造线上经济绿色通道，提升服务效能。借鉴7号梦工场经验，全面推广一站式公共服务平台，整合各职能部门、高校、金融和法律机构等资源，在政策、人才、融资、财税、法治、统计等方面为企业提供"妈妈式"服务，做好企业的"店小二"。

2. 实行包容式监管。市场监管、宣传文化、教育医疗、商务科技、网监等部门，加强线上经济规范引导，在坚决守牢健康、合法原则底线的前提下，既要严格审慎监管，又不能一棍子打死。实施"容缺""容错""容新"监管，营造宽松的市场环境，保障线上经济业态健康高效发展。

3. 筹划数字文化节。建议每年举办鄞州数字文化节，集成数字文化嘉年华、智能制造展览、专业学术论坛、创新创业大赛等系列节庆活动，为在线新经济发展营造浓厚的氛围。

4. 召开表彰大会。建议适时召开全区在线新经济工作推进大会，突出表彰一批对鄞州在线新经济发展做出贡献的企业和个人，进一步激发其创业创新积极性。

（2020年12月）

关于加快推进民宿经济发展的咨询报告

一般认为民宿是指利用城乡居民自有住宅、集体用房或其他配套用房，结合当地人文、自然景观、生态、环境资源及农林牧渔业生产活动，为旅游者休闲度假、体验当地风俗文化，提供住宿、餐饮等服务的处所。民宿作为一种经济形态，兴起时间不久，属于服务型经济范畴，体现了人民群众对美好生活的向往和回归自然返璞归真的情怀。近期，鄞州区咨询委联合文化旅游体育局、农业农村局等部门，对全区民宿经济进行了深入调研，实地考察了云南的丽江、大理和省内的德清、浦江、富阳、天台等地，比较了市内的宁海、余姚民宿经济发展情况，形成如下咨询报告。

一、鄞州区民宿经济发展现状

鄞州区民宿脱胎于农家乐，真正起步于 2016 年。作为新兴的时尚旅游产业，区里出台了相关政策进行扶持，引导社会资本作为主体投入建设运营,适度整合全区各类闲散资源,融入文化创意元素,设计系列文化活动。得益于这些政策措施,横溪、东吴等乡镇民宿经济发展较好乡镇相继出现,全区民宿经济发展氛围开始显现。

(一)进展情况

1. 初始规模逐渐形成。目前,鄞州区共有可供住宿餐饮旅游休闲的民宿(含可住宿农家乐)共102家,其中精品民宿12家,可供住宿的农家乐90家;芫舍、拓野山居被评为浙江省银宿;逐野被评为市级五叶客栈。全区拥有精品客房259间,普通床位526个。众筹参与者30余人,平均客房出租率47%,平均房价550元,带动就业550人左右,主要集中于横溪、东吴、咸祥、瞻岐等文旅资源较为丰富的片区。

2. 运营模式逐渐优化。在营销模式上,民宿已由比较传统的线下模式,逐步演变为线上和线下并行模式;在经营理念上,已经由最初加强版的农家乐,逐步演变为专业化团队设计运转的新模式;在运筹发展上,呈现由独资到合资,再到众筹等多元模式。

3. 消费品质逐渐升级。民宿着眼于群众生活品质,从传统的住宿,到满足住宿、餐饮、文化、旅游等功能的普通民宿,再到供人们享受慢生活、慢体验和集文化旅游、文化创意等于一体的高端精品民宿。

4. 经营业绩逐渐显现。据粗略统计,去年鄞州区民宿共接待游客6.3万人次,经营性收入达到4000万元左右,其中客房收入1168万元,占比28.8%,餐饮收入2425万元,占比59.9%,其他收入458万元,占比11.3%,但民宿经济总体占比微不足道。

(二)存在问题

1. 思想认识不足。鄞州区在经济上长期依赖先进制造业和现代服务业双轮驱动,对民宿经济发展不重视,思想不够解放,发展理念落后,频频错失良机,民宿经济尚处于自我发展状态。

2. 政策引导不力。虽然近年来陆续出台了民宿经济发展政策,但缺乏前瞻性、针对性和操作性,更缺乏全面性、系统性和综合性的顶层设计,致使政策不能落地,未能释放政策红利。

3. 设施配套不全。鄞州之前将基础设施建设的重点一直放在平原,一些山区和半山区的道路、供水、供电、污水、网络、通信等基础设施配套不到位,一些民宿缺少必要的停车场,个别山间民宿通信讯号不畅,制约了民宿经济发展。

4. 主题特色不明。鄞州区民宿同质化现象严重,经营内容相对单一。同时,由于文化创意氛围不浓,文化体验力不足,顾客吸引力不强,缺少有特色和文化魅力的精品特色民宿。

5. 协调机制不畅。鄞州区民宿经济发展无明确的牵头主管部门。目前涉及的部门有文化旅游体育局、农业农村局、发改局、自然资源和规划分局、卫生健康局、财政局、公安分局、市场监督管理局、环保局、水利局等,部门之间缺少正常的协调机制。准入门槛设置较高,多数民宿存在无监管、无经营许可、无法开具发票现象,发展合力始终没有形成。

总体来看,鄞州区民宿经济起步晚、发展慢、体量小,仍处于初步探索和爬坡过坎阶段,跟省内外民宿经济先行地区相比,差距不是在缩小,而是在扩大,必须加快发展迎头赶上。

二、发展民宿经济必须着力解决好思想认识问题

思想认识问题是首要的问题。在调研中，我们深深地感到，无论是省内外还是市内外，鄞州与民宿经济发达地区相比，最大的差距还是思想认识差距，这个问题不解决，鄞州民宿经济要发展几乎不可能。

（一）充分认识民宿经济发展的重要意义

1.民宿经济是实践习总书记"两山"理论的最鲜活样本。民宿经济通过对山水资源的挖掘利用，既在保护中发展，又在发展中保护。满足了人回归自然的情怀，真正让人与自然融为一体，生动诠释了经济发展与环境保护的辩证统一，生动诠释了"既要金山银山又要绿水青山""绿水青山和金山银山绝不是对立的""绿水青山就是金山银山"的有机统一关系，生动诠释了生态文明的重大理论和实践问题。

2.民宿经济是实施乡村振兴战略的最直接突破口。民宿经济是继乡村工业崛起之后引领乡村服务业发展的又一次农村产业革命，是繁荣城乡经济的新经济增长点。农民通过出租房屋使用权、直接投资或参与民宿运营管理，能增加经济收益；通过严格整治脏乱差，保护生态环境，城乡更加生态宜居；将现代生活方式渗透到农民生产生活之中，能提升乡风文明；将现代管理引进民宿经济管理，能提高基层治理水平。

3.民宿经济是推进城乡融合发展的最有效结合点。民宿经济发展，吸引一批有头脑有才华的创业者纷纷返乡创业，带动了城市人才、资金、项目、信息等向乡村流动，促进了城乡各种资源要素的良性循环互动。一批道路、水电、污水管网、通信等基础设施建设得以完善，有利于城乡基础设施一体化发展。一批有文化有情怀的人回归自然，推动了文化资源向乡村倾斜，有益于城乡公共服务普惠共享。特别是鄞州区已处于城乡一体发展的高级阶段，民宿经济更利于城乡一体高度融合。

（二）着力破除民宿经济发展的认识误区

1. 部门层面：要破除"不能干"的认识误区。在调研座谈中我们感到，不少部门的同志存在着明显的"畏难"情绪，认为目前规划、国土、环保、农林、消防等控制越来越紧，纪委追责越来越严；鄞州又有那么多的水源保护地和基本农田保护区，担心多做多错，这个事情还是不干为妙。所以到目前为止，鄞州区真正审批通过的民宿只有3家。

走马塘村

而省内德清县虽然是国家级风景名胜区、一级水源保护地、一级森林防火地区，但通过审批的民宿已达1000多家。市内宁海森林覆盖率高居全市第一，是宁波市的水缸氧吧，也已完成审批100多家民宿。"不能干"的认识或许也是不担当不作为的一种表现，必须加以克服。

2. 镇村层面：要破除"不想干"的认识误区。在座谈中我们发现，不少有民宿发展资源的镇村存在着"怕烦"心态，认为本来要应付的事情就多，发展民宿要牵涉众多职能部门，沟通协调麻烦，资源浪费一点没有关系，这点小钱不赚也罢。而我们考察的德清莫干山村和富阳文村，镇村干部激情满满，在群众获得感上下功夫，全身心投入民宿建设。村里组建有专门的民宿服务公司，整村开发民宿，形成了集聚效应。"不想干"的认识实际上是一种"小富即安、不思进取"思想的体现，必须加以突破。

3. 经营者层面：要破除"不敢干"的认识误区。在调研中发现，由于鄞州区的民宿经济处于探索阶段，一些民宿经营者顾虑重重，存在着"害怕"心理，担心不小心触碰政策法规红线，随时有被职能部门查处，甚至坐牢的风险。而云南丽江、大理和省内德清等地的民宿经济已经在规模化基础上向规范提升方向发展。实际上，鄞州区在开放的营商环境背景下，未来民宿经济环境必将开明化。

4. 社会层面：要破除"干不好"的认识误区。在调研中我们也了解到，社会上普遍存在着"消极"思想，认为鄞州区发展民宿，区位条件不占优，缺资源、缺人才、缺资金，民宿经济干不好。而我们考察过的天台县后岸村民宿经济如火如荼，省委书记车俊、省长袁家军均到该村做过考察，该村的资源也不见得比鄞州区强。实际上，通过发挥后发优势，发展民宿经济鄞州完全大有作为。

（三）正确处理好民宿经济发展的内在关系

1. 处理好加快发展与规范管理的关系。发展民宿经济，鄞州首先要立足实际，补上短板，正视差距，加快发展，在发展中规范，在规范中发展，既要科学有序发展，又要严格保护好生态环境，筑牢安全红线，配套系统规范政策，使鄞州民宿经济在后发中拔得头筹。

2. 处理好城市与乡村的关系。鄞州有山有海有平原，有城有乡有田园，发展民宿经济是城乡融合的有效工作载体。通过在农村发展民宿，使城市的资金、信息、人才等要素流向农村，破除城乡二元壁垒。适度推进城市民宿开发，在规划许可和不影响经济发展的前提下，盘活废弃的厂房、校舍、文保点等资源，留住城市记忆，通过空间互换吸引年轻人来休闲度假，二者互促共进。

3. 处理好传统文化与现代创意的关系。发展民宿经济，文化是魂。既要通过老旧设施再利用植入传统文化元素，又要开展丰富多彩的民俗文化活动来保护乡风民俗；既要通过现代化设施配套植入现代文明元素，又要举办各类文创活动，开发文创产品，增进文化体验，二者相得益彰。

4. 处理好线下实体经济与线上虚拟经济的关系。发展民宿经济需要充分利用"互联网+"，参照丽江、大理等地的做法，借助携程网等平台，利用区块链技术，实行线上和线下相结合，探索无人服务新模式，既做好实体个性化品质服务，又实现服务网络化和全天候。

5. 处理好精品与大众的关系。发展民宿经济，要坚持高端路线和大众路线相结合，满足不同人群对美好生活向往的需求。既要发展精品民宿，更要开发适合大众消费的中低端民宿。逐步培育形成原生民宿—主题民宿—品牌民宿—民宿综合体（民宿部落）的发展格局。

三、加快民宿经济发展的对策举措

认识统一以后,行动是关键,必须大力弘扬"实干、担当、奋进"的新时代鄞州精神,扎扎实实谋划好民宿经济发展举措。

(一)强化规划引领,着力科学发展

规划是民宿经济发展的龙头。建议在全面调研的基础上,抓紧制定符合鄞州实际的民宿经济发展专项规划,引导民宿经济科学有序发展。

1.要坚持重点、一般、限制相结合,实现有序布局。民宿经济规划,要针对鄞州资源分布状况,布局一批有资源、有基础且文旅资源丰富的重点发展区域,实行点上供地,确保民宿经济项目落地;谋划一批有一定资源、有条件发展民宿的一般发展区域;划出一片限制发展的区域,引导民宿有序发展。

2.要坚持高端、中档、普通相结合,实现错位发展。适应经济社会发展进入新阶段,顺应人民群众对美好生活新向往,细分不同人群对民宿的新要求,通过高中低结合,引导民宿经济有序错位发展。

3.要坚持城市、乡村、农户相结合,实现一体发展。发展民宿经济,不仅要充分利用乡村各种山水自然资源和人文资源,也要激活城市及城乡接合部各种闲置资源,更要积极调动有资源的农户农房等资源,对有条件的行政村鼓励集中建设民宿部落(民宿集聚区),对于有条件的农户引导其自主发展民宿,实现民宿经济三位一体发展。

4.要坚持一产、二产、三产相结合,实现融合发展。民宿经济发展要与其他产业有机融合,要注重民宿产业与农业、文化产业、旅游业、卫生与健康产业、互联网产业等相关产业关联布局,引导民宿经

济产业链延伸,拓展民宿吃、住、行、游、购、娱等诸多环节,丰富民宿经济产品供给,在产业互动中发展民宿经济。

(二)挖掘资源优势,着力全面发展

资源是民宿经济发展的依托。必须充分挖掘激活鄞州各种资源,将资源优势化为发展优势,加快鄞州民宿经济发展。

1. 依托自然山水资源发展民宿。鄞州区境内有国家级森林公园1个,国家4A级旅游景区4个,省级风景名胜区2个,横溪镇、塘溪镇、东吴镇等地有优越的山水资源,自然风光旖旎,并有大量的低山缓坡可供开发,如塘溪的雁村、东山村可依托自然山水资源开发一批民宿及民宿群落。

2. 依托历史文化资源发展民宿。鄞州有国家级文物保护单位5处,省级文物保护单位7处,市级以上历史文化名村6个,深厚的历史文化底蕴是鄞州发展民宿经济的独特优势。建议依托历史文化资源,如姜山镇走马塘村、新张俞村和东吴镇勤勇村,积极开发建设具有鄞州文旅资源特色的民宿。

3. 依托新农村建设发展民宿。目前,鄞州正在扎实推进新农村建设工作,加快农业与二产、三产融合发展,可借鉴天台县后岸村经验,开发农村集体土地建设民宿,变农民土地收益为财产性收益,如姜山镇陆家堰村环境整洁、乡风文明,一年四季花香不断,可结合新农村建设发展民宿经济。

4. 依托城乡古旧建筑、老旧小区发展民宿。鄞州城乡均遗留一批废弃厂房、老旧校舍、老旧屋居,还有一大批祠堂、名人故居等历史文化建筑。可围绕人们的怀旧情结和文化思绪,借鉴集盒里的经验,在规划许可条件下经审批后适度对古旧建筑、老旧小区进行有机更新，如首南街道石家村可开发一批文化特色类民宿。

5. 依托农林牧渔资源发展民宿。鄞州拥江揽湖滨海，有25.66千米优质海岸线，可在农家乐、林家乐、渔家乐和海岸线资源等方面做文章，如咸祥镇南头渔村、芦浦村可发展一批适宜休闲养生娱乐的滨海乡间体验型民宿。

（三）注重品质特色，着力协调发展

借鉴省内外民宿发展经验，结合我区实际，积极探索品牌引进和本土培育相结合，彰显鄞州民宿的亮点特色。

1. 开发一批精品民宿。根据不同的资源优势和不同发展风格，采用多种途径，重点开发一批精品民宿。可探索引进成熟连锁品牌，学

宁波博物馆

习精品民宿成功经验。同时，建设一批鄞州本土品牌，打磨一批在长三角和浙江省具有知名度的民宿品牌。

2. 培育一批特色民宿。充分发挥鄞州特色文旅资源，培育一批鄞州本土特色民宿。利用马友友故居等音乐特色资源建设马友友音乐特色民宿。利用鄞州特色农事活动资源，建设农事体验型民宿。利用塘溪镇童村、沙村等名人文化资源，建设名人故里特色民宿。利用互联网技术，建设网红花海特色民宿。针对鄞州都市核心地理特点，发展一批城市特色民宿，吸引年轻人来城市休闲度假。

3. 发展一批大众民宿。充分调动村集体和农户的积极性，利用集体土地、集体厂房、农户民居等各类闲散资源，开发一批大众民宿，夯实民宿经济发展基础。

4. 建设一批民宿部落（民宿集聚区）。借鉴宁海南岭村等地做法，选取文旅资源丰富，具有一定民宿发展基础的横溪镇大梅山区域、瞻岐镇东一村、东吴镇小白村等，通过涉农资金整合，整体开发建设民宿部落，形成集聚示范效应。

（四）强化政策引导，着力规范发展

1. 在项目准入方面：借鉴民宿先进地区的经验和做法，把民宿项目划分为鼓励类、许可类、限制类三类并列出清单，在符合总体规划的前提下，由发改、自然资源和规划、农业农村、环保、水利、应急管理、消防等部门根据项目类别分别提出不同的标准和要求，达到标准就给予通过，真正变项目前置审批为项目准入制。

2. 在审批服务方面：重点是公安特种行业许可证、卫生健康许可证和营业执照的"二证一照"办理，结合"最多跑一次"改革，推出

证照办理流程清单，有条件的镇村可实行统一代理办理制度，提高办事效率。对当前群众反映较多、办理难度相对较大的特种行业许可证，可以探索由经营业主承诺、当地镇村担保、达到消防温控烟控标准后属地派出所盖章通过的变通办法予以解决。

3.在财政奖励方面：重点是投入、业绩和人才的财政政策。在投入方面，建议设立民宿发展专项资金，重点鼓励民间资本、工商资本投资发展民宿经济，积极引导城乡居民的资金、土地或房屋入股参与民宿发展。建议整合涉农资金，加大对民宿集聚区的基础设施和公共服务投入建设力度。在业绩方面，鼓励民宿经营者提档升级发展，对经营业绩上台阶，进入金宿、银宿、铜宿行列的给予奖励补助。在人才方面，对引进的有情怀有文化的知名文艺家、创业创新团队、文艺青年、大学生返乡创业人员、高素质退休人员等，按照文创产业的人才标准给予补助，吸引一批高素质的民宿经营者。

4.在监管规范方面：重点是目标管理考核、日常行政监管和行业自律政策。将民宿经济发展列入目标管理考核体系，激励各相关职能部门和镇街发展民宿经济。加强民宿经济事中、事后监管，扎牢民宿经济的安全管理网，严查民宿经济违法经营和破坏环境的行为，监督民宿经济健康有序发展。制定民宿行业经营规范，由行业协会负责行业内部约束，引导行业规范发展。

（五）完善配套设施，着力服务发展

1.在硬件设施建设方面，借鉴余姚四明山区环网道路等基础设施建设经验，实施"六个一"工程，解决鄞州民宿经济发展基础设施薄弱问题。实施一批交通工程，统筹谋划新鄞州山区和半山区的交通环线路网建设，为适宜建设民宿的偏远山区修筑一批沿线道路，建好千里步道，确保有民宿的地方道路通畅。实施一批污水管网工程，对于规划布局的民宿集聚区和新建民宿，新建一批生活垃圾处理设施和污水管网，确保民宿发展不污染环境。实施一批民宿水电通工程，对于山区开发建设民宿，及时跟进自来水管网和电网建设，确保民宿生活便利。实施一批民宿亮牌工程，各民宿经营单位配套建设一批路灯、标识和标牌，方便消费者休闲旅居。实施一批民宿停车场工程，配套跟进建设一批民宿停车场、观景台，方便消费者停车休憩。实施一批通信站点建设工程，在山区和半山区配套建设通信站点，确保通信讯号全覆盖。

2. 在服务软环境方面，建议成立区民宿经济领导小组，明确文化旅游体育局为牵头单位，统筹全区民宿经济发展工作。抓紧修订民宿经济相关政策、指导意见和管理办法，适时召开全区文旅暨民宿经济推进大会，统一部署全区民宿经济工作。优化民宿发展举措，外学先进，内树典型，以点带面，分类指导，稳步推进民宿经济发展。组建民宿经济发展顾问团，举办民宿经济发展论坛，统一指导全区民宿经济发展。搭建民宿经济发展招商平台，鼓励像浦江一样聘请有品牌的专业公司整体打包开发有条件的自然村发展民宿。条件成熟时，组建鄞州民宿产业发展联盟，实行产业抱团取暖，统一采购民宿产业发展相关配套设施，集中策划民宿特色文化活动，带动民宿经济发展。成立民宿行业协会，加强行业内部监管，开展行业内部法律法规政策讲座，对民宿从业人员进行集中培训，培育一批有文化、有情怀的民宿经营人才，提升民宿经营管理水平。提供免费法律咨询，帮助民宿办理证件，督促民宿合法经营，协助解决行业内部纠纷，维护会员合法权益。

（2019年5月）

关于南部商务区提档升级的咨询报告

城市经济是未来鄞州经济的主战场，区咨询委聚焦城市经济动能提升，选取具有城市 CBD 功能的南部商务区进行研究，先后对南部商务区管委会、入驻企业、商务局、城投公司及首南街道、钟公庙街道等进行了深入调研，经过认真的分析和梳理，现形成新形势下南部商务区提档升级的咨询报告。

一、南部商务区发展现状及存在问题

南部商务区自 2010 年 11 月开园，至今已有 7 年多时间。目前，南部商务区一期 38 幢大楼、二期 13 幢大楼已投入使用，三期工程正在开发建设，四期门户区正开展土地出让准备工作。经过历届党委政府及相关职能部门的辛勤耕耘，南部商务区已经加入中国商务区联盟，成为国家级广告产业园区、浙江省现代服务业集聚示范区、宁波市优势总部企业基地、宁波市现代服务产业基地，并成为四明金融小镇重要组成部分。但与国内外一流中央商务区相比,仍然存在着明显差距,面临着诸多困难和问题,还没有真正起到支撑鄞州城市经济发展的引擎作用。

一是入驻企业有数量但产出效益较低。2015年,南部商务区入驻企事业单位达到2100家。2016年,园区入驻企事业单位达到3038家。2017年,园区入驻企事业单位达到3801家。但2016年新增企事业单位中区域性总部只增加了3家,2017年新增企事业单位中区域性总部也只增加了3家,与企业新入驻数量呈现极大反差,与中央商务区要求相距甚远。与入驻企业数量形成鲜明对比的是企业产出收益,2017年园区税收18.50亿元,其中5.64亿元归园区,去掉规上企业税收贡献,3000多家小微企业税收仅1亿元左右。与企业数量激增相对应的是企业人员数量,2017年底,3801家企业共有办公人员3.7万人,平均每家企业不足10人,入驻企业以初创型企业为主,呈"低、小、散"态势,企业整体产出效益低下。

二是招商引资有成效但商业氛围不浓。近年来园区高度重视招商引资工作,2016年,园区实到招商引资总额23.4亿元,比2015年增长134%;2017年,园区实到招商引资总额17.4亿元,超额完成目标任务。与招商数据形成对比的是商业氛围不浓,上班期间园区人气旺,下班后冷冷清清,反映在园区周边的交通方面,就是早晚上下班交通严重拥堵。其原因为园区缺失类似梅山保税区等地的政策优势,行政区划调整后,东部新城同区竞争对园区也有很大影响,同时园区一期二期楼宇大多已经销售,招商业态较难控制,招商引资缺少特色且碎片化,形不成业态的集聚效应。

三是人才引进有进展但整体素质不高。园区高度重视引才引智工作，每年均举办专题大型人才现场招聘会，通过院校、招聘机构联合开展"南商企业进高校"等活动，联合建立产学研基地，积极建设南商创意谷。2017年，园区新增硕士研究生及以上、专业技术人才80多人，创业鄞州·精英引领计划B类、C类、D类人才团队各1个，南部商务区办公人员已经达到3.7万余人，以白领为主。但与建设中央商务区的人才要求相比，整体素质不高，缺少领军人物，缺少"985"及"双一流"院校毕业的高层次人才，缺少能够对园区发展有贡献的实用性人才。在消费方面，3万多名办公人员对园区周边的消费带动能力不强。

四是文化创意有氛围但创新带动不强。园区将文化创意产业作为未来发展的支柱性产业进行培育，依托国家广告产业园平台，累计有广告创意类注册企业600余家，每年组织文创企业参加宁波文博会、深圳文博会、香港影视展、义乌文博会等，推动广告创意产业发展。2017年度广告经营产值34.9亿元，占全市广告经营额的42.3%。园区建筑时尚靓丽，每年均有国内多部影视剧取景拍摄。但由于人才、环境及诸多因素的限制，文化创意产业发展对经济的创新带动效应不明显，对于其他产业的根植性不强，缺少在国内外具有影响力的文化创意企业，文化创意企业大多处于价值链中低端。

五是营商服务有进步但体制优势不再。园区注重营商服务，积极扮好服务企业的"店小二"角色。建立了园区管理审批和备案制度。深入推进"1+2+3"企业走访制度，主动为企业送服务。在各楼宇内部成立综合管理办公室，有效地与各职能部门对接沟通。建立物业联席会议制度，定期对物业管理、政企协调等问题进行沟通。建立了突发事件联动应急机制和应急预案。以智慧化为方向，建立了"3+X"联动执法体系，整体管理服务水平逐步提升。但在实际调研中发现，部分企业人员反映由于南部商务区工商、税务管理分别归属首南街道、姜山镇等，出现企业注册登记等手续办理烦琐的现象。招商引资由于牵涉多个街道和部门，出现各自为政、多头管理的现象，距离良好的营商环境有一定的差距。在交通设施及生活商业配套等方面也存在一定的不足。

二、南部商务区提档升级的对策及建议

加快商务区建设是区域经济发展到中高级阶段之后的必然选择，是构建现代化经济体系的重要组成部分，是推进高质量发展的重要突破口。鄞州南部商务区开发处于全省全市的领先地位，经新一轮行政区划调整，作为宁波南部新城核心区的南部商务区被干部群众赋予了更高的期待。同时，周边地区商务区建设竞争更加激烈，南部商务区建设面临不进则退、小进也是退的紧迫态势。新经济背景下，作为鄞州乃至宁波服务业高地和重要城市经济增长极，作为国家广告产业园、国家"双创"基地，南部商务区应抢抓机遇，抢上项目，抢引人才，加快建设，培育成为鄞州新经济发展示范区和城市经济的重要引擎，重中之重是要做好如下六方面提升文章。

（一）提升园区格局，铸"大气"

一是规划布局不能改。南部商务区建设需要一张蓝图绘到底，在原有规划的基础上要适当调整提高，进一步明确区域性总部和生产性服务业基地的目标定位，重点发展时尚创意、文化旅游、广告、电商、

南部商务区水街

科创、信息、研发等服务业。统一规划园区功能布局，均衡园区功能配置，建议四期不开发商品住宅，可适当配置少量开放式精品公寓；建议规划建设信息中心、研发中心、会议中心、培训中心、接待中心、房产展示交易中心、展览展示馆，对园区空间联系、文化氛围、交通停车、地下空间、环境景观、步行系统等进行统筹，推动地上地下空间融合发展，将产业与空间有机融合，提升园区业态能级。

二是建设档次不能降。南部商务区建设关系宁波鄞州的城市形象和品位，未来三期、四期建筑品位不能因成本上升而低于一期、二期的标准，要严把园区建设品质关。

三是开明政策不能变。对标深圳、杭州等地商务区的产业政策，梳理整合鄞州现有政策，专门出台针对南部商务区的产业政策，抢占政策制高点。对新引进总部型企业施行"一企一策";对享受优惠政策的企业实行税费减免分年度落实;对于切合园区未来发展的特色项目加大开放力度;强化政策引导,发挥园区产业政策比较优势,持续释放政策红利。

(二)提升商业氛围,育"商气"

一是打造特色街区。改造提升水街,技术上联通水街空间区域,引入台湾、香港等地专业特色招商团队,打造水街流水时尚街区。依托园区现有低层空间,坚持差异化、错位化、特色化,规划建设服装时尚特色街、高档汽车展销服务特色街、文化生活特色街、酒吧休闲特色街、广告创意特色街、新产品展示街等特色街区。对园区涉水沿路规划步行街,除几条主干道外,拆除隔离栏,禁止车辆通行。对园区一期、二期所有一楼和二楼进行商业开发引导,出台优惠政策给予商业项目建设配套,逐步将一期、二期的一楼和二楼纳入园区整体专业化招商路径,改造提升一期、二期商业,逐步营造浓郁商业氛围。

二是开发地下空间。充分利用园区两个地铁入口,规划地下商业空间,注重地上地下空间统筹结合,引入便利店,建设白领午餐工程,配套园区生活服务。打通园区地下停车场,对城投公司持有的 2800 多个地下车位,根据原约定按照市场价格出售,委托公司依照市场标准收费管理,盘活园区固定资产。

三是三期、四期商业布局一体化。对园区三期、四期商业整体规划布局,注重与罗蒙环球城、银泰城、水街及地下空间等融为一体。建议针对三期 A5、A6、A7、A8 楼底层连通的现状,实行统一招商,形成综合性商业业态。

（三）提升爱才环境，聚"人气"

一是优惠政策引人。借鉴武汉、南京等地政策，结合宁波市人才引进政策，建议园区针对不同类型的人才，出台更优惠的引才政策，重点引进符合园区未来产业发展方向的领军人物和实用性人才。加强与宁波诺丁汉大学、浙江万里学院、浙大宁波理工学院等院校紧密合作，建立南高教园区大学生实习基地、企业孵化基地、科技创新基地等，专门出台针对本土高校人才的政策，留住南高教园区培养的人才。

二是配套设施留人。将引进人才统一纳入公租房享受对象，解决引进人才住房需求。建议引进知名教育机构，在园区内建设教育培训大楼，就综合素质、文化艺术、科技创新等领域举办专业化程度高的培训会，为入驻白领享受优质社会教育创造良好条件。建议南部商务区和首南、钟公庙街道联动，在园区周边引入名校资源，建设优质中小学校，增加周边中小学密度，园区员工子女优先入学。在园区内配套建设幼儿园，为园区员工子女提供学前教育便利。在园区内建设社区卫生服务中心，引入全科医生，为入驻白领提供就医便利。

三是创业活动聚人。结合鄞州经济实际和走向，建议下一步园区要重点建设创业创新平台，与国内著名"智库"和研究机构合作，筹备周末创业创新沙龙，开设创业创新论坛，定期在园区掀起头脑风暴，打造创业创新生态圈，为人才创业创新提供优质服务。同时，针对"90后"和"00后"的消费需求，委托专业招商团队设计运作，发展特色商业，培育新业态，凝聚新人气。

（四）提升文化内涵，积"文气"

一是整体提升园区文化形象。实施南部商务区文化形象提升工程，对园区灯光、指示牌进行更新升级，采用建筑"媒体立面"的方式，以灯为像素，以建筑物立面为画布，提供各类主题场景灯光秀，重大节假日统一开启灯光和音乐，展示园区靓丽形象。对位于楼宇之间的公共空间进行文化形象布置，将本土特色文化元素和现代文化元素有机结合，塑造园区有底蕴的文化形象。建设一批公共文化设施，见缝插针建设微影院、微场馆等文化娱乐健身设施，举办特色文化活动，丰富园区员工精神文化生活，增进园区的文化亲和力和向心力。

二是深挖"商之乡"文化内涵。鄞州素有"商之乡"之美誉，要深入挖掘鄞州商帮文化内涵，提炼鄞商精神，举办创客音乐节、海丝文化节、鄞商会等文化活动，鼓励园区文化创意企业开发鄞商文化创意项目，举办鄞商精神专题研讨会，打响鄞商文化品牌。

三是加快打造"商＋旅"文化品牌。借鉴上海徐汇、宁波海曙等地经验，以南部商务区为核心，整合鄞州公园、罗蒙环球城、鄞州博物馆、鄞州文化广场等资源，西到奉化江，东到甬新河，打通鄞州公园水系、水街、九曲河，通过连线成片，形成华侨城欢乐海岸、湿地公园、水街、罗蒙环球城一体化风景线，改造水系灯光，开通商旅景区夜游，打造水文化，建设5A级开放式城市商旅文化景区。

（五）提升楼宇产出，集"财气"

一是抓企业引进落地。抓企业落户园区，加大政策开放力度，搭建统一招商平台，及时发布招商优惠政策及公共服务信息等，引导企业落户园区。抓入驻企业注册落地，对于一批注册在外地的园区企业，出台政策引导其注册落地，增进园区税收。抓引进企业进入门槛提高，建议设置招商引资门槛，对于非初创企业设置入驻面积、投资资金等限制，通过中介公司对入驻企业进行评估，抬高企业入驻园区的门槛；引入社会资本，重点引进风投、种子基金等投资公司，以社会资本带动项目投入。

二是抓特色楼宇培育。按照园区未来主要业态方向，重点打造一批特色楼宇，狠抓楼宇入驻率、注册率和产出率，建设一批亿元楼，出台专门招商政策，对符合特色楼宇产业方向的企业给予优先进入。借鉴万达等商业模式，建议除对初创企业给予一定的容错机会，对非初创企业引入市场化淘汰机制，对一些零税收企业给予淘汰清场，盘活园区发展空间，提高园区企业产出效益。

三是抓园区产出激励。借鉴昆山等地经验，园区招商逐步过渡到管委会统一招商，控制好招商业态。建议建立业主考核奖励体系，设立业主产出激励专项资金，以企业产出为根本，对园区业主进行考核奖评，调动业主积极性。

（六）提升管理水平，增"灵气"

一是深化"最多跑一次"改革，培育最强商务大脑。整合发改、经信、科技、商务、市场监督、税务、金融、招商等部门涉企数据和规划、住建、国土、企业等楼宇数据，建设南商企业和南商楼宇两个数据库，将"互联网+"应用于行政审批、政策解读及相关事宜，设置园区入驻企业事务办理网络清单和招商资源清单，让"数据在网络上跑"代替"企业在路上跑"，为园区入驻企业和企业招商提供最优质的服务。

二是集成智能化应用，探索最优物管模式。以智慧化为方向，借助智能经济手段，提升园区社会治理水平。园区与城管、公安、安监、消防等共享和开发利用综合信息资源，应用大数据算法，数字化更新摄像监控系统，为园区进出人员提供交通信息提醒诱导等服务。将数字化管理覆盖园区所有楼宇及地上、地下公共空间，构建园区公共安全基础管理平台，应用互联网和物联网技术，打造智能安防"云服务"，创造稳定发展的市场环境。同时，物业管理市场化，委托专业公司管理，提升物业管理水平。

三是优化行政体制机制，打造最灵指挥体系。建议区级领导兼任南部商务区管委会主任，亲历园区建设管理，提高园区决策力。厘清园区和街道及部门的关系，明确各自工作职责。建议园区社会事务功能移交街道。园区主要负责招商引资和经济发展。城投公司负责园区项目建设。各部门赋予园区一定的权利，建议园区设立公共服务中心，工商、国税、城管、公安、社保等窗口集体办公，为入驻企业办事提供便利，提高园区执行力。强化对园区考核，优化对管委会及相关街道、部门的考核体系，提高园区监督力。引入社会力量参与园区治理。建立南部商务区企业协会，协会通过多种渠道向企业宣传优惠政策和信息，针对各企业实际情况，为企业提供个性化的服务；协会每年组织系列交流活动，让政府和企业、企业与企业之间及时交流信息，企业通过协会找到归属感，提高园区治理力。

（2018年2月）

关于推进产业园区高质量发展的咨询报告

工业是鄞州区经济的根基，产业园区作为工业企业集聚载体，更是发展鄞州现代产业体系，建设共同富裕标杆区的硬核力量。自2020年起，全省各类开发区（园区）开展了整合提升行动。面对新形势、新任务，鄞州区如何以创建浙江省制造业高质量发展体制机制改革创新试验区为载体，深化园区整规改革，积极破解要素供给、机制创新、科技创强等多重难题，区政府咨询委走访调研了鄞州及明州两大产业园及相关镇街、部门，并进行了专题研讨，现就有关情况提出意见和建议，供区委、区政府决策参考。

一、基本情况

鄞州现有工业土地42平方千米（不含东钱湖及高新区），2020年以来，按照省市工业园区整规部署要求，对原鄞州工业园区、鄞州经济开发区、中车产业基地、投资创业中心及镇村工业园进行整合，取得了一定成效。

1. 园区空间整规合理优化。通过对全区64个工业园区整规提升，形成了"2+4"园区体系，即以原鄞州工业园区为基础，连片周边工业园区，组建浙江宁波明州经济开发区核心区，整合龙溪、潘火片区，组建成为规划面积达48.04平方千米的浙江宁波明州经济开发区，主导产业为智能家电、电子信息、高端汽配、数字经济等。以原鄞州经济开发区为基础，连片周边工业园区，形成鄞州经济开发区核心区。整合东吴片区、五乡片区，形成浙江鄞州经济开发区。整合后规划面积达到33.08平方千米，主导产业为高端装备、新材料、高端汽配、海洋装备等。在现有两大开发区的基础上，以园中园的形式，建设若干工业园区，推动小微企业园、工业社区、特色小镇、双创园等转型升级。通过工业园区整规，集聚了全区80%以上的工业企业，初步实现了空间整合和土地集约利用。

2. 园区发展势头平稳良好。整规后的工业园区，注重大项目、大企业支撑，积极破解规上企业发展瓶颈问题，园区发展势头整体向优。在产出方面，鄞州经济开发区核心区2021年实现工业总产值250亿元，同比增长35.4%，企业利润总额20.5亿元，同比增长130%。明州经济开发区主园2021年实现工业总产值376亿元，同比增长7.3%。在投入方面，鄞工集团截至2022年2月末，融资余额已经达到75.37亿元，已经投资明州经济开发区先行项目建设13.87亿元。同时区里还组建了湾区开发投资公司，重点支持鄞州经济开发区建设。有效的项目投入，夯实了产业园区发展的基础。

3. 园区发展质量稳步提升。一批龙头企业带动了主导产业高质量发展。如以奥克斯、博格华纳、圣龙、中淳高科、乐歌、博威、中车等为代表的龙头企业带动了智能家电、电子信息、高端装备、新材料、高端汽配等行业，进一步打响了鄞州工业品牌。一批高新技术高成长性企业成为园区发展亮点。如明州工业园区的宁波元芯科技有限公司、宁波芯速联光电科技有限公司，正逐步发展成为宁波鄞州芯片行业的新宠。一批单项冠军正逐步成长为园区发展的标杆。仅鄞州经济开发区就有国家级制造业单项冠军示范企业1家，省级隐形冠军企业1家，省级隐形冠军培育企业2家，市级制造业单项冠军重点培育企业3家，市级制造业单项冠军潜力型培育企业3家。

4.未来工业社区取得进展。目前，姜山未来工业社区项目已经启动，累计完成企业征收收购10家，以华瓷通信、龙讯科技为代表的两个定向投资项目达6.1亿元的数字经济企业开工建设，有10余家高科

姜山未来工业社区

技企业计划入驻，已经初步显现产业集聚态势，规划成为以新一代信息技术为先导的产业创新综合体。中河都市未来工业社区纳入《宁波甬江科创大走廊科创特色园区发展规划》，已经完成所有企业评估，正有序推进土地征迁收购，签约了一批企业，正开展规划研究并取得了完整研究成果。

二、存在问题

在肯定成绩的同时，调研中我们也看到，鄞州产业园区在改革发展进程中仍然存在不少矛盾和问题。

1. 支撑作用不强，差距越来越大。作为传统制造业强区，鄞州以工业起家，但近年来，特别是行政区划调整以后，工业作为鄞州传统优势在逐渐弱化。2021年鄞州区工业增加值为525.7亿元，虽然增长率达到9.8%，但地区生产总值占比仅仅为21%。与工业服务业双轮驱动发展战略对标，工业支撑作用不强，没有体现工业强区的优势地位，园区整规改革的政策效应未能激发出来。特别是与国内先行区地位相比，差距越来越大，市内北仑区2021年工业增加值为1144.10亿元，慈溪市2021年工业增加值为1357.88亿元，市外萧山区2021年工业增加值为686.14亿元，省外江苏省昆山市2021年仅规上工业产值就突破万亿元。

2. 体制机制不活，内生动力缺乏。产业园区整规涉及全区相关的部门、镇街众多，结合创建浙江省制造业高质量发展体制机制改革创新试验区，政府制定了园区整合提升体制创新方案，加强了工作统筹。但调研中发现，园区整治提升体制机制未激活，主园区和分片区统筹

协调困难,虽然形式上已经整合,但主园与东吴、五乡、潘火、龙溪片区之间实际处于分离状态,管理上各自为政;产业园区和国有开发公司之间隶属关系不明,工作体制不顺,产业园区不能有效发挥主导作用;部门之间联动协作不够,呈现"九龙治水"现象,始终未能有效凝聚形成工作合力。

3. 产业人才不足,要素供给减量。在产业人才资源方面,鄞州两大产业园区对产业人才吸引力不强,研究生以上人才占比不到1%,人才储备不足,一线产业工人流失较为普遍,对产业园区高质量发展造成了一定的影响。在要素资源供给方面,对标广东顺德等工业发达地区,顺德工业用地达到20万亩,是鄞州区的4.4倍,作为传统工业强区的鄞州区,近些年随着"退二进三"步伐加快,鄞州区的传统工业强区优势逐渐消失,前几年年均新增工业用地只有100—200亩之间,还有部分存量工业土地转为其他用地,实际工业用地出现负增长,未来形势不容乐观,土地要素制约将成为鄞州工业发展的瓶颈。

4. 发展环境不优,干群闯劲弱化。近年来,鄞州区深入实施"最多跑一次"改革,营造热带雨林创新生态体系,整体营商环境有了一定提升。但对标省外深圳南山,市外杭州余杭,市内北仑,鄞州园区发展整体环境不优。一方面,从营商环境看,要素环境全省排名第9,法治环境和政务环境排名全省10名以外,致使鄞州区比较优势不强,大批工业企业选择落户慈溪、北仑,市内来鄞投资的工业企业相对较少。另一方面,园区和镇街相比,园区地位和作用略显边缘化,让到岗任职干部有居二线的感觉,造成干部闯劲弱化,精气神明显不足,对园区发展有一定的影响。

5. 招商引资不力,投入产出倒挂。近年来,工业领域招商引资工作成效不突出，在园区整规过程中未能留住一些优质本土企业，而对关系产业链布局的链主企业、带动产业发展的头部企业，在招商引资中也难以斩获，致使鄞州工业竞争力不断下降。与此同时，工业投入产出不成比例，工业投入成本偏高，产出呈现倒挂现象。如中河街道未来工业社区工业用地回购价高达800万元一亩，姜山未来工业社区工业用地回购价也达到500万元一亩，资金难以平衡，可持续发展乏力。

三、对策建议

产业园区发展建设事关鄞州区长远发展，事关工业服务业双轮驱动战略实施，事关城市发展根基和底气，亟须全区上下齐心协力，统筹多方资源，全面优化发展，将其打造成为现代化滨海大都市"首善之区"的硬核力量。

（一）提高站位，形成共识

认识是工作的前提，产业园区兴则鄞州兴，全区上下亟须统一思想，深化共识。

1.产业园区是区域发展的"压舱石"。产业园区是经济建设的重头戏，是区域经济的关键支撑。回顾鄞州发展历程，20世纪80年代乡镇工业村村冒烟，到20世纪90年代工业区块相对集聚，到21世纪的工业园和现今的"2+4"现代产业园区体系，工业化铸就了鄞州区发展辉煌，工业总产值从1978年的1.1亿元增加到了2021年的1735亿元，工业对地方经济发展做出了突出的贡献。

2. 产业园区是工业发展的"主战场"。产业园区作为产业综合性平台，集聚了区域经济产业链供应链全周期要素资源，有利于上下游企业资源的共享共赢，有利于企业抱团取暖，有利于产业链招商引资，有利于工业经济转型发展。鄞州产业园区已经集中了全区80%以上的工业企业，贡献了全区85%以上的工业经济增加值，园区已经成为工业经济的主战场。

3. 产业园区是开放发展的"靓窗口"。构建国际国内双循环新发展格局，必须进一步扩大开放、加强合作，共享全球资源和信息。新形势下，产业园区必须主动融入国家"一带一路"、长三角高质量一体化等重大发展战略，加强与其他地区的开放、互动与合作，学习先进经验做法，大力发展新业态、新模式、新经济，抢占新一轮产业变革先机，成为展示鄞州开放新形象的"靓窗口"。

4. 产业园区是领跑领先的"排头兵"。在新一轮高质量发展竞争中，产业园区作为重点培育的"万亩千亿"高能级平台，是改革攻坚的"桥头堡"，是鄞州领跑领先的"排头兵"。现实情况下，面对体制机制不顺、工作合力不强、开发建设模式滞后、规模能级不高、主导产业竞争力不强、新兴产业发展偏慢等系列难题，亟须深化产业园区整规改革，创新体制机制，释放发展潜能，为现代化滨海大都市"首善之区"建设蓄势赋能。

（二）加强领导，理顺机制

针对园区发展建设中存在的突出问题，党委政府需高度重视，真正摆好产业园区位置。

1. 优化领导机制。强化园区建设领导，建议区里建立产业园区发展建设联席会议制度，着力破解园区面临的突出瓶颈问题，进一步强化园区管委会领导力量。借鉴市里做法，由常务副区长及分管副区长分别兼任明州及鄞州开发区管委会主任，强化工作统筹。同时，配强管委会和鄞工等国企力量，对园区干部提拔使用予以倾斜，选任有能力有实力的干部进入管委会和相关国企，凝聚强大工作合力。相关镇街党政一把手确保有一半以上的精力抓经济。

2. 优化财政体制。科学划定区本级与园区、园区与相关镇街的财权、事权，合理确定相应收支边界。将财政体制适当向园区倾斜，参照镇财政体制，明确园区核心区可以核定收支基数，实行超收分成，给园区以更多的自主权和机动性，激发园区开发建设的能力和动力，保障园区可持续高质量发展。探索建立财政资金以拨改投制度，将财政扶持资金切出一定比例充实工业产业基金，用于对优质项目、优质企业、成长性企业，特别是拟上市企业的股权投入。建立科学的产业基金尽责调查评估及投资决策机制，保障产业基金安全高效运行。

3. 优化开发体制。建立以管委会为主导，国有企业为实施主体的管理体制，进一步完善"园区管委会＋国有企业"的开发体制，厘清园区管委会和国有企业职能边界，实行政企分离，激发园区管委会积极性和主动性。整合相关国资国企力量，重点做大做强鄞工集团，代表政府引导工业产业发展，发挥其示范引领作用。

4. 优化管理体制。完善"园区管委会＋镇街"分工协作的考核管理体制，优化园区管委会与镇街分工协作、密切配合、分头考核机制，明确社会事务、公共服务等由乡镇负责，园区管委会主要履行经济管理职能。

（三）明确目标，完善功能

贯彻新发展理念，构建新发展格局，按照系统、统筹、整合的思路，深化园区功能整合，推动园区高质量创新发展，园区在经济发展中的支撑作用更加突出。力求经过3—5年努力，园区占地区生产总值的比例达到三分之一，对财政收入的贡献达到三分之一，先进制造业占比达到85%以上，主要考核指标位居全省前列，打造成为具有影响力的先进制造业基地和全国制造业高质量发展先行区。

1.明州经济开发区。充分发挥明州经济开发区距离中心城区相对较近的区位优势，以未来产业社区为导向，坚持产城人高度融合，聚焦都市工业、未来工业，以智能装备、汽车零部件、电子信息、数字经济等为主导产业，重点打造数字智慧生态城、未来工业社区、高端科创新高地、都市工业标杆区，经过3—5年的努力，将明州经济开发区建设成为高端、智慧的未来产业社区。

2.鄞州经济开发区。根据鄞州经济开发区地处鄞州东南边缘的实际，以产业新城为导向，坚持产城融合、产城联动的思路，以高端装备智造、精密机械、新材料、新能源等为主导产业，打造宁波湾区经济样板区、智能制造示范区和长三角海洋经济高地，经过3—5年的努力，建设成为富有特色的鄞东南新兴产业新城。

3.其他小微产业园。针对鄞州小微产业园"低、小、散、加"发展态势，以"专、精、特、新"为导向，对小微产业园进行整体布局、整体规划，通过"拆、整、治、归"等方式，盘活闲置土地资源，淘汰落后产能，推动园区"腾笼换鸟"、转型升级，打造高质量发展新的增长极。

（四）招商引才，做强企业

坚持招商、引才两条腿走路，引进高端型、科技型、实用型人才，秉持招大商、招好商、专业化招商的思路，紧扣工业园未来发展功能定位，分门别类抓好招商引才工作，优化园区产业结构，在符合产业导向的基础上，重点发展以下几大类企业。

1. 链主型企业。结合鄞州数字经济工程实施，发挥鄞州经济开发区和浙江宁波明州经济开发区两大省级平台优势，重点聚焦在线新经济、高端智能制造、新材料、高端装备、新能源等领域，招商引进一批决定产业链上下游发展的链主型企业，发挥链主型企业带动作用，引领鄞州重点特色产业上下游产业链高质量发展。

2. 龙头型企业。引进一批国内外领先的工业地产开发商，借用其成熟的招商引资运营模式，大力引进在不同产业领域具有示范性、带动性、引领型的头部企业，极力扶植一批推动鄞州产业创新转型的头部企业发展，带动产业上下游企业呈雁阵式梯队发展，培育鄞州头部企业团队。

3. 集群型企业。围绕宁波市"246"万千亿级产业集群培育和鄞州区"154"百千亿级产业集群行动，结合鄞州工业集聚区规划和产业规划，加快汽车零部件产业园、大健康产业园、电子信息产业园等重点产业园建设，实行不同主导产业集聚型招商，发挥重点产业园的平台优势，集聚园区主导产业资源，增加园区发展竞争力。

4. 人才型企业。依托鄞州国家级"双创"基地和宁南智创大走廊科技平台，结合小微产业园整规改造，聚焦未来产业和新经济，淘汰一批落后产能，腾出新的发展空间，重点引进智力密集型、高成长型、科技进步型的人才型企业，引进大批高素质领军人才、高层次人才和

高技能人才,通过加大引才力度,扶植人才型企业发展壮大,夯实鄞州工业经济发展根基。

(五)要素支撑,强化保障

积极对接省市自然资源规划部门,对标省外佛山顺德、省内杭州萧山等工业经济强区,对区内工业用地划定范围界限,严格限制"退二进三",实行工业用地46平方千米(含东钱湖)规模总量控制和动态调整平衡。

1.深化工业土地全域治理,强化规划空间保障。深化工业用地全生命周期管理,结合"2+4"现代产业园体系建设目标,深入整治与生态红线冲突用地、违法用地、低效用地、村集体用地和重大平台及重大项目用地,腾退利用低小散用地,盘活低效工业用地。规范工业用地二级市场交易,有效控制工业用地价格。制定工业控制线,为工业发展保留足够物理空间。同时,保证每年新增20%以上建设用地用于工业项目,确保工业发展后劲支撑。

2.广开融资渠道,强化资金要素保障。加大资金保障力度,通过与金融机构合作,引导金融机构融资中小微企业,解决中小微企业融资难题。鼓励有条件的企业上市,通过直接融资募集可用资本。激发财政资金效能,通过财政拨改投,设立专项资金,精准投入工业企业,发展壮大实体经济,做大政府专项资金增量。同时,积极引导社会资本进入工业产业,千方百计引进风投公司,重点扶持高成长性、高科技型企业发展。

3.推进基础设施建设,强化配套服务保障。重点加强鄞州经济开发区基础设施及配套建设,尽快启动宝瞻公路复线工程建设,及早规划打通湖海路，方便园区群众出行；尽早和市级部门争取，布局鄞州经济开发区临港万吨码头项目建设，解决有海无港交通末端制约难题；加快推动梅墟职高项目落地，为园区发展提供产业人才支撑；加快启动保障性租赁房、人才公寓、博物馆改造提升等工程建设落地，配套建设商业综合体项目，便利园区居民生活消费。注重浙江宁波明州经济开发区与都市核心区基础设施对接，加快实施广德湖路南延工程，进一步完善建设城乡公共交通建设，确保园区与都市核心区交通便捷。

（六）数字赋能，优化服务

按照"互联网+"的发展趋势，以优化工业企业服务为根本，对产业园区发展实行数字化赋能，全面推行各类政务服务上网上线，营造产业园区发展的优良生态环境。

1. 加快行政审批速度。深化商事制度改革，进一步优化"一网服务""一站通办"等一站式服务，通过互联网"一掌通"办理，深入推进极简审批许可，开展企业简易注销改革，提高服务工业企业效率，营造优良营商环境，激发市场主体积极性。

2. 加快政策纾困速度。认真贯彻落实中央和省市经济政策，落实稳链纾困助企政策，认真梳理鄞州企业发展"政策包"和"组合拳"，通过浙里办平台，方便工业企业查处对接，让工业企业第一时间享受各类政策优惠。针对部分退费减税落实进度慢的现状，祭出推进企业减负降本的鄞州工作法，分批次做好各项退费减税工作，涉及跨年所得税汇算清缴的要在次年6月底前完成，将各类奖励资金和产业基金尽快转化为工业企业发展的经营资本。

3.加快项目落地速度。抢抓时间窗口,抓住疫情过后鄞州区产业布局调整的契机,围绕重点产业链做好强链、补链、延链,千方百计抓紧抓好项目落地。结合全域土地综合治理,加快拆迁清零步伐,重点保障国家及省市重大项目土地供给。深化部门协同联动,及时高效破解项目推进难题,实行挂图作战强力推进,确保项目尽早建成投产达效。同时,加快企业复工复产速度,及时精准应对疫情,全力为企业发展铺好路开绿灯。

(七)多方共进,凝聚合力

产业园区建设是一项复杂的系统工程,需要政府、企业和社会多方联动共进,凝聚强大工作合力,切实把推动产业园区高质量发展的各项决策部署落地、落实、落细。

1.政府抓总。产业园区建设,政府要牵头统筹。对接省市自然资源和规划部门,制定好产业园区发展专项规划,明确产业园区发展总体目标和战略举措,抓好核心园区开发示范工作。体系化出台有导向性的产业园区发展政策,以优良的政务环境服务工业企业发展。抓好土地、用电等资源要素供给,为工业企业发展提供要素保障。做好文化体育、公共卫生、教育培训、商业综合、金融保险、法务会计、物流等配套服务,营造产业园区发展的公共服务软环境。

2.企业主体。产业园区建设,工业企业是主体。重点通过政府让利"放水养鱼",引导动员企业自身积极主动投入,对落后产能进行淘汰,对低效产业进行改造,提高工业土地利用产出效率,发挥工业企业主体作用,引导工业企业高质量可持续发展。同时,大力弘扬企业家精神,培育一批本土企业家,建设一流企业,赢得未来创新经济的市场。

3.社会共建。产业园区建设,需要动员方方面面的力量共同参与,形成社会多方共建的局面。借助天南海北鄞州人发展大会和浙商联盟、甬商联盟等平台,建立工业企业共建联盟,推动多方力量共同参与产业园区整规建设,锻造鄞州产业园区特色品牌。

(2022年4月)

关于加快产业互联网应用推进建筑业转型升级搭建"众建联"创新平台的咨询报告

新经济背景下,鄞州亟须创新发展思路,开辟新的路径,在转型升级中实现新一轮跨越式发展。针对鄞州资源禀赋及发展实际,鄞州区政府咨询委联合宁波市城乡建委、民间智库蓝源资本,选取宁波市及鄞州区富有特色的建筑业进行研究,提出了加快产业互联网应用,推进建筑业转型升级,搭建"众建联"创新平台的思路,供领导决策参考。

一、建筑业发展现状及趋势

建筑业在国民经济中的作用十分突出。2017 年,全国建筑业企业完成建筑业总产值 21.39 万亿元,同比增长 10.53%;实现利润 7661 亿元,同比增长 9.66%;从业人数 5536.90 万人,同比增长 6.80%;建筑业产业规模大,提供了大量就业机会,对经济社会发展、城乡建设和民生改善做出了重要贡献。宁波市建筑业发展在全省名列前茅,2017年全市施工类建筑业企业 1819 家,其中特级企业 14 家,一级企业 212

家，2017年全市建筑业总产值为4612.4亿元。鄞州作为"浙江建筑之乡"，建筑业在经济社会发展中的作用举足轻重，2017年全区施工类建筑企业306家，其中特级企业2家，一级企业47家，2017年全区建筑业总产值为765.2亿元。但是，宁波市建筑业依然大而不强。建筑业整体发展模式粗放，工业化、信息化水平偏低，管理手段落后；科技研发投入不足，技术水平整体不高；建筑业高素质复合型人才缺乏，一线从业人员技能欠缺；建筑业产业链发展不成熟，上中下游企业信息不全，市场较为混乱，采购成本较高，企业和行业风险较大；建筑业企业资金运作和融资能力亟须加强，金融服务需要进一步配套跟进；建筑业企业多而散，各自为政，设备利用率不高，组织方式落后等。

建筑业作为绿色产业，未来必须转型升级，针对产业链不成熟、

建筑工地

信息化水平偏低、行业风险大等问题,必须要适应产业互联网趋势,把脉产业发展方向。

1. 平台化要求建筑业高度集聚集约。纵览当今世界经济发展,平台经济已经成为经济发展的趋势。微软是软件的平台,脸谱网站是社交网络的平台,阿里巴巴更是平台经济的集大成者。经济发展平台化趋势,要求建筑业通过搭建产业发展平台,推动整个行业资源向平台集聚,实现资源要素的集聚集约。

2. 数字化要求建筑业科技智能发展。未来建筑业发展,科技跨越是主线,其核心是数字技术将对建筑业发展产生广泛而深远的影响,建模数字化、大数据、物联网、移动互联网等对建筑业产生了深刻的影响,也是建筑业转型升级的发展方向。宁波市及鄞州区建筑业要实现弯道超车,必须在建筑业数字化、智慧化方面取得突破性进展。

3. 生态化要求建筑业全产业链整合。未来建筑业的良性发展离不开优质的产业生态环境。作为宁波市及鄞州区具有支柱性作用的行业,建筑业需要发挥"浙江建筑之乡"区域资源和行业资源优势,整合上中下游资源,构建产业链生态圈,培育良好的产业发展环境。

4. 市场化要求建筑业全面深化改革。新时代在全面深化改革、全面扩大开放背景下,建筑业要适应市场化趋势,坚持以推进供给侧结构性改革为主线,运用互联网思想,加快产业转型升级,促进建筑业持续健康发展。

二、"众建联"平台的内涵及路径

针对建筑业存在问题及发展趋向,区政府咨询委等对宁波市及鄞州区建筑业转型升级进行了研究，提出了搭建"众建联"创新平台，集聚建筑业上中下游资源，对建筑业进行全产业链整合的发展路径。

（一）"众建联"平台的内涵特征

"众建联"是建筑行业资源整合服务平台，在新经济背景下，借助互联网的开放性与电子商务平台的便捷性，充分整合集聚建筑业产业链上中下游各类资源，创建集建筑业商流、物流、数据流、资金流于一体的供应链整体解决方案，进一步优化建筑业产业生态和价值链，充分发挥建筑业的人才集聚、资源集聚优势，实现建筑业提质增效，推动建筑业转型升级。

"众建联"平台具有五大特征。一是企业平台化，吸纳大批龙头企业，集聚集约建筑业上下游资源。二是财富增值化，企业通过平台集聚业务流量，降低采购成本，创造社会财富。三是服务专业化，平台以第三方的身份整合资源，为企业提供优质服务。四是生态系统化，通过整合全产业链资源，形成闭环的建筑业生态系统。五是经济总部化，通过建设建筑业综合体，形成商品流、物流、数据流、资金流四流合一的建筑业总部经济。

（二）"众建联"平台的业务架构

1. 供应链集采平台。"众建联"平台集中采购、物流、仓储，通过龙头企业抱团集中采购，去除采购中间环节，提高采购议价能力，帮助企业降本增效。

2. 设备租赁平台。"众建联"平台集中区域施工设备资源，通过施工设备租赁、自有设备共享和设备外包服务，提高设备利用率。

3. 金融服务平台。通过创新供应链金融服务模式，形成平台行业信用，帮助中小企业通过平台授信，供应商缩短资金周转账期，企业降低资金成本，保障现金流稳定；通过设置产业基金投资，创新建筑业保险，为建筑业发展配套跟进金融服务。

4. 科技研发平台。"众建联"平台通过搭建新材料与技术研发创新中心、工业化信息化智能化研发平台等，集中协作研发，提高建筑施工科技含量，加快新技术新材料推广应用，优化建筑业组织方式和效率，加快智能工业化装配式建筑普及等。

5. 人力资源平台。通过整合培训、招聘等资源，设置建筑工人职业化服务平台、技术工程人员培训中心、高端技术与管理人才资本化平台，为建筑业量身打造高端人才，培养紧缺技术人才，培训基础实用技能工人，降低建筑业用工成本。

6. 公共服务平台。"众建联"平台集聚法律、税务、审计、财会、并购、投资等各种资源，为建筑业发展提供法务、税务、财务、项目投资、并购重组等咨询服务，形成建筑业发展的良好生态支撑。

（三）"众建联"平台的实施路径

"众建联"平台由鄞州区政府、宁波市城乡建委、蓝源资本牵头，宁波市及鄞州区建筑业龙头企业共同发起，立足宁波市和鄞州区，面向省内外和国内外的"建筑行业整合服务平台"，是资金流、信息流、物流、人才流、数据流等多元合一的新型建筑业产业链整合服务平台。

1. 组建成立平台公司。在鄞州区政府、宁波市城乡建委及蓝源资本顶层设计下，宁波市及鄞州区建筑业龙头企业共同发起成立平台公司。平台给其他地区建筑业新资源注入留下窗口，条件成熟时重新进行股权模式架构。

2. 逐步做大平台体量。分期开放平台顶层股份及二、三级股份，吸纳建筑业具备先进理念和品牌意识的供应商、采购商、物流及渠道流通商进入平台成为成员企业，初步建立平台O2O交易模式和交易体系，发挥平台交易流量、数据及增值服务价值，逐步做大"众建联"平台体量，增强"众建联"平台影响力。

3. 健全平台运营体系。"众建联"平台由大股东主导并会同其他创始发起企业共同组建专业的团队进行运营管理，把控平台运营与发展过程中的关键性环节与方向，做好平台后续资本运营与投融资等专业性工作。同时，配合政府引导基金及外部资本注入，放大"众建联"平台公司市场估值，逐步建立健全"产业合伙人"机制下的信息互通、资源共享、通力协作制的有效平台运营体系。

三、搭建"众建联"平台的意见及建议

搭建"众建联"平台是新经济背景下宁波市及鄞州区经济转型升级的重要着力点，亟须市、区两级从战略层面进行谋划，凝聚市场主体、民间智库等多方力量，发挥企业主体作用和社会力量重要作用。建议如下：

1. 统一思想认识。习近平总书记指出，"国际竞争优势越来越体现在创新能力上。谁在创新上先行一步，谁就能拥有引领发展的主动权"。新经济背景下，建筑业的转型升级亟须解放思想，需要深化创新理念，需要互联网思维，需要把好科技创新跨越的线，特别是数字技术对建筑业产生广泛而深远的影响。建议区政府会同宁波市城乡建委

筛选动员理念新、有实力、有意向的5—10家建筑业特级或者一级企业作为"众建联"首批发起人，组织赴先进地区考察，召开专题工作座谈，进一步厘清"众建联"平台建设工作思路。

2. 编制平台规划。将"众建联"平台的打造作为宁波市及鄞州区"中国制造2025战略"的重要内容，发挥好规划的战略引领作用，研究制定宁波市及鄞州区2020"众建联"平台发展规划。发展规划目标为力争到2020年集聚建筑业各类资源，形成建筑业完整生态圈，打造全国建筑产业平台；建设建筑行业人才高地，形成中国第一个建筑工人职业化平台；汇聚建筑业各类资源信息，建设全国建筑业信息发布平台；以科技创新为主线，拓展融资渠道，争取"众建联"平台在科创版上市。发展分四个阶段。一是孵化期，2019年6月底完成，建筑业总部经济搭建完成，商业模式确立，B2B集采平台上线。二是试运营期，2019年多批次合伙人自带流量上线，供应链金融、云物流平台等服务体系建设完成。三是发展期，2019—2020年，逐步完善"众建联"服务体系，搭建其子平台系统，推动建筑产业上中下游智能协同发展。四是扩张期，2020年以后，快速完成全国和全产业链布局，用互联网金融等对建筑业进行整合。

3. 加强统筹协调。"众建联"平台初步目标为千亿级的平台经济，需要政府、企业、社会多方力量共同行动。政府作为新经济的推动者，需加强对"众建联"平台工作的统筹协调，实行"政府搭台企业唱戏"的模式；建议由鄞州区政府牵头，会同宁波市城乡建委、蓝源资本、区发改、财政、住建、商务、金融等职能部门为"众建联"平台工作领导小组成员，办公室设在区住建局，统筹推进"众建联"成立及运营管理等各项工作。

4.注重政策引领。建议出台《鄞州区建筑业转型升级相关政策》，对"众建联"平台建设给予政策扶持。由政府出资设立建筑业引导基金（或国资参与），吸引社会资本参与众建联平台建设与运营管理，推动平台建设主体多元化。整合建筑业相关产业，形成建筑产业创新综合体的办公集聚地，将"众建联"平台作为市、区重大产业项目进行筹划，规划建设建筑业人才服务、科技服务、研发创新、采购、信息发布等于一体的建筑业发展平台。

（2018 年 11 月）

关于新冠疫情背景下发展鄞州泛旅游产业的咨询报告

一、发展泛旅游产业的背景和意义

泛旅游产业是指超出观光、休闲、度假等传统旅游范畴的更泛化的旅游产业概念。

（一）发展背景

1. 旅游产业在我国一直呈快速发展趋势。2011年以来，平均年增长率达到10.96%。根据相关机构预测，至2025年，国内旅游人数将突破83亿人次，旅游收入接近10万亿元。在国民经济发展中继续扮演关键角色。

鄞州区的旅游产业，多年来在区委、区政府的正确领导下，同样取得了优异的成果。2020年，鄞州区位列"2020年全国市辖区旅游综合实力百强区"第25位，宁波市第1位。

2. 传统旅游正向泛旅游快速转型升级。泛旅游产业就是将传统旅游产业放置于新体验时代的大主题下,重新解构,再与休闲、社交、探险、学习、商务考察、团建等内容分别融合,衍生出更多样的形式和更丰富的内涵,并带动相关产业和区域快速发展,形成更高的附加值和溢出效应。

3. 受新冠疫情影响,出境游市场正被境内游市场分流。客观上对境内游,尤其是高端境内游市场,反而起到一定刺激作用。至今年上半年,全国旅游收入同比增幅已达153%。与此同时,国家正在实施逐渐以经济内循环为主体的战略部署。旅游产业作为内需的重要一环,将继续起到关键作用。

综合以上背景,泛旅游产业正在获得宝贵的发展窗口期,值得积极主动地把握。

(二) 发展意义

1. 提升城市功能,加速城市化步伐。泛旅游产业通过提供具备吸引力的体验内容,吸引人们聚集,从而产生极大的区域聚集和经济带动作用,往往会带动一个区域的城市化进程,加速形成城市的度假区、会展区、娱乐区、步行街区、购物游憩区及旅游小城镇等。因此,泛旅游产业被广泛作为提升城市功能,推动城市经营的有效手段。

2. 创造更多就业机会,推动多行业协同发展。根据国际通行算法,旅游业直接与间接就业的人员比例大约为1∶5。此外,泛旅游产业因涉及包括会展、体育、工业、设计、文艺演出等在内的多个行业,可为这些行业提供新型产品、新盈利模式,从而带动相关行业共同发展。

3. 增强城市软实力,推动招商引资和人才吸引工作。城市软实力是建立在城市文化、公共服务、形象传播等非物质要素之上的城市社会凝聚力和文化感召力等各种力量的总和。软实力越突出的城市，在当下城市竞争中越具备抢跑优势。

根据智联招聘和泽平宏观的数据显示，在应届生人才流入城市排名中，宁波仅列第16位；而在人才吸引力指数方面则列第9位。同时，杭州在全省人才吸引力榜单中列首位，而宁波的外来人才中以杭州来甬居多。这从侧面反映出，宁波虽然具备吸引人才的硬性条件，但限于城市软实力，在人才争夺战中，只能屈居第二梯队。

而依靠泛旅游产业增强城市软实力，提升城市形象，将使鄞州区在人才引进，以及招商引资方面都起到重要的辅助作用。

4. 满足人民的精神文化需求。时下的旅游已成为人们美好生活和精神文化需求的重要组成部分，对于增强人民获得感、幸福感的作用愈发凸显，故被列为幸福产业之首。高学历和高收入人群尤其注重深层次的精神享受，在经济发达的长三角区域，这类客群具有较大基数，有利于泛旅游产品的培育和开拓。

5. 推动乡村振兴，实现共同富裕。2019年，中国乡村休闲旅游业接待游客33亿人次，营业收入超过8500亿元，发展趋势良好。同时，旅游业也是典型的绿色产业，是推进生态文明建设的重要一环。因此，旅游业已成为践行"绿水青山就是金山银山"的重要领域。也是推动乡村振兴，实现共同富裕的重要路径。即使偏远乡村，也能凭借合理的开发，迎来蓬勃的发展机遇。

（三）发展优势

1. 城建发达，配套齐全。宁波四大核心城区，鄞州区独占其二。

2. 江河湖塘资源丰富。三江中的两江，六塘河中的三大塘河，宁波最大的城市湖泊东钱湖，均在鄞州区。

3. 产业优势突出。尤其在智能制造、数字经济、科技研发等方面优势突出，小巨人企业数量位居全市第一。

4. 人文底蕴深厚。有数千年文明史，留下无数古迹和传说。

5. 佛教文化昌盛。有东南佛国的雅誉，从城区到山峦湖泊，多少名刹烟雨中。

6. 自然景观资源丰盛。既有连绵青山，又有海港渔村。生态宜人，物产丰富，可赋予人们多样化的旅游体验。

7. 拥有耕读传家的富饶乡村。鄞州区的人文，大半传承自乡村；鄞州区的经济，大半起始于乡村。这样的乡村留得住乡愁，也创造了美丽田园。

二、鄞州泛旅游产业发展思路

（一）全力发展五大新型旅游产品

1. 城市旅游，让生活更美好。

城市旅游是指以现代化的城市设施为依托，并以丰富的人文景观、周到的服务为吸引要素而发展起来的一种旅游方式。发展城市旅游，将能继续深挖鄞州的城市价值，提升城市知名度，扩容城市消费，繁荣城市街道。如苏州的苏州中心，以凯德购物广场、苏州第一高楼、W酒店等配套，组成一个大型商务休闲购物综合体，成为长三角热门自驾游目的地。同时，还可顺势发展鄞州区夜市经济，实现全天候的城市旅游消费，并促进灵活就业。

2. 乡村旅游，让城市更向往。

欢乐海岸生态体育公园

乡村旅游是指以游居和野行为特色的村野旅游形式,又催生出特色民宿、夜间游览、文化体验、主题研学等产品,成为振兴乡村经济、营造美丽宜居环境的富民产业。发展乡村旅游,可充分挖掘鄞州区现有的"山、溪、湖、海、田、寺、林、村"等资源价值,并顺势挖掘鄞州区源远流长的乡村文化。同时,也可实现多业态协调发展,促进农业转型升级和新农村建设,为实现共同富裕寻找到新航道、新起点。

3.产业旅游,让产业更引人。

产业旅游是指企业将对旅游者有吸引力的资源优化组合、重新包装,并对外开放。是一种增加企业经济效益和提升企业知名度的新型旅游形式。如参观自动化流水线,参观和体验生产工艺,以及各类相应的展会经济。如,2019年,宁波某旅游公司规划组织了一次针对日本资生堂的产业旅游,组织本市美容界人士赴日,参观资生堂流水线,了解最新美容理念,实践美容用品和器械的操作,附带周边景点游。十余人成团,单人费用达4万以上。资生堂则扩大了影响力和合作空间,品牌效益、生产效益、社会效益全面丰收。

显然,这一旅游形式和鄞州区雄厚的产业基础天然契合。让鄞州区遍地开花的产业园区,现代化的工业厂房,发达的港口文化,获得新的对外展示窗口。并进一步优化企业资源配置、增加企业效益,促进企业文化建设,助力企业品牌营销。让企业获得别样的生命力。

4. 文化旅游,让文化更韵味。

文化旅游是指通过旅游实现感知、了解、体察人类文化具体内容之目的的行为过程,是当前旅游者的一种风尚。如无锡打造的禅文化景点拈花湾,已成为著名"网红"景点。再如普陀山经专业团队规划,各宗教景点全面升级,普陀山—朱家尖组团,2019 年接待游客超 2000 万人次,接近当年鄞州区同类数据(2572 万人次)。

鄞州拥有几千年的文明史,底蕴之深,古迹之丰富,殊不亚于六朝古都,宋韵文化气势恢宏,是中国首个"海丝文化之乡",王应麟蒙学、王安石治鄞、南宋石刻公园等文化品牌打上了深深的宋韵文化印记。这些都是鄞州区开展相似文化旅游的重要依托,可向外界讲更好更生动的鄞州故事,让鄞州区的形象更富韵味和厚度。同时,推进文化旅游,也有利于开展鄞州区文化建设,寓教于乐,丰富市民文化生活。

5. 休闲旅游,让人生更诗意。

休闲旅游,是基于旅游者占据了较多的闲暇时间和可自由支配的经济收入,旅游地有了一定服务设施的条件下而逐渐形成的。在旅游的同时,还能放松心灵、静养身体。因此,对旅游设施的档次和体验感均有较高要求。如迪拜沙漠酒店,建在沙漠绿洲中,以帐篷做客房,放任小型野生动物游走于帐篷外,让游客远离闹市,与自然亲密接触。

并有骑骆驼、驯鹰表演、沙漠越野等配套服务。其客房每晚售价约10000人民币，但依然长期供不应求。

由此可见，休闲旅游主要的服务对象为高端客群，挖掘他们日常无法体验的深层次的度假休闲需求，并以富有特色的服务，获得极高溢价。鄞州区在景观资源的多样性和特色方面，亦有独到优势，为发展高端的休闲旅游提供了一定基础条件。也可顺势升级景点的基础设施和服务设施。

（二）加快打造"八沿"精特亮旅游路线

1. 沿江，打造拥江时尚旅游带。

从奉化江岸到甬江岸，如宁波城市的时空切面，同时融合并展现了几百年来宁波城市的演化。其中，新世界综合体，拥有K11购物中心、宁波塔等新城市景观，将成为一个不亚于天一广场的宁波城市新客厅。庆安会馆（河海博物馆），可诠释宁波历史中悠久的港口文化。宁波书城广场的原工业建筑象征着近代宁波民族产业的崛起，且文教氛围浓郁。爱珂演艺广场一带拥有发达的夜生活基因，又可作为文化旅游目的地。和丰夜市，蜿蜒数千米，现已成为宁波排名前列的著名夜市。从城市文化到工业文化到文艺演出到夜生活，该旅游片区风格多元，形态各异，可提供新颖且多样的旅游体验。

2. 沿湖，发展揽湖宋韵文旅带。

鄞州区境内山水环绕，湖泊众多，其中尤其以东钱湖最为著名，是鄞州区的核心旅游资源。当前，东钱湖正经历新一轮发展期，一批新的优质景点也应运而生。

韩岭老街，号称"浙东第一古街"。实现了新建景区和老街居民和谐共融的老旧街区改造新模式，在东钱湖景点中独树一帜。目前，老街业态以咖啡屋、书吧、时尚民宿、小酒馆、文创小店为主，以类似"宁波小丽江"的定位，深受年轻驴友推崇，也让景区充满活力和融洽的休闲度假氛围。

东钱湖美术馆，该馆由国际级设计大师隈研吾操刀设计，造型独特。仅"隈研吾设计"就可引起国内设计界较大关注度，引发自觉主动传播效应。

国际会议中心，是东钱湖开展会议会展业的重要设施，也是宁波形象的新窗口，建筑面积超30万平方米，预计2021年年底建成，可成为商务旅游、产业旅游的重要目的地。

这些新生景点，可与原有的东钱湖小普陀、启新高尔夫球场、柏悦酒店、院士中心、霞屿禅寺、南宋石刻公园等，形成多样化的旅游目的地组合。并同步开发文化旅游、乡村旅游、休闲旅游，甚至产业旅游等泛旅游产品。

3. 沿路，打造商贸消费旅游带。

中山路素有"浙东第一路"之美誉，也集中了鄞州区最具影响力的城市资源要素。故，可沿中山路开发一系列优质城市旅游资源。

宁波阪急百货，是大阪阪急百货在海外的首家直营店，具有强大的品牌影响力。其丰富齐全的重奢、轻奢品牌，大批全省、全市首店，正在发挥品牌的集聚效应和首店效应。

高品质的城市度假酒店，如安缦、悦榕庄、卓美亚，不仅可增加鄞州区对高端旅游客群的吸引力，其自身也可成为热门的旅游目的地。故，如何抓紧海外疫情未消退的窗口期，规划建设一批高品质的城市度假酒店，并在其附近开设富有宁波本地特色的夜市，留住和扩大这些外来高端消费，使其成为过夜经济，是值得研究的课题。

东部新城中央公园。是东部新城核心区最大的城市公园，不但可自成景点，也打通了从会展中心至东部新城CBD，再至阪急百货的步行空间，将东部新城核心区各主要城市景观连成一片，是东部新城发展城市旅游的重要依托。

中山路沿线还有新世界综合体、七塔寺、宏泰广场、城市展览馆、宁波图书馆、宁波文化广场、城市之光、宁波生态走廊等优质城市景观，形成了一条集购物、休闲、城市度假、文娱、商务于一体的精特亮城市旅游景观带，更将成为鄞州区又一张闪亮的城市名片。

4. 沿山，建设佛教文化旅游带。

鄞州区的东南两片山峦起伏，物华天宝、人文荟萃，孕育了灿烂的佛教文化，故素有"东南佛国"之称。而鄞州区完全可利用丰厚的禅文化资源，及周围其他优质景观资源，大力开发相关旅游产品。

阿育王寺，藏有稀世的释迦牟尼真身舍利，这是寻常寺庙难以比拟的重大优势。南京牛首山以顶骨舍利为卖点，打造出人气极高的国际级景点，2018年的年收入就达1.5亿元，此案例对阿育王寺景点的建设极具参考价值。

天童寺，融于天童山国家森林公园宜人自然风光之中，占地面积较大，可开发空间也较大。

太白湖，位于天童、阿育王寺两大名刹之间，与主城区车程仅约半小时，周围不见车马嘈杂，纯然一派自然风光，现建有太白湖公园。

画龙村，地处太白湖西侧，如藏于深山的世外桃源，静谧秀美，地势平坦。现村中青壮年大多搬离，仅存少数中老年村民留守，不少村舍处于空置状态。村中建有一座木结构博物馆，曾举办过多场书画展,在书画界颇有知名度。

可依据此自然条件及发展基础,发展研学小镇、书画小镇、乡村休闲度假。亦可深挖自然景观资源,打造一些热门游乐项目,如高空秋千、森林蹦极、攀岩、玻璃栈道等。

在自然风光旖旎处,也是发展高端民宿业的理想场所,如杭州裸心谷、日本箱根等,鄞州区亦可参考这些案例,规划一批合适的场地,建设一批单日千元以上的中高端民宿和民俗小镇。打造一批精特亮的乡村旅游、文化旅游、休闲旅游产品。

5. 沿河(塘),开发水岸风情旅游带。

塘河既是宁波历史的见证,亦是城市美好生活的注脚。鄞州区拥有宁波六大塘河中的三大:后塘河、中塘河、前塘河;还有甬新河、院士公园河、新杨木碶河等城市景观河流。这些塘河穿梭于繁华都市和富饶田园之中,串联起自唐宋以来的历史遗迹,也串联起当下的美好生活。如张斌桥、史氏故居、天宫庄园、邱隘老镇、西江古村、水乡邻里高品质住宅区、甬新河公园、文化广场、五一广场、南高教园区等。如果能利用好这些富有特色且丰富多样的塘河景观资源,开发沿塘河精特亮旅游路线,将对我区的城市旅游、休闲旅游、乡村旅游,都发挥积极的助推作用。

以中塘河流域的邱隘老镇为例。在整体拆迁资金平衡压力较大的背景下,建议可依据老镇原有肌理和沿河景观,进行有机更新、局部升级、挖掘文保、改造危旧。以未来社区为建设目标,转型成沿塘河新型商贸小镇,保留老镇的烟火气,和东部新城实现错位开发,功能互补。也可成为我区沿塘河的一道重要城市景观。

6. 沿业,建设产业观光旅游带。

我区在实施产业升级战略中开发建设了大批优质商务区、产业园区、众创园区,其中有相当数量的园区、工厂,既有良好的界面形象,又有深厚的产业底蕴,是我区开展产业旅游的重要卖点。

和丰创意广场,主打工业设计,又有和丰纱厂历史遗存,结合甬江公园、和丰夜市,已是我区热门城市景观。

南部商务区,有"浙东曼哈顿"的美誉,高楼密度之大,全浙江所罕见,现已成为现代都市剧的热门取景点,自带流量基因。同时,商务区内企业密集、产业丰富、配套齐全,是开发产业旅游的理想景点。

此外,"十四五"期间重点打造的中部科产城融合板块;一些大型现代化工厂,如欧琳国际工业园、奥克斯姜山工业园;宁波国际贸易展览中心、东部新城CBD,均可发展成为重要的产业旅游目的地。在众多精特亮路线中,成为一道独特的风景线。

7. 沿田,打造田园风光旅游带。

鄞州的五乡、东吴、姜山、塘溪、云龙、横溪等镇,遍布富饶的田园。如号称"中国进士第一村"的走马塘村、诞生于北宋年间的陈鑑桥村、商贸繁荣的蔡郎桥村、著名小提琴家俞丽娜的家乡新张俞村、淳美江南风貌的五乡李家洋村。这些乡村藏有鄞州特有的乡贤文化,可在发展乡村旅游的同时,规划建设一批名人博物馆或乡贤文化馆;再依托鄞州发达的城建和经济基础,将能使鄞州的乡村旅游大放异彩。

8. 沿海,建设滨海风情旅游带。

宁波正在建设国际海洋中心城市,推进"拥江揽湖滨海"战略,海洋经济正是我市和我区的下一个风口。且沿海一带正规划建设疏港高速、象山城际铁路梅山支线,可将我区沿海三镇全部串联,且极大地便利了沿海三镇与主城区的通勤。由此，我区的滨海三镇塘溪、咸祥、瞻岐可乘势形成具有滨海风情的精特亮旅游路线。

瞻岐老镇，布局古朴，有岐山书院、大会堂、民俗博物馆等特色景点，可设计建设成极富特色的滨海古朴小镇。

大嵩古城，是宁波海防文化的重要象征，结合大嵩岭古道，将是极具特色的徒步游目的地。

咸祥老街，隐身在繁华的咸祥小镇，古宅与商业街相融，附近有金山公园、江畔人家、咸祥庙、横山码头等特色景点。

上述"八沿"精特亮旅游路线，可融合、可分解、可挖掘、可赋新，均是我区宝贵且特色鲜明的泛旅游产业资源，是推动我区泛旅游产业发展的宝贵财富。

三、发展泛旅游产业的对策举措

（一）统筹规划

为进一步实现同步国际经验的市场化开发运作，建议我区聘请国际一流旅游开发机构，以富有前瞻性的市场眼光，借鉴国内外先进理念，挖掘一批新资源、新景点；更新升级现有景点；统筹规划整体开发方案，完善旅游线路，丰富旅游产品。同时做好大数据分析工作。如做好旅游人群素描、及时搜集反馈意见、梳理主要旅游动线、排摸发现热门旅游景点和消费内容。再根据这些数据，不断完善旅游设施，改善旅游体验，监控和引导相关舆情，深挖旅游资源价值，把握市场脉搏，持续开发新型泛旅游产品。

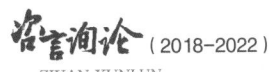

（二）深化宣传

目前，新媒体已成为泛旅游经济的主要宣传、传播途径。这些新媒体包括小红书、抖音、知乎、今日头条、快手、微博等，亦包括专业指向性更强的携程、马蜂窝、去哪儿、途牛等线上工具。

在我区的泛旅游产品宣传中，可结合这些线上工具，以多媒体图文展现旅游资源，积极展现鄞州的新景观、新形象。并采用线上线下联动的模式，组织开展各类旅游节、主题游，及相应的宣传推广活动，不断掀起我区泛旅游产业的新热潮。

（三）完善配套

泛旅游产业所需的配套，分为旅游设施配套及服务配套。关于设施配套，建议我区在交通出行、景点导航、公共设施、游客集散中心、停车设施、项目招商、多媒体服务等方面加强建设。关于服务配套，建议我区在公共服务、法律法规、市场监督、审批报批等方面，加强建设。并可参考国际先进旅游城市的经验，有针对性地逐步规范、完善，从而营造便捷、安全、顺畅的旅游体验。

（四）强化领导

泛旅游产业是一个典型的跨行业、跨领域产业。因此需联合各部门力量，抽调精干组员，实现跨部门的统筹谋划，才能积极灵活地推动，有力有效地实施。

如杭州市，为推动当地旅游产业发展，特跨部门设立杭州市旅游委员会。承担起草旅游业发展的地方性法规、规章和政策，编制全市旅游休闲业发展战略，负责旅游业的综合协调和推进工作，统筹协调全市旅游业的发展,负责全市旅游资源普查、开发和保护工作等九大职能。

又如苏州市旅游委员会,一度以市长兼任苏州市旅委主任,并联合市委秘书处、旅游局、宣传部、发改委等多部门力量,统筹该市旅游发展规划。

这些举措对我区统筹部门力量,发展泛旅游产业,具有较大参考意义。

(2021年11月)

关于鄞州区房地产市场
平稳健康发展的咨询报告

在城市化进程中,鄞州区发展空间不断扩大,综合实力日益提升,城市面貌日新月异,呈现高质量发展态势。其中房地产业发挥了重要作用,不仅满足了广大市民的居住需求,还为城市发展"筹集"了充沛的资金,使城市基础设施建设不断翻新,并带动多个相关产业的联动发展。在市、区两级大力推进"拥江揽湖滨海"重大战略背景下,实现房地产市场平稳健康发展,必须坚定"房住不炒"定位,坚持"稳地价、稳房价、稳预期"核心基调,突出"一城一策,因城施策"。现将鄞州区房地产业情况分析如下,供党委政府决策参考。

一、房地产业稳定发展的重要作用和意义

纵观鄞州房地产业近二十年发展历程,其在拉动经济、改善民生方面发挥了至关重要的作用。万科带来了宁波第一代洋房产品;万达带来了宁波第一个城市综合体;印象城繁荣了中河街道的商圈;南部商务

区不仅推动了我区的产业升级，也让第三产业得到空前发展。近年来，这种良性互动步入新的发展阶段，如龙湖的天街综合体，即将更新江南和明楼片区；甬江东南的海尔产城综合体，带动当地的产城融合；绿城将顶级产品系——凤起系列带到东部新城；宝龙使南部商务区、中河商圈和高新区实现进一步升级；华润正在促成仇毕片区的脱胎换骨。此外，还有大悦城、中交、弘阳、新希望、旭辉、德信等国内优质开发商，正将步行城市设计、小街巷设计、城市复合功能空间设计等前沿城市设计理念引入鄞州，促进城市形象蝶变。房地产业在以下几方面发挥了重要作用：

一是不断满足群众居住需求。有恒产者有恒心，近20年来，鄞州区的人均居住面积从20平方米左右，扩大到了2019年末的37.9平方米，并通过类型丰富的住宅产品供应，不断满足人民群众的居住需求，提升人民的幸福感，促使社会更趋和谐安宁。

二是显著提升鄞州城市形象。房地产业发展积极带动了我区道路、绿化、幼儿园、邻里中心、商业街区、购物广场和写字楼等物业的建设，不仅显著促进了我区楼宇经济，持续提升了城区形象，改善了人居环境，也促使城区大步迈向国际化、现代化。

三是持续吸引高端人才流入。据统计，仅在2017年到2019年，我区户籍人口就增长约8.9万人，常住人口增长约17.2万人，增量居全市前列。如房地产市场能继续平稳健康发展，将会进一步吸引高端人才流入，并由此带来活跃的投资和消费，带动产业发展，促进城市经济的持续繁荣。

表 1　2016—2019 年鄞州区户籍人口及常住人口情况

	2016 年	2017 年	2018 年	2019 年
户籍人口	842000	871663	902151	931000
常住人口	1257000	1294000	1342000	1429000

数据来自鄞州区历年国民经济和社会发展统计公报（单位：人）

四是带动相关产业联动发展。房地产业除了行业自身能直接拉动居民消费，还能带动上下游 100 多个行业发展，大到钢铁、水泥、家电等，小到五金、灯具、窗帘等，将会有力促进这些行业的快速发展。

五是支撑重要经济指标平稳增长。房地产行业大幅度带动了大量固定资产投资，近几年，我区房地产业投资占全社会固定资产投资比重一半左右，房地产业所创造的税收在地方财政收入中占据较大比重，对地区生产总值做出了重要贡献，有效支撑了重要经济指标平稳增长。

二、目前我区房地产市场发展面临的挑战

从目前行业的发展态势看，我区房地产市场存在着供需不平衡、供应结构不甚合理、房企资金和经营压力不断增加等方面的风险，主要来自以下六个方面。

一是住宅供应相对不足。一方面，与常住人口大幅增长的趋势相反，当前我区住宅供应存在较为明显的下行迹象。2019 年相比 2017 年供应面积下降约 44%。目前我区人均居住面积为 37.9 平方米，而在 2018 年末，我国的城镇人均居住面积已达 39 平方米，距离全国平均水平也仍有一定提升空间。

表2　2017—2019年鄞州区房地产供应面积及套数相关情况

	供应面积（单位：平方米）	供应套数（单位：套）
2017年	2333700	18023
2018年	1569800	10946
2019年	1513200	12376
合　计	5416700	41345

以上数据不包含东钱湖和高新区

另一方面，如下图所示，鄞州区的人均GDP基本达到发达国家水平，但居住水平有较大差距。且国外使用的是套内面积，我国使用的是建筑面积，实际差距还需增加10%—25%，这从侧面反映我区房地产业还有广阔的成长空间。

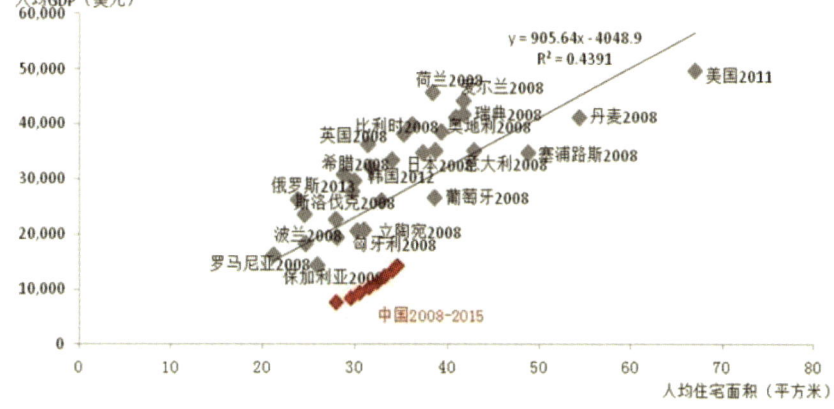

图1　多国人均住房面积与人均GDP比较

二是新房成交呈现下行迹象。住宅供应量萎缩正在影响新房成交，

近三年鄞州区新房成交呈现出较明显的下行趋势。纵向比较，鄞州区的历史成交峰值出现在 2016 年，达 289.89 万平方米，2019 年的成交量仅为 2016 年的 54.45%。结合供应量，三年的综合供求比为 0.9∶1，而合理的供求比应是供略大于求，故显示出较明显的供不应求现象。截至 2020 年 4 月 14 日，鄞州区商品房库存量为 450942.33 平方米，3911 套，按 2019 年平均每月的成交套数计算，去化周期仅为 3.8 个月。

横向比较，2019 年奉化区完成商品房销售面积 214.7 万平方米，比我区高出约 36%。而同期奉化的户籍人口仅为我区的 51.6%。再如江北区，户籍人口仅有我区的 28.25%，而 2019 年的成交量却达我区的 64.93%。

表 3　2017—2019 年鄞州区房地产成交面积及套数相关情况

	成交面积（单位：平方米）	成交套数（单位：套）
2017 年	2463800	18873
2018 年	1931800	13923
2019 年	1578700	12271
合　计	5974300	45067

以上数据不包含东钱湖和高新区

三是产品存在同质化现象。随着居住水平提升，人民对居住的要求也水涨船高，并越来越追求个性化，这种需求将倒逼房地产市场不断进行产品迭代。目前，我区正在实施"限房价、竞地价"政策，在充分维护了市场稳定的同时，也衍生出了一些问题，如相对固定的利润空间，致使产品品质趋于雷同，抑制开发商创新动力，无法满足人民的居住新需求。也让建筑立面千篇一律，无法呈现出百花齐放、形态丰富的城市界面。同时，部分开发商为追求利润最大化，或会在施工中偷工减料，从而伤害到消费者的利益，并给市场秩序稳定埋下一定的隐患。据了解，目前已有部分开发商计划对产品进行"减配"设计，还有部分开发商对其部分高端产品下调设计标准，以控制成本。

四是土地储备面临压力。鄞州区经过20多年的快速发展，原有城市空间接近饱和。如东部新城核心区的存量住宅用地已接近枯竭，仅在建明湖一带尚有供应。鄞州中心区的长丰、万达、中河、湿地公园等片区宅地供应日益缩减。老江东板块目前可供应存量宅地仅余江南桑家的城中村、矮柳工业区、宁穿路沿线、仇毕，以及李惠利医院一带等零散区域。因未来老城改造以老旧小区翻新改造为主，故老城的可供应土地将进一步缩量。

宁波东部新城

据乐居财经提供的数据显示，2017年鄞州区出让的住宅用地总面积为692476平方米，2018年鄞州区出让住宅用地总面积为816786平方米（以上数据均包含东钱湖、高新区和东部新城），且上述宅地包含商住地块，故实际宅地供应更少。从土地出让到建设到拿到预售许可证，周期大约为12至18个月，以平均15个月计算，2017年、2018年出让的土地，最终反映在房产供应端是在2018年到2019年，所以近几年鄞州区新房供应偏少。

五是写字楼纷纷改建成公寓。近年来我区商业地产成交有所上升。其中写字楼销量从2017年的19.13万平方米，上升到2019年的28.66万平方米。但因住宅供不应求，并为了追求更高的利润，其中相当一部分写字楼已被改建成公寓和类住宅出售。这种现象，一方面会导致部分居住需求流向公寓市场，而公寓对财政的贡献远不如住宅；另一方面，由于目前公寓亦可落户，需平等享受公共资源，因此虽然是公寓住户，依然需按比例增建学校、幼儿园等公共设施，对我区财政收支和楼宇经济发展会造成不利影响。

六是疫情之下房企压力普遍较大。由于受疫情影响，房企普遍误工2—3个月，导致预售许可证的领取、销售进度和楼盘交付均受影响。这不但大大增加了房企的经营压力和资金压力，也可能导致后续的一系列社会问题。

三、促进鄞州区房地产市场稳定健康发展的对策建议

对于如何提振我区房地产市场，继续长期保持稳定健康发展，提出如下建议。

一是加大旧城改造力度。目前，我区同时在推进甬江东南岸开发、百丈街道更新、矮柳工业区更新、宁穿路华东物资城板块、明湖南区建设等重大城市更新升级项目，这些项目或多或少存在征迁压力，希望我区能进一步加强旧城改造和征迁力度，向老城要空间，向城中村要土地。同时，同步研究城中村存在的内因，尤其是其与城市社会经济的关联，在尽量保持其带来的社会活力的基础上，有序更新城中村，让更多的产业和市民分享到城市升级的红利。此外，我区部分中心城区还存在一定规模的工业空间，如中河工业区、前殷区块、后庙工业区等，建议提前谋划，合理定位，进一步盘活市中心用地。在具体实施上，建议在旧城改造重点区域，由区政府统筹推进拆迁工作，统一规划，统一实施，让相关工作有序部署、有力执行。

二是加快新片区开发。目前，我区在东、南和东南三个方向依然保有较大的拓展空间，可满足土地的储备需求，建议实行滚动式梯队开发。向东，可借城市东进之势，谋划建设占地约 10 平方千米的城东新区。向东南，拥有东钱湖、云龙、下应城市组团，可结合钱湖新城和云龙枢纽的建设，西接鄞州中心区，北连东部新城。向南，可沿鄞奉城际，将陈婆渡和姜山连成一片，打造南部新城。建议滨海区块暂时留白，等条件适宜再启动城市开发。

此外，鉴于鄞奉城际的朝阳站和方桥站之间相距约 4.5 千米，可在其间的和益村一带新增站点，以形成鄞州区的南门户，并对接方桥板块。鄞州区自古有和益乡的建制，历史底蕴浓郁，土地资源充裕，具有一定的开发基础。方桥生命科学城与和益板块接壤，又拥有第一医院等大型优质城市配套，可使和益板块直接受益。板块西北与临空港示范区隔奉化江相望，板块东北有朝阳互通，具备发达的交通优势，商务功能和居住功能均有良好的发展基础。同时，我区可根据规划中的6号、7号、8号轨道交通线路，提前谋划沿途站点的规划布局和功能定位，打造地铁沿线卫星居住组团。

三是进一步落实"一城一策"。为增强房地产业市场活力，让住宅供应多元化，切实为房企减负，亟须进一步落实房地产业"一城一策，因城施策"。在房企减负方面，根据市住建局《关于防控疫情帮扶企业促进发展的通知》，借鉴河北、天津、重庆、上海、西安、武汉、无锡、南昌、杭州等省市房企减负政策，建议我区能根据当前实际情况，制定相应的合理扶持策略，如可延期或分期缴纳土地出让金，降低土地拍卖保证金比例，放宽预售条件，开工的房地产可延期缴纳城市基础建设费，允许符合条件的房企延期缴纳土地增值税，允许有特殊困难的房企延期交付，为企业生产经营减负。在激活市场活力方面，鉴于2018年至2019年，我区二手房成交量分别为288.57万平方米和302.41万平方米，远高于新房，而目前鄞州主城区正在实施限购和限售政策，已购房2年内不得出售，拥有2套及以上住房的市民不得在限购区内买房。针对当前经济形势，建议适度放开限售和限购，既能满足人民合理的置业需求，也能进一步激活市场，为鄞州区的经济社会发展创造更多价值。

四是避免房地产同质化。建议合理优化"限房价、竞地价"政策，使其既能保持市场稳定，防止房价过快增长，又能鼓励开发商创新突破，将更好的产品带到宁波，形成多元化的住房供应，避免房产产品的同质化，也满足人民群众的居住多样性需求。可以只限定毛坯房售价，不限定精装修售价。或不强制要求必须精装修交付，由开发商自行选择，并以毛坯价备案。同时建议实施更灵活的备案价制度，如设定备案价基准线,允许开发商在基准线的一定浮动空间内灵活调整售价,这样可以使开发商在市场困难期,以较优惠的价格在浮动空间内进行销售,待市场活跃度恢复,再在浮动空间内补涨售价,平抑成本,优惠前和优惠后的整体售价基本控制在基准售价区间内。

五是强化公共服务供给。人居品质的提升及房地产市场的稳定发展还得益于公建配套的完善,包括轨道交通、路桥建设、菜场、学校、医院等。尤其是学校和医院,正在成为人民选择居所的重要参考标准。镇海区因学籍优势,2018年至2019年新增户籍人口达22000人;我市部分城区因学区紧张导致各种舆情的出现。我区的学区建设一直走在各城区前列,但在人口大量流入的背景下,需要和住房供应一样,不断供应新的教育资源,引进优秀教师队伍和管理经验,满足人民迫切的教学需求。因此,建议我区大力建设相关的公建配套和公共服务,进一步提升居民的生活品质和城市人居魅力。

六是加强市场动向监测。准确的数据信息统计,比如供求比、价格波动、租金变化、二手房挂牌量等,能实时反映真实的市场状况,市场大数据的建立有利于有关部门实时掌握市场最新动态,及时准确地做出相应的对策。建议对此展开研究,建立我区的房地产市场大数据库,确定数据等级,形成数据实时上报机制和预警机制,灵活调度,及时规避风险。同时,借助大数据库资源,实行上网上云,探索"云营销""云招商"等,进一步优化房地产运营条件,便捷市场交易。另外,加强对写字楼市场的整规,控制商务楼改为公寓楼规模,防止其影响商务楼宇和房地产业发展。在合理测算规划写字楼供应量的基础上,严格规范对写字楼的设计和使用要求,规范写字楼最小产权面积。对可进行SOHO式办公的在出让文件中注明。

七是加大人才引进力度。人才是城市最大的财富。4月9日,国家发改委印发《2020年新型城镇化建设和城乡融合发展重点任务》,督促全国各大中城市逐步取消落户限制。在此之前,全国如青岛、武汉、南昌等主要城市已经在积极实施"抢人"战略。2019年,我市奉化也出台政策,对落户的博士可给予50万元住房补贴。目前,我区也在积极实施人才战略,引进各类高级人才,在此过程中,要充分借鉴其他城市的人才引进策略,酌情降低入户门槛,不拘一格降人才,让我区能在更多产业环节形成丰富的人才储备。

(2020年4月)

关于建设宁波房地产消费服务未来中心的咨询报告

宁波房地产消费服务未来中心是指在数字化变革背景下，依托宁波房地产业集群优势，集聚国内外房地产产业链高端品牌企业资源，创新房地产业多元业态融合新模式，打造以"未来时尚数字化生活"为主题，集房地产、家居、交易、体验、娱乐、消费、论坛等为一体的一站式未来生活情境体验综合体。

在国内整体经济可持续高质量发展持续推进，产业愈发要求创新发展的背景下，建设现代化滨海大都市"首善之区"亟须激发产业蓬勃新动能。区咨询委聚焦作为经济发展支柱的房地产业发展，瞄准房地产业发展的痛点，紧扣发展新形势与新愿景，提出建设宁波房地产消费服务未来中心的构想，以房地产产业链平台谋划为载体，构建房地产产业链集群，推进产业深度转型升级，打造鄞州产业核心竞争力，现供区委、区政府决策参考。

一、作用意义

（一）发展城市经济，培植新经济增长点的需要

房地产业是城市经济的关键组成部分，2021年宁波市六区新房成交面积1044.48万平方米，成交金额2301.92亿元，二手房成交面积674.24万平方米，成交金额959.14亿元，宁波房地产业已进入平稳发展阶段，客观上是经济增长的"四梁八柱"。在此基础上，建设宁波房地产消费服务未来中心，能够带来可观的财政税收，解决一大批劳动力就业问题，带动房地产相关的上下游配套产业集群发展，增强国资企业竞争力，对培育新的城市经济增长点具有重要的现实意义。

（二）展现城市形象，便捷服务民生的窗口

宁波房地产消费服务未来中心，是囊括未来城市规划、城市建设、基础设施配套、交易中心、设计展示、信息服务等多个功能区块的综合平台，是展示宁波城市魅力、城市形象的靓丽新窗口。同时，针对当前房地产交易市场中存在的信息不对称、买房不便利、服务不到位等难题，宁波房地产消费服务未来中心集聚公开官方信息，一站式提供看房、购房、交易、办证、装修设计、家具、家电添置服务，让群众购房装修快捷便利。

（三）深化行业改革，推进房地产业持续健康发展的抓手

当前房地产业发展困难重重，房地产业交易碎片化，从沿街房地产销售中心到施工现场交易中心，过多的销售网点严重浪费资源，增加了行业成本；信息发布虚假，开发商随意放大拔高对促销有利的信

息，刻意回避缩小对促销不利的信息；安全隐患突出，现场售楼处在没有任何安全验收测试的情况下，把封闭的施工工地变为大众交易市场，存在严重的安全隐患。建设宁波房地产消费服务未来中心，就是为破解房地产行业交易中存在的问题，探索行业"深层改"和"率先改"，以智能化应用新场景，全方位、立体化展示行业上下游产业链需求及供给信息，保持行业创造性张力，推进行业整体持续健康发展。

二、初步构想

宁波房地产消费服务未来中心建设的构想始于2014年，后因行政区划调整而搁置。目前，综合体平台建设多方面条件正在成熟，国家政策"红利"加快释放，房地产行业自身亟须转型发展，而鄞州又处于宁波城市的核心区域，集中了市六区约40%的房地产交易量，我们感到规划实施的时机正在到来。

（一）定位

立足市六区，瞄准宁波大都市，面向浙江省，放眼长三角，建设未来一站式房地产消费服务综合体平台，打造中国房地产业最佳服务平台。

（二）功能

初步设想可以嵌入以下功能。

1.城市规划展览中心。结合宁波未来城市发展战略，借用数字化手段，整合全市城市展览资源，永久引进落户房博会和家博会，展示

蓬勃兴起的新城

未来鄞州及宁波城市规划远景，重点突出城市公共配套，让购房者全方位了解拟购住宅在城市中的位置及周边公共配套要素。

2. 房地产营销服务中心。集聚开发商资源，由开发商集中展示新房实景样板，并实施集中销售，把目前的现场销售环节并入中心集中销售。同时，设置房地产产业链实景设计展示功能区块，利用数字地理信息系统，借助3D手段，集中展示房地产最新区位、配套、家居、家电、软装、新房等实景，让购房者获得舒适、安全、立体的感官认知。

3. 二手房租售交易中心。发挥综合体平台优势，集聚鄞州、宁波及周边城市二手房信息资源，发布权威二手房租售及交易信息，为买卖双方提供优质交易服务。

4. 房地产交易信息发布中心。对接相关职能部门，集聚鄞州乃至宁波各类房地产新闻发布、房价动态、政策公示、学术沙龙、会议论坛、家装设计、路演等综合信息，全方位为老百姓提供综合信息服务。

5. 房地产延展产品智能展销中心。集聚产业链上下游高端品牌资源，囊括建材、家居、家电、软装等相关产业，重点打造家电城、建材装潢城和家居城，既有实景设计展示，又有新产品实物体验，为老百姓提供全过程、全方位、全链条的房地产延展产品智能展销服务。

6. 房地产配套服务中心。进一步深化"放管服"改革，方便买卖双方，在综合体配套建设公共事务服务中心，方便证件办理、税务交纳、房产落户、银行贷款、法律服务等各类配套服务。

（三）规模

占地面积200—300亩，容积率1.5—2.0，建筑面积250000—300000平方米（不包括地下室），预计投入15—20亿元。

（四）选址

选址1：鄞州区首南街道雅戈尔老年乐园南边，广德湖路以东，宁南南路以西，句章路以北，萧皋路以南，占地面积近250亩。该地块交通便利，轨道交通3号线可通达，附近有鄞州公交总站，规划建设的绕城高速与广德湖路出口较近，百姓出行方便。但地块内有部分土地尚需调整，建议从长远角度重点考虑选址1。

选址2：原宁波会展中心规划地块（云龙），占地面积约300亩，地铁4号线和7号线均可通达，后续开发余地大。缺点是该地块周边配套尚需完善。

选址3：铜盆浦原化工区地块，鄞州大道以北，小江湖路以西，毗邻奉化江，占地面积 200 亩左右，该区块土地短期内可供开发使用。缺点是处于地理位置末端，交通不够便利。

三、实施建议

以政府为引导，以企业为主体，以市场化运作为基础，以专业团队运营管理为依托，精准招引国内外房地产上下游产业链高端资源，探索商业模式创新，实现宁波房地产消费服务未来中心综合体平台高效率组织运营实施。

（一）成立班子，明确主体

建议成立宁波房地产消费服务未来中心工作专班，设置办公室，抽调业务能力强的专业人员加入，按照政企分离、界限分明的原则，由区政府统筹组织协调，明确一家国企平台为建设实施主体，专门负责宁波房地产消费服务未来中心项目总体规划、建设、招商、运营、管理等工作。

（二）统筹规划，深化设计

对房地产业发展及省内外先行做法进行调研，摸排宁波房地产消费服务未来中心项目选址、功能布局、周边配套条件等，在充分调研的基础上，引入专业化团队进行设计，综合体功能设计既要有专业性，又要有动态弹性，考虑每一个功能区块的可持续发展，科学前瞻设计每一个功能区块及详细规划布局。

（三）把握需求，精准招商

拔高综合体建设标杆，按照较高的品牌度、品位度和美誉度要求，在招商引资方面，瞄准国内外知名品牌，列出房地产上下游产业链建材、家电、家居、软装等知名龙头品牌企业，实行有目的的定向精准招商，引进产业链龙头企业项目，带动鄞州房地产整体产业链高质量发展。

（四）搞活机制，分步推进

建议综合体开发建设实行在政府宏观政策支持下，以企业为运作主体，实行"政府搭台、企业唱戏"，采用"政府＋开发投资公司＋项目运营商"三级开发模式。政府承担领导、规控、监管职能，进行规划、土地、政策等方面的监管。开发投资公司负责对综合体项目的综合策划、投融资、开发建设、招商引资等。开发运营商是综合体的招商引资对象，按照政府和开发投资公司制定的规划，分步骤有序进行项目具体开发和运营，包括综合体六大中心的知名战略投资商及终端开发商等，真正通过开发投资在市场上创造价值。

附件1：宁波房地产消费服务未来中心效益分析

附件2：房地产消费服务中心基本功能示意图

（2022年5月）

附件1：

宁波房地产消费服务未来中心效益分析

（一）宁波房地产消费服务未来中心项目的落地，大量的中介机构和上下游产业链著名企业的引入，能持续产生可观的税收收入。

（二）解决一批劳动力就业问题，按50平方米/人测算，30万平方米就能提供6000个就业岗位。

（三）房地产产业链长，涉及150多个分支产业集聚在中心，为周边的产业持续发展提供坚强的动能。

（四）国企平台通过建设"中心"，拥有"中心"的物业，随着市场的逐步成熟，资产的价值越来越高，增强了国企平台的发展后劲。

（五）可观的租金收益，以选址1为例测算。

选址1地块位于宁南南路以西，广德湖路以东，句章路以北，萧皋路以南，合计166127平方米。

投资概算：按照1.5容积率计算，建筑面积250000平方米（不包括地下室），建设按成本5000元/平方米测算，总造价12.5亿元（包括地下室造价）。土地按商业出让价1500元/平方米计算，为3.75亿元。两项合计16.25亿元。

投资回报：除政府自用外，出租率按70%算，为175000平方米。地上建筑用房租金按3元/天测算，全年租金收入1.92亿元。地上地下车位按2000个和10元/天测算，2000个×10元/天×365天=7300万元。按照70%计算，车位年收入5000万元。仅租金两项合计收入2.42亿元。静态计算，运营6.7年可收回成本。

附件2：

房地产消费服务中心基本功能示意图

家 电 城		新 房 展 示 营 销 楼
（展示、体验、销售）	后 勤 服 务 综 合 体	1、政府城市规划展示、新盘在城市中心的位置及周边公共配套演示。 2、房地产企业新盘实景展示及销售。 3、承办房博会。
家 居 城		综 合 服 务 楼
（展示、体验、销售）		1、不动产登记办证、税务、法律、水、电、气开户等服务。 2、新盘信息发布学术论坛交流、会议等。 3、家装设计服务。
建 材 城		二 手 房 交 易 楼
（展示、体验、销售）		1、二手房信息发布 2、地理信息网上看房 3、房产中介服务

关于粤港澳大湾区开发建设及其对鄞州启示的咨询报告

湾区经济是当今国际经济版图的突出亮点，是世界一流滨海城市的显著标志。世界银行统计数据表明，全球经济总量中的60%来自港口海湾地带及其直接腹地，湾区经济正成为带动全球经济发展的重要增长极和引领技术变革的"领头羊"。它山之石，可以攻玉，区政府咨询委于3月26日—3月30日赴广东深圳、珠海、佛山等地学习考察粤港澳大湾区建设情况，走访了深圳宝安区、深西开发区、前海深港现代服务合作区、珠海横琴开发区等，参观了深圳国际会展中心、深圳城市展览馆，考察了国家食品安全（横琴）创新中心、美的集团等重点项目和智能企业等，深入学习粤港澳大湾区建设的先进经验，现将考察学习基本情况及思考整理如下。

一、粤港澳大湾区的基本情况及特征

粤港澳大湾区是粤港澳三地为推动跨界合作勾画实施的区域大发

展战略,其渊源为2009年完成的《大珠三角城镇群协调发展规划研究》,其中将"湾区发展计划"列为空间总体布局协调计划的一环。2010年,粤港澳三地政府联合制定了《环珠三角宜居湾区建设重点行动计划》,落实粤港澳三地跨界合作。2017年政府工作报告指出,研究制定粤港澳大湾区城市群发展规划。粤港澳大湾区已上升为比肩津京冀一体化、长江经济带的国家战略,是粤港澳深入融入大陆经济、社会发展的重大战略平台。这次考察让我们非常震撼,受到的启发很大。

(一)大规划

粤港澳大湾区是由广州、佛山、肇庆、珠海、深圳、东莞、惠州、江门、中山9市和香港、澳门2个特别行政区形成的"9+2"城市群,其未来规划愿景为"9+2＞11",规划的政策着力点是粤港澳三地人流、物流、资金流、信息流互联互通和标准对接、资质互认、民生对接、税制改革,实现城市群的融合发展。目前,《粤港澳大湾区规划》正在编制中,即将发布。《粤港澳大湾区规划》由国家发改委牵头,会同有关部门和香港、澳门地区及广东省共同编制,坚持"开门编规划"的原则,规划编制充分征集多方面的意见,力求规划编制得科学、合理、可操作,既能够润物无声地实施,又能够扎实有效地开展,为未来大湾区建设提供一个基本遵循,规划一个蓝图。

(二)大格局

粤港澳大湾区的设计建设体现了世界眼光、中国特色,具有宏大的发展格局。湾区共有56000多平方千米,涉及人口6800多万,地区生产总值超过10万亿人民币,约1.4万亿美元,地区生产总值GDP位居世界大湾区前列，是继美国旧金山湾区、美国纽约湾区、日本东京湾区之后的世界级大湾区。粤港澳大湾区的建设，是国家建设世界级城市群和参与全球竞争的重要载体，通过深化内地与港澳的深度合作，发挥港澳独特优势，提升三地在国家经济发展和对外开放中的功能和地位。

（三）大手笔

粤港澳大湾区建设从整体上看浓墨重彩，大空港、港珠澳大桥和深中跨海大通道展示了湾区建设的大手笔，均具有全局意义、战略意义、长远意义。深圳正以宝安机场为基础，建设200万吨级物流港；广州白云机场二期、珠三角干线机场等正在高起点、高品质建设中；粤港澳大湾区建设将在人流、物流、资金流方面发挥叠加优势。港珠澳大桥连接香港大屿山、澳门半岛和广东省珠海市，路线总长55千米，其中主体工程"海底桥隧"长35.578千米。大桥的建成对珠江三角洲地区很多方面产生影响，在交通方面，从香港到珠海的车程由三四个小时缩短至几十分钟。港珠澳大桥将成为世界最长的跨海大桥，使得粤港澳三地紧密联系在一起，连起了世界最具活力经济区，对粤港澳三地经济社会一体化具有重要的意义。深中跨江通道是连接广东深圳市和中山市的大桥，总长约24千米，是世界级的超大型"桥、岛、隧、地下互通集群"工程，是国家"十三五"重大工程。该工程建成后将成为连接广东自贸区三大片区、沟通珠三角"深莞惠"和"珠中江"两大功能组团的重要交通枢纽，是粤东通往粤西乃至大西南的重要通道，届时深、中实现了同城，香港和深圳的影响力可辐射至中山及周边地区。

(四)大引擎

粤港澳大湾区建设的关键是有一批发展的引擎。深圳前海将成为粤港澳大湾区的核心区,广州南沙新区为国家级新区,珠海横琴新区更是特区中的特区。深圳前海定位为未来整个珠三角的"曼哈顿",重点发展高端服务业、总部经济,作为深化深港澳合作及推进国际合作的核心功能区,将成为大湾区的一个重要支点,辐射带动整个湾区发展。2012年9月,国务院原则同意《广州南沙新区发展规划》,国家发改委批复同意设立广州南沙新区为国家级新区,南沙新区开发战略上升到国家战略层面。南沙新区建设目标是建设成为粤港澳优质生活圈和新型城市化典范、以生产性服务业为主导的现代服务业新高地、具有世界先进水平的综合服务枢纽、社会管理创新服务试验区,打造粤港澳合作示范区。相比广州南沙新区,国务院同意珠海横琴新区实行比经济特区更特殊的优惠政策,明确赋予其创新通关制度和措施、特殊的税收优惠和支持粤澳合作产业园发展等具体优惠政策,106平方千米的横琴岛成为特区中的特区,特殊的开发优惠政策使得珠海横琴成为粤港澳大湾区建设的重要引擎,变成大湾区的"雄安新区"。

(五)大创新

广东珠三角地区是中国改革开放的前沿阵地,体制机制创新是其转型升级的成功秘籍。未来粤港澳大湾区将推动亚洲经济进一步发展,关键是创新为湾区高质量发展提供了新的动力。如顺德地区在改革实践中不断创新体制机制,探索大部制改革,不断规范市场运行机制,加强企业服务,营造全社会创新氛围,以新的机制突破阻碍发展的体制机制瓶颈,为各项事业创新发展提供了制度保障。顺德地区建立了面向市场招揽优秀人才团队的新机制,赋予法定机构、社会组织更多职能,发挥市场和社会力量,提高建设效率和水平。在行政审批方面,广东积极创新审批办法,探索招标一体化打包,简化了办事流程,提升了办事效率。横琴开发区探索地上地下规划许可分开,大大提高了从规划到施工的进程。湾区还注重工业、制造业保护理念,划定工业区保护红线,做大做强制造业。

(六)大项目

粤港澳大湾区建设进程中,一批大项目成为区域发展的关键支撑,为区域发展注入了强劲的动力。大航展引来了大项目。两年一届的珠海航展为国际性专业航空航天展览,以实物展示、贸易洽谈、学术交流和飞行表演为主要特征。大航展带来了全球航空航天产业发展的最新学术信息,更带来了一批国际化水平的高端商贸洽谈,签约了一批批航空航天产业大项目。大开发带来了大机遇。深西大开发东起前海西至宝安与东莞交界处,利用40千米海岸线做好三大组团开发,分别是以前海(金融)、宝中区(现代服务业)、大铲港(总部基地)组成

咸祥万亩海塘

的深圳新中心，以宝安机场为中心的现代空港经济区和深圳会展中心，以高新技术产业园为主体的会展经济示范区。深圳国际会展中心建筑体量180万平方米，其中展览面积超过50万平方米，是迄今为止全球规模之最，2019年4月1日开展，从招投标到竣工仅仅20个月，创造"新深圳速度"。同时，在大湾区背景下，湾区每个城市都有大的项目动作。珠海横琴新区加大开发力度，地下空间整体连接开发，70%的地下空间得以开发利用。

二、粤港澳大湾区建设对鄞州的启示

当前，长江经济带正深入实施，上海市委书记李强指出，将成立协调领导小组，实质性启动反Σ型经济湾区建设，从江苏南通到浙江宁波、舟山等地共同建设经济湾区。针对湾区经济发展态势，在今年的省政府工作报告中，浙江提出了"加快建设大湾区大花园大通道大都市区，打造现代化先行区"，并将其列入富民强省十大行动计划。今年两会之后，省长袁家军立即赴宁波调研大湾区建设，表示集全省之力推进大湾区建设。目前，鄞州兄弟区（市）正在湾区经济建设上阔步向前。慈溪市积极谋划如何全面对接上海，承接上海的产业人才资源溢出效应，形成了详细的实施计划方案，湾区经济建设方面已经拔得头筹。北仑区正努力建设"一带一路"综合试验区，为建设杭州湾经济区发挥北仑区的独特优势。在大湾区经济建设的大背景下，鄞州区如何在全国及省市发展战略中积极行动，做好改革开放的先行篇章，抢占发展制高点至关重要。鄞州应该解放思想，放开视野，进一步提高发展站位，从大势出发，从战略考量，从创新着手，积极借鉴粤港澳大湾区建设的经验,深化先进的理念,创新体制机制,营造优良的发展环境,推动区域高品质发展。

(一)强化大湾区意识,抢抓鄞州新一轮发展机遇

借鉴粤港澳大湾区建设,结合省市关于湾区经济部署,即杭州湾、象山湾、三门湾等均属于湾区经济建设范畴,而鄞州背山向海,北接北仑梅山新区,西面为奉化阳光海岸,南接象山港,有26千米的宽阔海岸线,在地理位置上处于典型的湾区。在北仑梅山已经上升到省级战略,西面奉化阳光海岸已经大手笔落实,南面的宁波象保合作区也正在深入推进之际,面积达到230平方千米的鄞州滨海新区地位在提升,将成为鄞州未来发展的主战场。鄞州应打好有准备之仗,开展新一轮湾区经济发展前期课题研究,要凸显滨海新区在湾区经济建设中的地位,要强化滨海产业园建设,加强对滨海开发建设的领导,科学谋划好滨海区块产业项目建设,尽快开发利用1万亩土地资源,抢抓新一轮湾区经济发展机遇。

(二)深化大统筹意识,谋划重大基础设施建设

鄞州区应本着全区一盘棋的理念,统筹谋划未来鄞州新一轮重大基础设施建设,打通梅山新区、东部新城、南部新城和东钱湖旅游度假区互联互通的基础设施网络,建设"半小时交通圈",高起点、高标准、有意识地将基础设施网络向滨海新区延伸。当前,鄞州可以结合国有存量集体资产盘活,收购横山码头,建设鹰龙山码头,超前谋划邮轮码头建设,美化26千米海岸线,建设宝瞻公路辅线,建设大嵩与东钱湖快速通道,抓紧推进建设疏港高速梅山沿海大通道,抓好新一

轮污水管网、电力设施、通信网络设施、公共服务设施建设，谋划建设城际轻轨，重点要优先规划建设以公交化通勤为主的城际化高速网络，为鄞州未来大发展夯实基础。

（三）深化大服务意识，加快城市经济发展

城市经济本质上是服务经济，鄞州发展服务经济富有特别禀赋优势。在大湾区建设中，鄞州要深化大服务意识，发展城市经济。鄞州有宁波中央商务区、南部商务区、四明金融小镇、和丰创意广场、港航物流中心、会展中心等服务业经济得天独厚的资源优势，在大湾区建设中应进一步做好服务业文章，重点发展总部经济、商务经济、金融、时尚、会展、港航物流等现代服务业，大力发展生产性服务业，建设大会展、大港航物流等大项目、好项目，进一步加快鄞州城市经济发展。

（四）深化大创新意识，营造区域发展更优环境

鄞州可借改革开放四十周年契机，拿出"改革开放再出发"的决心和勇气，在体制机制创新等方面做好探索与尝试，营造区域发展良好的软环境。鄞州要借鉴粤港澳大湾区建设的经验，从多个方面深化改革创新。在项目建设方面，可以借鉴深圳国际会展中心建设经验，在严守规划红线的基础上，成立指挥部统一管理，大大提高工作效率。在行政审批方面，可以探索招商引资打包进行，进一步简化行政审批手续，压缩审批时间，提升政府服务效率，规范服务管理，提供贸易投资便利，打造长三角南翼营商环境新高地。在地上地下空间规划建设方面，可以借鉴横琴经验，实行地上地下分开规划审批，节省项目

时间，提高规划落地实施效率。在土地资源开发利用上，眼睛向内，在低效土地盘活置换上做文章，挖掘内生发展潜力。

（五）深化大产业意识，加快工业经济转型升级

大湾区建设的关键是都市经济的集群集聚，其中工业经济至关重要。粤港澳大湾区建设进程中，划定工业区块保护红线，重点保护和发展工业经济，提升工业经济效益。鄞州需要借助大湾区建设契机，进一步深化大产业意识，借鉴深圳、珠海等地的招商引资策略，结合未来浙江七大产业的整体产业布局，发挥鄞州本土人脉资源优势，通过以商引商、企业招商等办法，积极对接上海及海内外的资源，承接上海等地科技人才资源优势。在鄞州经济开发区、鄞州工业园区、投资创业中心、中车项目建设等方面与上海等地进行深度合作，尤其要重视鄞州经济开发区建设。可在大嵩区块规划建设蓝色硅谷，加快引进一批契合鄞州产业发展方向，事关鄞州未来发展，与大湾区经济发展相适应的项目，推动形成鄞州产业形成集聚倍增效应，发展具有鄞州特色的高端智造、医药健康、新能源等工业经济，加速成为未来杭州湾经济区中占有重要地位的都市经济引领区。

（2018年4月）

关于构筑高端支撑平台
建设智能制造高地的建议

在国家和省市深入推进"中国制造2025",宁波市已成为全国首个"中国制造2025"试点示范城市的背景下,鄞州区正积极响应国家和省市号召,立足制造业实际,精准对接"中国制造2025",狠抓传统产业改造升级和新兴产业培育壮大,智能制造已经成为鄞州工业经济的主攻方向。

一、鄞州智能制造的发展优势是制造业基础好

鄞州工业经济发展较好,制造业基础优势明显。2017年,规上工业总产值1685.71亿元,规上工业增加值322.94亿元,千亿级的工业规模在全省位于第一梯队,具有较强的规模集聚优势。全区现有规上企业1030家,其中有2家百亿企业向1000亿级迈进;19家10亿元以上企业向100亿级发展;1亿—10亿企业有241家,企业规模以及产业态势良好。工业企业按行业分布来看,电气机械和器材制造业是第一

大行业，产值占规上工业比重约19.7%，汽车制造业比重约13.0%，计算机、通信和其他电子设备制造业比重约9.6%，通用设备制造业比重约7.7%，制造业占比50%以上。目前，鄞州正以智能制造为路径，发挥制造业基础优势，大力构造"3311"新型产业体系，培育了丰沃的产业土壤，孕育了一批行业单打冠军，已有制造业单项冠军示范企业11家，国家级2家，市级9家，数量居全市之首；另有10家单项冠军制造企业的产品市场占有率位列全国第一。

二、鄞州智能制造的发展关键是高端支撑平台

作为当前产业变革的核心驱动，智能制造离不开高端支撑平台，重大科研和实验设施平台的支撑尤为关键。我国《智能制造发展规划（2016—2020）》明确要求要加大研发投入力度，加强智能制造关键技术与装备创新。目前，鄞州高端科创平台较多，但智能制造平台缺乏。中物科技园、清华长三角科技园、浙大宁波研究院、摩米创新工场等高端科创平台中，除浙大宁波研究院外，均为科技园区和企业，以科技成果转化和科技企业孵化为主，对智能制造研发、产业共性技术支撑和人才培养的功能有限。浙大宁波研究院虽然以研发和人才培养功能为主，但智能制造只是其业务的小部分。目前兄弟县（市区）正大力引进高端智力资源以推动智能制造发展。余姚已经建成宁波市智能制造产业研究院和浙江大学机器人研究院，主要为以机器人为特色的智能制造服务。北航宁波创新研究院和北航宁波研究生院正式落户北仑梅山，主要面向航空宇航科学与技术学科来开展科研与人才培养。中国科学院大学宁波材料工程学院及中航科研宁波工研院夯实了镇海

博威合金生产车间

中官路科创大街发展基础。象山正积极与中国机械科学研究院沟通合作。未来，鄞州要在智能制造发展中拔得头筹，关键是要引进高端支撑平台。

三、鄞州构筑高端支撑平台需主动出击

目前，国内智能制造研究水平最高的机构均在大学之内，排名靠前的为清华大学、华中科技大学、上海交通大学、浙江大学和哈尔滨工业大学。鄞州可结合产业实际需求，积极主动出击，和国内相关研究机构沟通合作，争取国内顶尖智力资源落户鄞州，在智能制造关键共性技术研发、研究生培养、科技成果转化等方面深入合作，推进鄞州智能制造快速发展，将鄞州建成智能制造政产学研合作高地和标杆。

一是利用已有平台建设专门性的智能制造支撑平台。通过特别资助的方式，在已有平台内设置智能制造相关领域的研发、孵化、人才培养等长期性稳态化的机构。对于清华大学，可以通过清华长三角研究院宁波科技园的平台进行精密仪器、汽车零部件、电力设备制造等领域的科技成果转化、产业孵化、联合研发。对于浙江大学，可以浙大宁波研究院为平台，在该平台内建设鄞州区制造领域研发平台，重点在机械电液控制等领域加大成果转化和技术攻关。

二是新建研究院和研究生院等高端智能制造支撑平台。华中科技大学是中国制造领域的顶尖学府，可以采取建设宁波研究院和宁波研究生院的方式，在数字化制造装备、数控系统和制造业信息化等领域深入合作，予以重点引进。上海交大也是我国机械制造领域的顶尖学府，其优势在于机械振动、机电控制与噪声等，也可以采取建设宁波研究院和宁波研究生院的方式予以重点引进。对于哈工大，应予重点引进，近年来哈工大积极拓展办学空间，建设了不少地方研究院和研究生院，鄞州应抓住机会，强化在制造领域的军转民成果转化。

附件：国内顶尖机械制造相关学院简介

（2018年12月）

附件：

国内顶尖机械制造相关学院简介

清华大学机械工程学院。拥有"摩擦学""精密测试技术及仪器""电力系统及发电设备控制和仿真""水沙科学与水利水电工程""汽车安全与节能"5个国家重点实验室，以及国家工程实验室、国家工程研究中心、国防重点实验室及教育部重点实验室共9个。现有两院院士13人，海外引进高精尖人才11人，长江学者及特聘教授18人，国家级教学名师奖获得者2人。

华中科技大学机械科学与工程学院。拥有数字制造装备与技术国家重点实验室、制造装备数字化国家工程研究中心、国家数控系统工程技术研究中心、国家企业信息化支撑软件工程技术研究中心4个国家级研究平台。现有中国科学院院士3人、中国工程院院士3人、长江学者特聘教授及青年学者11人、国家杰出青年基金获得者7人、国家"973计划"项目首席科学家及青年首席科学家共4人、"863"专家3人、国家级教学名师奖获得者2人。

上海交通大学机械与动力工程学院。拥有机械系统与振动国家重点实验室、汽车电子控制技术国家工程实验室、燃煤污染物减排国家工程实验室（上海）、振动冲击噪声国防重点学科实验室、动力机械与工程、太阳能发电及制冷、复杂薄板结构数字化制造、网络制造与企业信息化、核电工程技术9个国家及省部级重点（工程）实验室和工程中心。现有中国工程院院士4人，中国科学院院士2人，"973"首席科学家6人，中组部"海外高精尖人才引进"获得者8人，"青年海外高精尖人才引进"4人,教育部"长江学者"特聘教授18名,"长江学者"讲座教授5名,国家自然科学基金杰出青年基金获得者16名。

浙江大学机械工程学院。建有2个国家重点实验室(流体动力与机电系统国家重点实验室、计算机辅助设计与图形学国家重点实验室)、1个国家工程技术研究中心(国家电液控制工程技术研究中心)、1个国家自然科学基金委机电液系统创新研究群体、5个国家级教学与实践基地。现有中国科学院院士1人、中国工程院院士2人、"973计划"项目首席科学家2人、国家百千万人才工程入选者3人、长江学者特聘/讲座教授及青年学者5人、国家杰出青年基金获得者3人。

哈尔滨工业大学机电工程学院。拥有1个国家重点实验室、1个国防科技工业技术研究应用中心、1个国家级教学团队。现有中国工程院院士2人,长江学者、杰出青年、跨/新世纪人才等高端人才29人,国家教学名师1人。

关于支持宁波鄞州企业建设海外仓的建议

海外仓是指建立在海外的仓储设施。在跨境电商业务中，国内企业在目标市场国家建设海外仓，前置存储商品，根据当地销售订单，第一时间从当地仓库直接分拣、包装和配送。

一、建设海外仓对外贸经济至关重要

电子商务发展必须要建设海外仓。近年来，跨境电子商务方兴未艾，跨境电商的迅猛发展对物流业要求日益提高，国外买家需要本土化便捷服务，建设海外仓成为电子商务可持续发展的必然趋势。建设海外仓是化解中美贸易战影响的重要手段。受中美贸易战影响，外贸呈现"逆全球化""去中国化"趋势，鄞州外贸企业要走出去，未来最好能拥有独立自由品牌官方网站，建设海外仓实现快捷物流配送，对这些企业必不可少。建设海外仓是破解鄞州外贸困境的重要举措。鄞州经济外贸依存度超过100%，而一季度外贸形势严峻，全区货物进出口总额 397.2 亿元，同比下降 11.8%。新形势下，引导外贸企业建设海外仓，通过 B2B2C 的方式延伸价值链，让传统外贸通过数字化转型走出去，在企业品牌、营销、外贸上提升价值链，利用数字形式实现资源国际化、跨时区、全天候运营，帮助企业提质、增利、创品牌，实现高质量发展。

二、建设海外仓应科学定位

针对海外仓建设中存在的海外文化、专利、法务等各类风险冲击，中小外贸企业一般无法承担单独建仓产生的高额费用和风险。因此，海外仓建设应坚持抱团取暖，重点建设公共海外仓。在功能定位上，公共海外仓应是海外仓服务集群，具有相当的规模，有满足一日送达的仓储、配送、售后、法律等系统化服务功能，并能够孵化培育一批

乐歌海外仓

中小跨境电商企业。在公共海外仓建设方面，应有一家或者几家有实力、有影响、有意愿的大型企业作为牵头人，吸引一批骨干企业加入，通过购买等方式在海外均衡布局建设。在行业上，应针对鄞州外贸产品主要特点，分机电、家电、五金、纺织服装、日用品等几大类，按照外贸行业状况有针对性进行分类。

三、建设海外仓需要政府推动

建设海外仓是鄞州外贸走出去的重要载体，建议在厘清政府和市场边界的条件下，政府提供力所能及的支持。一是建议加大宣传推介力度。政府通过新媒体等多种途径，深入宣传海外仓建设的重要意义和作用，引导有实力的企业建设公共海外仓，同时引导区内外贸企业加入公共海外仓，做到资源共享，增强公共海外仓的运行能力和市场竞争力。二是建议出台专门引导政策。结合中央和省市关于跨境电子商务发展政策，区政府制定出台海外仓建设政策，对于建设公共海外仓的企业给予一定资金补助。三是积极帮助企业协调解决相关问题。企业建设公共海外仓前期投入大，运营中也可能产生这样那样的问题，会面临一定的困难和风险，对此，区政府和相关部门要积极协助企业解决金融、法律等相关问题，确保公共海外仓顺利建设运行。

（2020年5月）

市区联动　打造宁波（鄞州）国际汽配中心的建议

作为全国首个"中国制造 2025"试点示范城市，宁波汽车制造业优势突出，2017 年度全国汽车产量为 2800 万辆，宁波汽车产量为 200 余万辆，未来宁波将成为全国乃至国际重要的汽车城市。汽配更是宁波及鄞州优势产业的标签。宁波市汽配行业规上企业 595 家，2017 年规上企业工业总产值 2355.9 亿元，增长 21.2%，占全市工业比重 14.8%。鄞州汽配行业规上企业 104 家，2017 年规上企业工业总产值 218 亿元，同比增长 13%，占全区工业比重 12.9%。近年来，鄞州区及宁波市汽配行业总产值已经跃居纺织服装、家用电器、金属制品、文教文具五大行业之首，形成了大规模的产业集群优势，今后将越来越成为宁波及鄞州制造业的"龙头行业"。

在经济全球化的背景下，宁波（鄞州）汽配行业发展具有得天独厚的优势，宁波—舟山港及物流是其突出的成本优势，发达的会展业是其推介展销得天独厚的平台，宁波保税港使其具备得天独厚的政策优势，多种因素的结合，有益于宁波（鄞州）汽配产品抢滩世界汽配市场，进而发展成为具有全球竞争力的汽配中心。鄞州具有汽配行业发展的基础优势，应坚持市区联动策略，积极布局行动，抢占汽配行业发展先机，发挥宁波汽配产业同城效应，以"一园一品牌一平台三中心"建设为载体，进一步优化政府服务，高起点规划发展汽配产业，推动宁波（鄞州）经济高质量发展。具体如下：

建设汽配产业园。建议区政府出台激励政策，引进国内外优质汽配制造企业，集聚大量的汽配制造企业，配套规模化的汽配集散物流中心，建设汽配产业园，形成产业集群优势，促进汽配产品配套协同，降低企业协同成本，降低上游企业的采购成本。支持一批有条件的汽配制造企业和相关流通企业上市，培育一批汽配龙头企业，带动汽配产业规模化、高端化发展。

汽车一条街

培育汽配展览国际品牌。发挥宁波国际会展中心的资源优势，对标拉斯维加斯电子展、芝加哥工具展、法兰克福国际汽车展等全球顶级展会，建设宁波（鄞州）汽配展，积极向全球采购商及上游企业推介宁波制造汽配产品，引导有国际汽配市场产品需求的企业来宁波采购，逐步形成全国乃至全球的汽配展览品牌影响力。

建设院校合作平台。统筹浙大宁波理工学院、杭州湾汽车学院等相关院校资源，建设汽配行业院校合作平台，优化高校资源，设立汽配专业，培养汽配行业专门人才。开展汽配行业职业技术培训，培育一批汽配行业蓝领人才，支撑宁波汽配产业发展。

建设宁波汽配国际集散中心。发挥宁波保税港的政策优势，建设宁波汽配国际集散中心，引导汽配交易集中化、平台化、电商化发展，注重线上线下的互动，逐步探索发布汽配交易指数，塑造"要汽配，去宁波"的口碑形象，将宁波（鄞州）建设成为中国汽配行业国际采购与国内制造分销中心，形成宁波（鄞州）汽配产业的国际中心地位。

建设汽配研发中心。引进一批汽配行业高端研发人才，发挥人才优势与汽配行业制造优势的叠加效应，创新汽配行业材料、工艺及功能设计，探索研发人才与汽配企业的知识产权合作，提升宁波汽配行业制造水平，成为全国乃至全球汽配行业标杆。同时，重点在新能源汽车、自动驾驶汽车发展方向上做好研发文章，在相关汽车配件及技术，在电池技术、蓄电技术、新材料技术等方面大力开发，积极应对汽车产业新变革。

建设汽配行业检测中心。提升宁波汽车零部件检测中心，高标准建设宁波汽配行业检测中心，为宁波汽配企业提供检测服务，把好宁波汽配产品品质关，为宁波汽配产品打出品牌走向国际市场打牢根基。

进一步优化政府服务。发挥市、区两级政府积极性,制定汽配行业2025产业规划,出台汽配行业发展系列配套政策,营造宁波汽配行业发展良好环境。适应经济转型发展的需求,转变政府职能,发挥牵头引导作用,大力支持汽配行业协会发展,发动汽配研发机构、金融机构等共同参与行业协会建设,将行业协会培育成专业化程度高的"第三方",通过行业协会即时发布国际国内汽配行业信息,助推宁波汽配行业发展。

(2018年3月)

关于抢抓城乡一体融合发展机遇实现鄞州第三次腾飞的建议

回顾改革开放40年发展历程，鄞州经济社会各项事业取得了辉煌成就，主要经历工业化和城市化牵引的两大发展阶段。第一阶段为工业化，时间跨度为1982年至2002年。1982年，家庭联产承包责任制落实，农民从土地禁锢中解放出来，乡镇企业开始崛起；1985年，鄞县大力发展乡镇企业；1988年，鄞县企业开启横向联营，企业与上海等地合作，学习先进技术和管理经验；1992年到1993年，鄞县乡镇企业开始转制，民营企业逐步崛起；1997年开始，随着国有集体企业改革转制，鄞县企业开始探索建立现代产权制度和现代企业制度。同时，20世纪90年代，鄞县大力发展外向型经济，部分企业开始上市发展。此阶段，鄞县工业企业快速发展，工业化带动了经济腾飞，地区生产总值从1978年的2.7亿元增加到2002年的200.8亿元；工业生产总值由1978年的1.1亿元增加到2002年的114.1亿元（以上数据为原鄞县统计数据）。

鄞州发展第二阶段为城市化，时间跨度为2002年至2016年。90

年代鄞县有县无城，1995年鄞县中心区设立。2002年撤县设区，成立新城区管委会。2003年起实施新鄞州工程，以大投入促进大发展，鄞州进入城市化发展快车道。鄞州中心城区由12平方千米到33平方千米再到80平方千米。鄞州新建了行政职能带，南部新城崛起，万达广场等一批城市综合体如同雨后春笋般涌现，城市经济快速发展。同时，原江东集聚全市资源建设新城，现代化的东部新城崛起。行政区划调整后，鄞州城市化进程进一步加快，城市化带动了三产发展，2016年我区三产比例提升到62%，鄞州已由传统的工业强区蜕变为工业和服务业双轮驱动的现代化强区。

当前，鄞州已由发展的第二阶段正式进入新的历史发展期——城乡一体化发展期。面对发达地区的激烈竞争，鄞州必须抢抓发展新机遇，培育经济新动能，实现新一轮跨越式发展。根据发展的时和势，我们认为，城乡一体融合发展是鄞州未来重要战略机遇。从发展规律看，鄞州已经进入城乡一体全面融合阶段。纵览经济发展史，农业化到工业化到城市化再到城乡一体化是经济发展的基本规律，工业化和城市化之后必然是城乡一体化。2002年，鄞州区开始旧村改造和新村建设，探索建设新农村推动城乡融合；2008年起，鄞州加快新一轮小城镇建设；2009年，鄞州实施小城镇建设综合配套改革；2012年，开始美丽镇村幸福家园建设，鄞州已经进入城乡一体化融合发展阶段。从资源禀赋看，鄞州城乡一体融合发展面临难得的历史机遇。目前，姜山镇已经升格为卫星城，是宁波城市的南大门和统筹南三县的桥头堡。随着宁波城市发展从三江时代走向海洋时代，东钱湖拥江揽湖滨海的地理优势决定了其必将成为宁波城市发展的制高点和城市经济的主战场，东钱湖区域开发建设涉及周边众多镇街，将为鄞州发展注入强大

城乡一体化融合

动力。滨海三镇作为鄞州唯一面朝大海、蓄势待发的滨海区块,有建设蓝色硅谷和象山港蓝色经济带的现实基础,是鄞州加入"海上浙江"战略的主载体和转型升级的新引擎。姜山、东钱湖和滨海三镇面积占鄞州区域面积三分之二以上,将成为鄞州重要的经济增长极,更是鄞州发展的重要战略机遇。从发展动能看,鄞州需要激发新的经济增长点。未来鄞州要领跑领先,跻身国内一流强区最前列,需抢抓城乡一体融合发展机遇,顺应全省大湾区、大通道、大花园、大都市区发展趋势和市里"六争攻坚、三年攀高"工作要求,培育新的经济增长点,发展大旅游、大健康、大文化等新兴产业,更好地满足群众日益增强的精神文化需求,实现鄞州经济的第三次腾飞。具体建议如下:

一是加快区域联动化。城乡一体化发展新阶段,鄞州除抓好城区十大功能区块建设以外，应注重城乡区域一体化联动发展。具体为姜山区域、滨海区域、鄞东南大梅山区域、东钱湖区域、鄞南横溪云龙区域及鄞东邱隘、五乡、东吴区域统筹联动发展。在规划上要重新调整，按照产城融合和城乡融合对产业发展的新要求，发挥各区域发展优势，统筹谋划鄞州城乡高位融合发展。

二是加快产业园区化。以产业园区化建设推动产业集聚集约发展，引导现代服务业向城市十大功能区块集聚，工业向三大工业园区和几个工业强镇集中，农业走文旅结合高效集约生态园区化发展道路，以提高生产要素配置效率，提升鄞州产业发展质量水平。

三是加快全域景区化。鄞州有丰富的山海林田湖资源，文化底蕴深厚，生态环境优美，东钱湖更是宁波市和鄞州区的城中湖。在城乡一体化建设进程中，鄞州可发挥得天独厚的资源优势，结合省"大花园"建设部署，以东钱湖为龙头，沿横溪、塘溪和东吴、五乡一线，全域景区化建设鄞州"大花园"，打造成为诗画江南的经典样板，历史悠久的人文高地。

四是加快乡村美丽化。将乡村振兴战略作为城乡一体化融合发展的关键，按照宁波市《全面实施乡村振兴战略三年行动计划（2018—2020）》，围绕美丽产业打造，结合田园综合体建设、特色小镇建设、现代农业"152211"工程等重点工程实施，积极引导培育新型职业农民，探索一、二、三产业融合，推动美丽乡村建设连线成片，争创生态美、环境美、产业美的城乡融合发展先行示范区。

五是加快设施现代化。提前布局新一轮基础设施建设，按照城乡一体化融合的标准，将城市基础设施建设向农村延伸覆盖，高标准配套建设水、电、管网、通信、交通等城乡公共基础设施，为未来经济

发展夯实根基。

六是加快服务均等化。将以人为本放在首要位置,把公共服务建设作为未来城乡融合一体化发展的重要增长点,注重教育、文化、卫生、养老等公共服务均等化建设,补齐城乡公共服务短板,营造城乡融合一体化发展环境。

(2018年6月)

高度重视疫情冲击下流量经济保障问题

流量经济是国民经济的命脉，没有资源要素的流量，经济发展即陷入停顿；流量经济是国民经济的支撑，各种资源要素的流动状况决定着经济的发展质量。今年开年以来，面对突如其来的新冠肺炎疫情，各种资源要素流动严重受限，区域经济按下了暂停键。上阶段，在以习近平同志为核心的党中央坚强领导下，疫情防控取得阶段性胜利，省委省政府及时提出"两手抓、两战赢"的总体战略部署，市委市政府就疫情防控和复工复产接连做出密集部署，鄞州区认真贯彻落实上级决策部署，迅速采取了有针对性的对策举措，疫情防控和复工复产态势良好。根据上述形势，区咨询委认为，在继续毫不放松做好防疫工作的同时，抓好下一阶段的区域经济发展工作已成为当务之急。现就如何发挥鄞州区疫情防控良好的优势，扎实做好流量经济支撑工作，从六个方面提出对策建议，供党委政府决策参考。

在人流方面。一是做好劳动力回流工作。尽快全面推进企业复工复产，明确对企业进行分类，注重外地劳务人员和本地劳务人员回流双管齐下，引导企业全面复产。二是抓好应届大学生招聘工作。将引进应届大学生作为战略工程，结合宁波城南智创大走廊建设，对接鄞州现代产业体系建设，开辟网络人才云市场，积极组织企业通过网络人才市场进行抢人，组织开展高校企业网上签约活动，引进推进鄞州高质量发展的新鲜血液，提高鄞州劳动者整体素质。三是抓好招才引智工作。根据企业对领军型人才、高科技人才、实用技能人才等不同类型人才的需求，注重"线上"和"线下"齐头并进，开通企业进人绿色通道，积极引才引智，为企业发展夯实基础。四是创新人才服务办法。按照"抢得快、引得来、留得住"的原则，特事特办，急事急办，制定后疫情时期人才引进新政，对企业招来的员工进行补助，实行"点对点"接送等方式，为企业招工提供全方位服务。

在物流方面。一是注重企业物流通关。尽快打通物流交通关卡，开通物流通行专线，协调不同区域物流通行，点对点为物流量大的企业服务。同时，引进培育各类物流企业，不失时机地加快发展壮大物流行业。二是强化医用物资供应。通过政府政策扶持，引导相关企业通过扩产转产等方式，扩大口罩、防护服、消毒液等医用物资生产，确保医用物资供应充足。三是保障居民日常生活物资供应。建立居民日常生活物资供应绿色通道，直接通过农超对接、网上农产品基地直购、网络配送等方式，确保居民吃上新鲜农产品。同时，确保做好农药、化肥、种子等春耕生产物资供应。四是要及时跟进企业全产业链运营物资供应。围绕汽车、设备制造、新材料等鄞州产业发展重点，借助电商平台，由龙头企业牵头建设现代企业产业链平台，通过平台联动上下游企业，确保产业链生产运营物资供应，畅通产品销售渠道，保障企业正常生产运营。

在资金流方面。一是用好用足上级政策。注重政策落地,对上级政策进行系统梳理,向企业进行集中宣传公示,重点在信贷投放、税收优惠、房租减免、财政补助、社保免交等方面用好政策,简化企业办理手续,第一时间给予办理。同时,抓紧兑现去年我区支持企业发展的各类优惠政策。二是加快固定资产投资资金保障。密切关注后疫情时期的恢复性投资需求和国家鼓励投资的政策,重新安排今年固定资产投资项目,对事关生命健康的项目要抓紧生成报批一批,对建筑房地产行业,要借鉴外地经验,在保持"房住不炒"定位前提下,适度放宽政策限制,确保经济稳健运行。三是鼓励银行扩大信贷。鼓励各类银行和非银行金融机构,加大对我区企业的资金投放、信贷展期等工作,特别要做好对服务业企业的金融服务,防止企业资金链断裂,

金桥水岸防疫行动井然有序

确保企业正常运行。四是加快土地出让。抢抓国家放宽对土地市场报批和供应的机遇,尽快排出产业用地、住宅用地、商业用地土地拍卖计划表,关注房地产行业金融支持,有序推动土地拍卖。此外,要继续做好企业上市等直接融资服务,重点对大中型企业和科创型企业进行引导服务,帮助企业做好上市工作,通过上市融资,吸纳社会闲置资本进入生产环节。

在商流方面。一是做好疫情时期鄞州客商关爱工作。主动与鄞州客商联络,及时掌握客商信息动态,全方位对客商进行关爱。加强政策宣传,对客商进行心理疏导,抚慰商流恐慌情绪,让客商感受到特殊时期政府的暖心。充分发挥鄞州疫情防控到位的优势,增强客商投资鄞州的信心。二是抓好客商投资项目复产和签约项目落地。对引进来的招商项目全程对接服务,千方百计解决项目复工遇到的各种难题,尽快落实复工复产。对客商投资签约项目信息进行全面摸排,全程跟踪服务,多管齐下确保签约项目落地。要全面落实中央政策,切忌形式主义,禁止人为设置条件障碍,简化企业复工复产审批流程,变报批为备案,为企业复工复产提供便利。三是要招引一批重大项目。提前谋划布局健康产业、数字产业等鄞州未来产业发展,主动出击,发挥商会、企业家联谊会等多元社会力量,采用产业链招商和线上招商方式,引进一批未来支柱性产业大项目,为鄞州高质量发展蓄力。四是加大外贸出口力度,根据鄞州开放型经济特征,紧跟国际外贸形势,深入宣传外贸出口政策,鼓励发展跨境电商,加大企业产出刺激力度,引导外贸企业做好订单落地。协调海关、检验检疫等部门,打开外贸出口通道,确保外贸产品出口。此外,发动律师协会等第三方力量,为全区外贸企业提供各类咨询服务,应对外贸出口各类不可控风险,为外贸出口提供法律保障。

在信息流方面。一是大力发展网络信息经济。针对每一轮疫情均孕育着新一轮经济腾飞的机遇，及时把脉中国及世界经济的新变化，瞄准未来产业发展的方向，根据鄞州产业结构基础，重点谋划信息经济，特别是疫情背景下网上培训、网上办公等新兴业态的涌现，借机大力发展信息经济的新业态、新模式，引导企业创新商业模式。二是建设信息流服务平台。推行"大数据＋互联网＋政务服务"，建设全区统一的一站式信息流工作平台，多个部门联合通过平台发布信息，让各类经济信息通过网络跑路。加快政务信息服务提速，深入实施"最多跑一次"，以本次疫情防控为契机，加大政务改革力度，全面提速政务服务速度，加快审批工作节奏，让政策在线落地，为企业和公民提供更加快捷方便的政务服务。三是及时推广应用疫情防控成果经验。将疫情防控的成功经验植入经济运行之中，彰显快捷顺畅的体制优势，像抓疫情防控一样抓复工复产，增进经济信息的透明度和开放度，营造开发的良好投资软环境，既留住老朋友，又引来新朋友，增进鄞州经济活力。四是化危为机，扩大鄞州区域影响力。挖掘策划鄞州疫情防控和复工复产先进典型事迹，通过央视等中央媒体联动报道，在海量信息流中打响鄞州服务品牌。

在技术流方面。一是引进一批高新技术领军企业，针对鄞州转型升级现状，抓紧谋划鄞州未来产业体系建设，重点引进培育一批如新一代信息技术、医疗器械、生物医药、生命健康等高科技产业，开拓海内外市场，激发鄞州经济新动能。二是加快高新技术产业化，把握前沿技术发展动向，发挥鄞州政策优势，从知名高校、科研院所、发达城市等引进一批前沿技术成果，迅速落地转化为生产力。三是加快流量经济基础设施建设,强化互联网平台等流量经济的硬件技术载体建设,根据流量经济体量大、类型多、涉及范围广等特点,建设鄞州流量经济大数据中心,为流量经济发展提供硬件支撑。四是加快传统产业数字化改造,针对鄞州制造业强区特质,重点对传统产业加快数字化改造,借流量经济发展东风推动鄞州数字化转型。

（2020年3月）

密切关注 积极应对中美贸易战对我区外贸企业带来的影响

2018年7月6日,中美贸易战正式打响。9月17日,美国总统特朗普宣布对价值2000亿美元中国商品征收10%关税,中美贸易战加剧。我区是外贸出口大区,外向型经济依存度较高,2017年,我区外贸出口1060.69亿元,出口依存度为70%,出口波动对区域经济影响较大。美国是我区第二大贸易地,2017年我区与美进出口51.2亿美元,对美出口企业1800多家。根据海关编码和数据显示,如果美国对中国出口的2000亿美元正式加征关税,将影响我区2000多家企业、出口金额超过14亿美元,占我区对美出口的61.9%。

随着中美贸易战的升级,将对我国包括我区的外贸进出口带来持续性、立体式的广泛影响。地方政府和外贸进出口企业应充分认识到中美博弈的复杂性、长期性与严重性,要积极主动应对,做好打持久战的准备。为此建议:

1. 做好企业服务指导。政府部门要采取各种措施支持和帮助出口企业,联合海关、国检、税务、金融、进出口保险等单位,深入调查走访，关注重点出口企业、自营出口企业生产经营情况，与企业保持密切联系，帮助企业做好应急预案措施，完善应对贸易战组织网络，建立监测制度，探索全区中美贸易摩擦定期报告制度，密切关注事态变化，主动应对、搞好服务。

2. 给予相应政策支持。针对贸易战对我区的影响，相关职能部门要完善出台有关鼓励外贸出口的政策措施，通过外贸服务网站发布有关信息，组织相关企业进行培训，将商务部、省市应对政策及时传递给企业，进一步加强对重点企业的联系跟踪服务，帮助企业分析研判市场情况，通过出口信用保险、跨境电子商务等举措，为企业搭建更多平台。

3. 采取合理回避措施。利用美国征税规定中的漏洞，避开加税税则号，合理避税。在征税对象以外的国家或美国本土设立分公司、办事处或生产线，绕开直接出口，保护自己的正当利益。

4. 高度重视汇率风险。密切跟踪汇率走势，预防汇率波动风险，采取锁定汇率的方式进行结算，在贸易结算中尽可能使用人民币作为结算单位，规避汇率风险；通过与美国贸易合作商的沟通，要求对方向美国政府和行业协会提出合理诉求，也可以向美国对贸易战有经验的律师或律师协会求助，维护合作双方共同利益。

5. 积极开拓新的市场。外贸企业要多布局网点，增加对其他国家或地区的出口，适度分散客户资源，不将鸡蛋放在一个篮子里，将潜在风险的威胁降到最低，开拓一带一路沿线国家和东南亚新兴市场，缓解来自对美出口总量减少的压力。政府职能部门和行业协会可以通过"政府搭台、企业唱戏"的形式，组织外贸企业有针对性地抱团参加一些国际性商品交易展览。

6. 不断提高出口产品竞争力。受中美贸易战冲击最大的恐怕是管理薄弱、产品没有核心竞争力的企业。因此，企业经营方式转型和产品升级转型是根本性的，用"好质量""好设计""好工艺"来增加产品与用户的黏合度，使出口产品处于不可替代的位置，塑造产品核心竞争力。只有产品适销对路、走在市场前列、有技术优势、有成本优势，加上管理科学，外贸企业才能经得起市场的风浪。

（2018年9月）

关于新形势下鄞州乡村旅游提档升级的建议

发展乡村旅游业是鄞州响应省"大花园"平台建设的重要载体，是乡风文明建设的重要抓手，是全域特色旅游的关键支撑。为抢占后疫情时期新一轮产业发展的风口，鄞州区高度重视乡村旅游业发展，抢先一步谋划实施，在上海举行了旅游推介会，出台了相关优惠政策，推出了6万份旅游优惠券，通过打出系列组合拳，促使乡村旅游业发展触底反弹。新形势下，鄞州如何在乡村旅游方面更好地发挥资源优势，培育乡村旅游特色，打响乡村旅游品牌，建设新时代美丽大花园，区政府咨询委组织专家进行了深入调研走访，现就鄞州区乡村旅游提档升级提出以下建议。

一、发展乡村旅游需"四力迸发"

1. 需要聚焦人民群众对美好生活向往的原动力。疫情之后，健康品质将是美好生活内涵的重中之重，在乡村旅游方面，群众对服务品质、卫生安全、环境清洁愿望会更加强烈,亟须扮靓鄞州乡村旅游特色风貌引来游客,塑造鄞州乡村旅游精细品质留住游客,打响鄞州乡村旅游特色品牌感动游客。鄞州乡村旅游亟须加强旅游资源普查和总体规划,解决品牌定位趋同化、产品层次粗浅化、管理模式混乱化和产业组织松散化等问题,倒逼乡村旅游向特色化、品质化、精细化转变。

2.需要把握项目辐射带动的生产力。鄞州乡村旅游基础较好,可供选择的旅游线路多,2019年乡村旅游接待总人数为348.18万人,但2019年乡村旅游总收入仅2.75亿元,全年旅游业总收入占比不到1%,对标安吉等地乡村旅游先行地区,鄞州乡村旅游业发展亟须引进大的龙头项目,通过大项目牵引乡村旅游业大升级,带动乡村旅游业高产

美丽乡村姜山

出高质量发展。

3. 需要把握业态融合发展的集聚力。对标宁海、慈溪等兄弟县（市）区，鄞州对乡村旅游发展的理念仍不到位，主要表现在业态融合的意识不够，产业发展生态氛围不浓，未能发挥出鄞州特有的"山、溪、湖、海、寺、田、林、村"等资源协同优势，走出农工文旅跨界融合的特色道路。随着鄞州乡村旅游功能被挖掘，农业的产业面得以延伸，农村焕发出新的活力。旅游更好地为农业服务，促进农业项目的转换和升级，通过二者间的要素依赖和对接，达到供给优势和需求优势的最佳组合。

4. 需要把握体制机制灵活的驱动力。鄞州先后编制了系列乡村旅游规划，明晰了乡村旅游总体架构和发展定位，明确乡村旅游发展主管部门，但整体工作机制不灵活，涉及发改局、自然资源和规划分局、卫生健康局、财政局、公安分局、市场监督管理局、生态环境分局等多部门，在项目门槛、行政审批、要素配置等方面亟须改革创新，形成有效工作合力。

二、发展乡村旅游要"四措并举"

1. 文旅融动，助推乡村旅游内涵式发展。要高度重视文化旅游融合互动，一方面，将文化融入乡村旅游，让乡村旅游更具文化之魂；另一方面，通过乡村旅游弘扬传承优秀地域文化，让文化具有传承之本。可充分借鉴宁海葛家村等地经验做法，引入高水平文化团队，选取具有一定文化底蕴的乡村旅游景点，通过整理式改造，注入红色文化和绿色生态文化等优秀文化因子。深入挖掘鄞州文化内涵，擦亮鄞州地域文化品牌，打好东钱湖文化品牌，带动乡村旅游，通过以文化人，让游客有乡愁、有记忆、有想念，真正通过文旅融合打响鄞州乡村旅游特色文化品牌。

2. 项目带动，助推乡村旅游跨越式发展。将工业发展的思维引入乡村旅游，根据鄞州乡村旅游发展的基础，建议在"山、水、林、田、湖、寺"等文旅资源丰富的大梅山区域引入乡村旅游重大项目，通过大项目开发带动鄞州乡村旅游跨越式发展。同时，通过线上云招商、大学生回乡创业等方式，在文旅资源丰富的横溪、姜山、塘溪等地建设大学生乡村旅游创业创新孵化园，激发乡村旅游创业创新活力，引入乡村旅游项目开发源头活水，建设美丽乡村，打造美丽经济，创造美好生活。

3. 服务联动，助推乡村旅游高质量发展。建议成立乡村旅游领导小组，统筹全区乡村旅游发展工作，建立乡村旅游联席会议制度，定期对全区乡村旅游工作进行研究部署，明确镇配备乡村旅游专职工作人员，扎实推动乡村旅游工作。学习先进经验，进一步解放思想，深化"最多跑一次"改革，降低乡村旅游项目设置门槛，用改革的办法破解行政审批、生态红线保护、土地指标等难题。强化对乡村旅游发展的指导服务，推进乡村旅游良性发展。成立乡村旅游行业协会，加强行业内部管理，提供免费法律咨询，解决行业内部纠纷，维护乡村旅游行业内部合法权益。

4. 政策推动，助推乡村旅游普惠化发展。尽快制定促进乡村旅游发展系列配套政策，培育乡村旅游业良好生态，全面推动乡村旅游发展。建议成立乡村旅游产业投资基金，发挥财政资金撬动的作用，引导社会资本投入乡村旅游业发展。制定专项扶持政策，对于响应"健

康中国""乡村振兴"国家战略,开发田园综合体、健康养生特色文旅景区等项目给予奖励和贷款贴息。设计特色疗休养路线,多措并举鼓励鄞州人游鄞州,刺激宁波本土消费,加强与兄弟县(市)区的疗休养互动,吸引区外机关及企事业单位人员来鄞疗休养,鼓励企业开展工会疗休养,拉动鄞州乡村旅游业发展。同时,坚持多元化发展,在主导特色精品的同时,针对不同群体的消费需求,根据各镇村资源实际,发展不同层次的乡村旅游产品和服务,推动乡村旅游普惠化发展。

(2020年5月)

关于有序推进地摊经济夜经济拉动消费增长的建议

今年的政府工作报告提出要推动消费回升，支持餐饮、商场、文化、旅游、家政等生活服务业恢复发展。中央文明办主动适应常态化疫情防控形势，在今年全国文明城市测评指标中已明确要求不将占道经营、马路市场、流动商贩列为文明城市测评考核内容。当前，成都、杭州等地已开始为"地摊经济"松绑，两个月来成都保障了近8万人就业，餐饮业复工率达到98%。同时，夜经济对消费的拉动作用也日益明显，国内一、二线城市夜间消费已占全天消费的50%，且这一比例还在不断攀升。

目前，我区在全面推进复工复产中面临一定的困难，尤其就业形势不容乐观，迫切需要在危机中孕育新机，在变局中开创新局，通过释放消费活力，保障好居民就业。同时，我区文明城市创建工作正处于关键期，虽然通过实施城市品质大提档、城市管理精细化等行动，高分通过全国文明城市测评、省城市文明程度测评等测评工作，但作为宁波都市核心区与全市文明城市建设的主战场，当前鄞州仍面临较为严峻的形势。从市对区文明城市第三方测评的通报情况来看，鄞州区存在的问题主要集中在社区（小区）、主干道、背街小巷和城乡接合部，需着力统筹处理好群众就业、经济发展与文明城市创建等的有机统一。

为充分激发城市管理活力，有序推进"地摊经济""夜经济"，助力经济复苏，推进鄞州城市文明建设再上新台阶。建议如下：

一是顶层设计、有序推进。"地摊经济""夜经济"与文明创建并不相悖，只要在不占用盲道、消防通道，不侵害他人利益，做好疫情防控等前提下，保证清洁卫生，保障人民群众身体健康安全，"地摊经济""夜经济"值得鼓励。结合我区农贸市场改造提升、老旧小区改造、小城镇环境综合整治、垃圾分类等工作进行统筹规划设计，制定"地摊经济"准入许可标准、从业资格条件，细化"地摊经济"管理措施，采取颁发资格证、许可证等方式，有序推进街道（镇）背街小巷作为便民服务路段、临时占道摊点摊区、便民服务点，允许有条件的特色街区在夜间特定时段开展"外摆位"试点，让商贩流动、商铺活跃、消费信心提振，打通城乡经济发展的毛细血管，为经济社会发展注入活力。

二是柔性执法、包容监管。恢复"地摊经济"、激活"月光经济"，并不意味可以"放任发展"，是在规范城市管理的同时释放"地摊经济""夜经济"最大活力。谋划制定"一街一策"方案，做到占道物品有要求，占道时间有管控，占道大小有限制，解决好群众关心的市容环境秩序问题。加强市场监管等执法引导，增加抽检频次，及时清运垃圾，合理疏散人流，确保不扎堆、不聚集。实行"错时工作"制度，做到城市无缝隙维护夜市排档、露天市场的管理，让"地摊经济""夜经济"活起来。

三是政府搭桥、精准服务。推动"线上+线下"商业模式升级，策划组织"购物节""美食节""婚庆节""龙虾节"等活动；举办"战疫促消费，摊点重规范，引领城市管理新潮流"直播活动，为企业商户产品带货直播；谋划出台《关于加快推进夜经济发展的实施意见》，依托宁波文化广场、万达广场、印象城、环球银泰城等商业综合体和城市黄金地段、交通便利区域打造"夜间经济"新地标，扶持夜间特色街区及游客必到"打卡点"，打造集购物、餐饮、旅游、娱乐于一体的"月光经济"集聚区和"夜生活圈"，提升夜经济对我区消费增长的拉动作用。

四是宣传引导、崇尚新风。通过融媒体平台、网络、公众号等多种媒体加强宣传，引导市民群众树立健康的生活方式。成立商家自治委员会，要求商家自觉遵守"公约"，规范经营，自我管理，提升安全质量，自觉接受管辖街道和社区居民监督。鼓励市民积极参与夜经济活动，开展年度"鄞州迷人夜色"评选活动，激发市民尤其是年轻市民的夜间消费热情与潜力。

（2020年7月）

关于利用城市街头空间
发展地摊经济的建议

改革开放初期，地摊经济使不少人发家致富，也带来了街道空间美感丧失、品质下降等问题，为提升城市文明水平，管理部门对地摊经济进行了集中整治，摊贩们逐步退出市场。在当前亟须拉动经济增长、缓解就业压力的大背景下，地摊经济再度被推上风口浪尖。李克强总理在考察山东烟台某老旧小区时指出，地摊经济、小店经济是就业岗位的重要来源，是人间的烟火，是中国的生机。近段时间，不少地市纷纷出台了允许商户摆地摊的政策，地摊经济复苏进入高潮。但部分城市尚未做好治理准备，夜市开放后，附近交通堵塞，卫生"一片狼藉"，街道"物质品质"与"场景活力"的天平尚未找到平衡支点。

地摊经济并不是问题经济，只要引导得当、管理科学、服务到位，完全可以有很好的发展前景。如新加坡市、台北市等地的大街小巷地摊经济活跃，不乏各类排着长队的网红明星之店。如何利用城市的街头空间更好地发展地摊经济？现从街道选址、街道景观、街道管理等方面提几点建议：

一是街道空间选址。对具有时空不稳定性的地摊空间,很难在规划中为其划出明确的用地,但可以在规划中留出一定的弹性功能来缓解矛盾。政府可以制定出适合本区情况的城市流动摊贩空间规划,在次干道及社区背街小巷里编制摊点布点规划。比如中河街道的天静巷,已经很有商业基础,但又缺少点活力,可以充分挖掘其潜力,合理布点流动摊贩空间,错位引进差异性需求的商业,来发展地摊经济,从而激活天静巷的活力,打开小巷商业红红火火的局面。

二是街道景观打造。把握地摊经济具有的形式多样、流动性强、偏中低型消费等特征,城市管理者在引导地摊对街道景观塑造时,首先应向摊贩们宣传和普及街道整洁、地摊环境卫生的价值观念,提升流动摊贩的审美意识;其次,综合考虑流动摊贩、城市管理者、街道周边居民的实际需求,在摊位设施布设、环境营造等方面予以摊贩适当的科学引导,同时地摊所在场地应设有数量合理的出入口,方便人货分流、提升交通可达性。

三是街道弹性管理。首先,对经营场所的弹性限定。建议一种是摊位固定、摊贩也固定,属于本街道常住人口中的低收入家庭人员是优先考虑对象;另一种是摊位固定、摊贩流动,对于流动性较强的摊贩可以设定摊位租赁制度——除了固定摊位申请,在合适的地段、合适的时间允许流动摊贩对摊位进行租赁,以此种方式对流动摊贩的经营活动进行登记。其次,对经营时间的弹性限定。根据摊贩自身的时间安排、市场需求、售卖内容及天气变化等,合理限定摊贩经营时间,以便可以更好地发挥城市街头摊贩空间的日常商业功能。

四是街道心理营造。根据马斯洛需求层次理论,通过物质环境营造与城市特色文化的融入,注重场地周边公共休闲空间的塑造,关注不同活动类型场景之间的互动与促进，这些多样化的公共空间共同营造了街道地摊空间的人情味、烟火气，逐步为街道人群提供安全感、愉悦感、归属感。

（2020年7月）

关于发展青创夜经济的建议

青创夜经济是由青年创业者发起，利用各种创客空间，在夜集市组织各类文创、娱乐、销售等活动，发挥青年人的创业创新活力，引入城市经济的新鲜血液，激活经济内生动力，丰富人民群众的精神文化生活。鄞州团区委将青创夜经济作为后疫情时期重要的工作抓手，发动全区青年创客、农创客、大学生、部分军转人员等，先后在鄞州公园、7号梦工场、区文化广场、万达广场等地举办了多场青创夜集市，实现了一次校企人才对接，销售了一批青创文商产品，推出了一批本土青创品牌，搭建了一个青创客活动平台，营造了一个创业创新氛围，青创夜经济取得了良好的开局。在4次青创夜集市中，共推出了本土青创品牌20多个，销售各类青创产品50多万元，一批青创产品如无人机在福明家园防疫宣传中发挥了重要作用。为更好地发挥鄞州青年人创业创新积极性，拓展城市夜经济新空间，激荡城市夜经济活力，建议从如下几个方面加快发展青创夜经济：

一是以"平台+"集聚要素资源。青创夜经济作为夜经济中最活跃的组成部分，需要集聚方方面面的资源，需要政府部门提供快捷优质的政务服务。建议由团区委牵头，联络自然资源规划、商务、供销、文体旅游等部门，建设青创夜经济专项办公室，专门搭建一个由政府部门、青创人员、群团组织等组成的青创夜经济工作平台，凝聚青创夜经济各类要素资源，让创业者与商家客户、政府部门互联互通。按照放开市场、严格管理的原则，第一时间提供与青创夜经济相关的人才、资源、监管等各类服务信息，为青创人员创业创新提供优质的服务。

二是以"文旅+"满足群众需求。根据群众对美好生活的向往，以丰富群众精神文化生活为宗旨，结合鄞州群众文化旅游资源分布现状，按照鄞州地域文化节庆特点，发动全区共青团组织，在人口集聚度高的文化广场、商业广场等文化商圈景点附近，策划富有当地文旅特色的青创夜市活动，重点突出文化创意产品展销，既让消费者在夜市中"灵市面"，又让消费者在夜市中享受文化大餐，在夜市中游玩、娱乐、欣赏、体验。

三是以"科技+"推动夜经济升级。借鉴青创人员利用无人机参与抗疫宣传经验，积极引荐科技型创新型产品进入青创夜市，引入一批科技人才进入青创夜市，通过"科技+"让群众享受更好的生活品质，也通过青创夜市让更多的科技型企业落地生根，促进中小型科创企业发展壮大，助推区域经济转型升级。

四是以"政策+"优化营商环境。建议由团区委牵头，制定《关于支持青创夜经济发展的政策》，明确发展鄞州青创夜经济的总体目标、工作任务、推进举措、组织保障等，制定青创夜市经济项目引导目录，重点扶持青创文化创意、青创科技经济、青创电商助农、青创网红经济、青创本土农产品、青创电商扶贫等类型项目,为发展青创夜经济营造良好生态环境。

五是以"就业+"提供人才支持。将就业作为青创夜市的重要组成,在青创夜市上定期组织青创企业校企对接会等,解决今年受疫情影响的大学生就业、军转人员就业问题。同时,青创企业通过青创夜市选择适合企业发展需求的人才,为青创夜经济发展提供人才支撑。

六是以"品牌+"提升夜经济质量。将品牌建设作为青创夜经济的生命,通过青创夜市建设鄞州孵化企业、青创客展示平台,展示展销青年创客、农创客的产品,让鄞州人真正了解鄞州本地优质青创产品,逐步推广鄞州本土青创品牌,提升鄞州夜经济质量。

(2020年7月)

城乡建设篇

CHENGXIANG JIANSHE PIAN

关于加快推进东钱湖区域发展的咨询报告

东钱湖位于宁波市区东南，由南湖、北湖、谷子湖构成，是自然界馈赠给宁波人民的瑰宝。2001年，宁波市在东钱湖镇基础上专门设立东钱湖旅游度假区及其管委会，以期加快东钱湖区域的开发建设。目前，随着功能区块整合的深入进行，新一轮东钱湖区域开发建设的大幕加速重启。针对这一态势，区政府咨询委专门考察了沿湖区域和周边镇街，召开了专题研讨会，并在环东钱湖区域系列课题研究的基础上，从七个方面提出关于加快东钱湖区域发展的建议，供区委区政府决策参考。

一、树立"双赢"理念，统一思想认识

东钱湖区域是鄞州区的地理中心。经过多年的努力，东钱湖旅游度假区城市框架初步成型，生态环境显著改善，旅游发展实现跨越，社会民生水平日益提升，已成为省市乃至长三角地区市民旅游休闲目

的地。随着"拥江揽湖滨海"战略的实施,东钱湖区域得天独厚的资源优势和外溢效应必将辐射带动鄞州环东钱湖区域的发展。而作为宁波都市核心区的鄞州,综合实力长期位居全市第一、全省前三,特别是与原江东区成功整合的"红利"正在全面释放,完全有条件、有能力承接和支撑东钱湖区域加快发展。在目前功能区块加速整合的背景下,东钱湖回归鄞州,不但使鄞州版图完成了最后一块"拼图",更是民心所向、机遇所在,必将产生1+1>2的"共赢"效应,我们应从更高层次认识东钱湖区域对鄞州未来发展的重要意义。

1. 加快东钱湖区域发展是鄞州锻造"硬核力量"的主战场。作为"十四五"宁波市"东揽"战略的重中之重,甬江科创大走廊的重要组成部分,东钱湖区域将建设国际性的科创总部和高端总部基地,必将成为鄞州打造"硬核力量"的主战场。

2. 加快东钱湖区域发展是鄞州服务"杭甬双城记"的主引擎。作为宁波都市区建设的重要战略支点,浙江省大都市区建设行动计划中已明确提出,杭州重点建设好钱江新城和钱江世纪城,宁波要集中力量建设好东部新城和东钱湖新城,东钱湖新城已成为继东部新城之后城市建设的重中之重,必将成为鄞州唱好"杭甬双城记"的新引擎。

3. 加快东钱湖区域发展是当好"窗口模范生"的主平台。作为浙江省乃至长三角的大花园和宁波城市会客厅,东钱湖区域有国际会议中心和国际会展中心等重大功能平台,加快东钱湖区域高质量发展,必将成为展示宁波城市创新发展、品质提升的新封面。

4. 加快东钱湖区域发展是建设"滨海大都市"的主阵地。作为宁波从"三江时代"迈入"大海时代"的重要支撑枢纽,东钱湖区域是宁波城市向大海拓展绕不过的主阵地,是宁波建设"滨海大都市"的重要一极，必将成为宁波拓展城市空间、提升城市能级的关键组团。

二、划分"三圈"范围，明确区域界定

东钱湖和鄞州本应是一个有机整体，东钱湖区域发展应强化系统观念，跳出东钱湖看东钱湖，打破原有功能区块边界造成的割裂状态，摒弃原来的"内闭环"难以持续的开发建设模式，从宁波市和鄞州区发展视角进行整体谋划。为此，建议站在大东钱湖的角度，重新界定东钱湖区域边界。

目前，东钱湖管委会实际开发管理区域面积约为145平方千米。我们认为，功能区块整合后从区域历史与管理关系上看，东钱湖区域除原东钱湖管委会管辖范围外，还应涉及邱隘、五乡、东吴、塘溪、云龙、横溪、下应等镇街，总面积约350平方千米，建议在进一步优化人居布局结构基础上，按照核心湖景区—近湖功能区—环湖拓展区的圈层结构梯次整体推进组团开发建设。

一是核心湖景区。即东钱湖镇沿湖区域，重点开发旅游、休闲、度假、文化、创意、会议等核心功能，建议布局建设20平方千米沿湖文旅休闲带。

二是近湖功能区。即绕东钱湖周边及云龙、横溪等地理上近湖地段，重点发挥科技孵化、科技研发、创新设计、科技应用、会展等产业辐射带动功能，建议布局打造20平方千米滨湖科技创新带。

三是环湖拓展区。即东钱湖外围东吴、五乡、塘溪、邱隘、下应等地，重点发展高新技术、人工智能、高端制造、生态休闲、健康养老等产业，建议布局建设20平方千米环湖生态产业带。

三、凸显"四湖"特质,确立功能定位

东钱湖素有"万金湖"之称。2005年5月18日,时任浙江省委书记习近平专题考察东钱湖,指出要建设"文化型、生态型的旅游度假区",这为东钱湖区域未来发展指明了方向。2017年,杭州市委原书记王国平提出要将东钱湖建设成为宁波市的"城中湖、副中心、主战场"。2019年,中国工程院吴志强院士提出要打造"东方硅谷、创智钱湖"。2021年2月10日,新任市委书记彭佳学在东钱湖调研时强调要打造"人文之湖、百姓之湖、创智之湖"。经过前一段时间的综合调研和实地踏勘,并听取部分人大代表、政协委员等社会各界人士的意见,结合东钱湖区域发展现状,新形势下,我们建议确立东钱湖区域"四湖"功能定位:

人文之湖。充分挖掘财智文化、隐学文化、水利文化、宗教文化、瓷茶文化、名人文化等宝贵人文资源,形成一批有代表性的文化标识,将东钱湖打造成宁波城市的金名片。

创智之湖。集聚高端要素资源,引进一批高端产业项目,培育一批高层次科技创新平台,探索建设宁波高端智慧创新基地,谋划滨湖科技创新新经济走廊,倾力打造"创智钱湖""东方硅谷"。

生态之湖。坚持在保护中开发、在开发中保护,像爱护"眼睛"一样爱护东钱湖的生态环境,着力将东钱湖建设成为浙江宁波乃至长三角的美丽大花园。

百姓之湖。满足人民群众对美好生活的向往,坚持普惠共享,注重高中低端配套协调,发展大众文化、大众体育、大众旅游、大众创业,让发展成果为群众共享。

力争通过5—10年的努力，把东钱湖区域打造成为真正的国际旅游休闲目的地、国际创业创新策源地、国际高端总部集聚地和"一带一路"国际交往中心。

四、发展"五大"产业，壮大区域实力

产业是区域经济发展的基础，新一轮东钱湖区域开发建设，需要贯彻新发展理念，构建新发展格局，加快高质量发展。重点要利用好东钱湖区域"城、湖、山、海、溪、谷、林、田、村、寺"等资源禀赋，着力发展五大产业：

1. 大文旅产业。按照未来产业方向，深度挖掘东钱湖区域文化内涵，建设艺术中心，集中力量打造采风、音乐、摄影、写生、书法、露营、婚庆、瓷茶、垂钓、房车"十大"系列基地。充分利用东钱湖区域自然资源，建设旅游集散中心，引进高端文旅项目，精心策划音乐节、书法节、美食节、读书节、登山节、采茶节、龙舟节、名人节、风筝节、农事节"十大"系列节庆。提升动物世界（动物园），创建植物世界，引进海洋世界、欢乐世界，以文促旅，以旅彰文，着力构建"山湖联动、文旅融合、水陆辉映"的东钱湖区域大文旅产业。

2. 大科创产业。依托科技创新与甬江科创大走廊建设，重点建设滨湖科创带，使之成为与滨江科创带交相辉映的科创高地。深化院士中心建设和运营，争取大连理工大学研究院等高等院校落户东钱湖梅湖区域，引进培育湖泊休闲论坛、新材料论坛、互联网高峰论坛、AI创新论坛和海丝文化论坛"五大"系列论坛。积极创造条件在陶公岛建设"独角兽"集聚地，加速提升原有产业，培育一批头部企业，重

点发展以数字经济为特征、以幸福产业和智慧产业为"双引擎"的新兴产业、未来产业，培育发展以人工智能、虚拟现实、物联网、工业互联网等为代表的新经济，加快东钱湖区域创新发展。

3. 大会展产业。加快建设宁波国际会议、会展中心，发挥现代化国际会展场馆基础设施优势，重点发展大会展产业，策划举办"一带一路"国家文化展、中东欧十七国贸易展、数字经济前沿成果展、新材料创新展、中日地方合作展"五大"系列会展，将东钱湖区域建设成为著名的国际会展会议中心，集聚人气和高端要素资源。

4. 大体育产业。筹划建设东钱湖水上运动中心，发展大体育产业，策划举办环湖马拉松赛、龙舟赛、帆船赛、皮划艇赛、铁人三项"五大"系列赛事，实施"天天练"系列群众性体育健身活动，引进大体育健身运动项目，引导东钱湖区域居民积极参与体育健身活动。

5. 大健康产业。充分利用东钱湖区域健康养生资源丰沛的优势，突出自然人文资源"灵""秀""美"的特征，谋划健康养生中心，注重生态宜居，积极培育发展健康养生新经济、新业态、新模式，重点发展田园型、禅修型、医养型、运动型、民宿型"五型"健康养生项目，发展一批有实力的大健康企业。

五、推进"六批"建设，拓展城市空间

作为宁波鄞州城市拓展主战场，东钱湖区域开发建设既要着眼长远，又要解决问题。聚焦增加人气、创气、文气，充分激发朝气、财气、灵气，努力形成水在城中、城在水中、景在城中、人在景中、城景一体的现代滨海都市新气象。建议抢抓区域功能整合的机遇，注重

基础设施互联互通，高标准、高起点抓好东钱湖区域建设。

1. 加快一个新城建设。根据宁波"十四五"规划确定的东向发展轴，加快谋划建设东钱湖新城。一是明确新城边界。我们建议新城地理范围东起环城东路，西至甬台温铁路，南起鄞城大道，北至北仑连线，涵盖东钱湖、云龙、横溪、下应、东吴、五乡、邱隘等镇街，规划面积约60平方千米。二是做好城市规划。要对标杭州钱江新城和钱江世纪城等国内外高水平城区发展，按照宁波城市发展样板区的目标定位，秉持生产、生活、生态"三生融合"的理念，强调"人""产""城"高度和谐统一，以品质创新为核心，分科创、智造、文旅、智慧等不同板块，高起点进行城市空间规划，擘画东钱湖新城蓝图。三是抓好基础设施建设。加快建设云龙交通枢纽，落实一批民生实事工程，高起点配套水、电、路、网等基础设施，高标准跟进教育、文化、卫生等公建设施，承担起宁波"拥江揽湖滨海"城市核心区的使命，并辐射带动环东钱湖区域的宁波全域都市化进程。

2. 谋划一批风情小镇。结合科技、产业、生态和文化资源布局，谋划一批风情小镇，支持宁波都市区新中心体系建设。建设科创小镇，以院士中心为极核，建设宁波高层次科技创新平台，加快引进建设一批宁波顶尖高端智力项目，培育新兴产业。建设会展小镇，依托宁波国际会展中心，在云龙和东钱湖交界一带，重点集聚发展会展产业，完善会展产业链。建设禅意小镇，依托天童寺、阿育王寺等，策划禅修深度旅游，开发设计禅修文创产品，培育国内一流的禅修文化产业带。建设康养小镇，依托利用横溪片区山水资源，发展休闲、养生、养体、养老产业，构建健康养老养生产业体系。建设名人小镇，依托塘溪一带名人文化资源，挖掘名人文化内涵。建设水韵小镇，依托云

东钱湖 1

龙一带环境资源，注重原创文化艺术，融庭院式办公、田园观光农业、艺术展厅、活动展示于一体，体现乡村旅游特色。

3. 打造一批特色村街。弘扬优秀传统文化，植入现代文化元素，错位发展一批特色村街。重点培育以采风怀旧为基调的韩岭老街，有序开发以古风养心为主题的天童老街，加快建设以时尚新潮为特色的莫枝老街等一批特色街区。同时，紧距国家乡村振兴战略实施步伐，加快在大东钱湖区域布局一批特色村落。重点在城杨村等村布局一批以大地艺术为主题的"彩色村"，在绿野村等村布局一批以生态体验为主题的"绿色村"，在童村、沙村一带布局一批以革命历史为主题的"红色村"。

4. 扮靓一批人文景点。重点扮靓钱湖老十景，依托东钱湖原有文旅资源，对陶公钓矶、二灵夕照、上林晓钟等原有景点进行增色添彩，融入现代文化元素，打造钱湖特色文化景观。打造钱湖新十景，依托东钱湖区域文旅资源，建设石刻、陶瓷、宗教、人文等十大新景点，重点建设一批富有东钱湖区域特色的文化新地标。谋划钱湖外十景，按照农文旅融合方向，在环东钱湖区域谋划建设最美风车路、最靓田园山庄、最美民宿等十大新景点，并注重和东部新城、南部新城、象山等区域文旅景点串联，丰富文化旅游体验。

5. 优化一批交通设施。按照立足当前、着眼长远、建管并重、有序推进的原则，坚持内外分离、双管齐下、整体布局，打通环湖道路"肠梗阻"，加快推进路网建设管理。一是加快实施环湖交通"三环""九射""八联"工程。实施"三环"工程。提升内环，优化内湖步行道、骑行道和观光道等沿湖观光线，还湖于百姓。建设中环，重点建设环湖准快速路、鄞县大道、改道后的215省道和南北大道南段。完善外环，重点建设绕湖高速、绕城高速、甬台温复线、疏港高速、宝瞻高速等，充分利用高速塘溪出口、横溪出口、云龙出口、东钱湖出口及钱湖东出口，畅通东钱湖区域内外连接。实施"九射"工程，加快建设鄞州大道东延、日丽路东延、盛莫线拓宽、南北大道等"九射"工程，完善与市区及周边地区的快速连接。实施打通东钱湖区域"三环"之间的"八联"工程，实现区内道路成网，达到畅通无阻。二是加强交通路网设施管理。重点是增加停车设施，有计划地在鄞城大道、钱湖大道、环湖北路、215省道韩岭南设立大型停车场地，增强内环公交观光车运力，适时封闭内环，内环区内车辆实行通行证制度运行。

6. 推进一批生态治理。注重生态环境保护，重点防治水体污染，高标准布局建设东钱湖新城污水管网，杜绝污水直排，提升东钱湖水

质。注重水系排涝，提高蓄水能力，打通东钱湖水系与云龙水系、甬新河等河网的通道，落实滞洪区，注重疏导，杜绝强排，严防内涝灾害。突出绿色生态涵养，实施矿山治理复绿工程，严禁采矿破坏山体，美化绿化生态环境。开展林相改造，优化不同山体不同层次林木配置，美化山林景观，建设美丽生态圈。同时，深入实施垃圾分类工程，增强居民垃圾分类意识，让生活环境更加美好。

六、强化"七类"保障，落实政策支撑

抢抓功能区块整合的有利时机，积极争取省市有关政策支持，营造东钱湖区域跨越发展的良好政策环境。

1. 优化财政政策。建议大东钱湖区域积极争取保持原东钱湖旅游度假区土地出让收入自收自支体制，对超基数部分市财政不再统筹，留于东钱湖区域开发建设。加大宁波市及鄞州区财政对东钱湖区域生态、文化建设专项投入力度，市级重大项目开发建设运营经费以宁波市为主，在省市重大基础设施项目建设中，减轻或免除东钱湖区域相关筹资任务。

2. 优化土地政策。实行东钱湖区域和鄞州区土地统筹利用制度。宁波市统一下达东钱湖区域耕地保有量、基本农田等保护任务，尽量不增加东钱湖区域高标准基本农田指标。东钱湖区域发展要根据产业规划布局，提升品位和档次，保障新经济重点项目和重点区块规划用地指标，优化民宿、旅游等项目建设，集约化利用土地。严格控制东钱湖区域房地产类项目开发，将住宅类项目集中布局到特殊区块统一规划开发。

3. 优化产业政策。按照整治类、限制类、鼓励类等不同类别，对于低小散的项目进行整治，引导其转型升级。对于一些发展方向性不明的产业项目，限制其发展。鼓励市区重大民生公基项目落户东钱湖区域，如大型博物馆、体育馆等落户东钱湖，积极争取宁波市重大科创项目、高端智能制造等产业项目落户东钱湖区域，通过大项目加大引入环东钱湖区域投资和流量，集聚东钱湖区域发展的人气。

4. 优化平台政策。建议将国家级功能平台拓展到东钱湖区域，通过大平台拓展覆盖东钱湖区域，带动东钱湖区域新一轮高位发展。建议深化国家级旅游度假区政策，积极争取一带一路综合试验区、国家自主创新示范区、中国—中东欧国际贸易示范区、中日地方合作示范区等扩展落户到东钱湖区域，撬动东钱湖区域高质量发展。

5. 优化人才政策。建议配套优化区域人才政策，重点给予住房、医疗、子女就学等配套倾斜，在科创、文旅、健康养生等重点产业领域引进一批高端人才和紧缺的产业人才，推动东钱湖区域高质量发展。同时，争取引进留住一批应届大学生，对来东钱湖区域创业就业的大

东钱湖2

学生给予廉租房、就业等方面优惠补贴。

6. 优化招商政策。以招大商、招好商为导向，对标杭州钱江新城和钱江世纪城等地的招商政策，进一步优化东钱湖区域招商政策，抢占政策制高点。探索体系化产业链招商，按照产业导向，对重点产业链方向新引进的总部企业、科创企业、大型旅游综合体项目、海洋世界、成长性企业等给予系统打包优惠，对符合区域未来发展的项目加大开放力度，发挥招商政策比较优势。

7. 优化拆迁政策。建立住宅、企业跨镇街拆迁安置机制，在原东钱湖之外建设拆迁安置区块，加大东钱湖拆迁安置回旋余地，加快拆迁进度。深化"阳光拆迁"的理念，坚持公开透明，对拆迁全过程进行信息化管理，用信息化手段再造征拆工作流程，建立完善征拆工作信息化管控制度，用科技手段规范权力界限，为东钱湖区域发展提供土地保障。

七、实行"八个"统一，健全体制机制

东钱湖区域功能区块调整以后，相关工作体制机制已经发生根本性改变，需要重新进行梳理，建议站在全省全市的全局高度，秉持"功成不必在我"的胸怀，从战略层面进行谋划，要厘清政府和市场的关系，关键是职能部门要学会放权，不断创新发展体制机制，凝聚方方面面的力量，营造创新争先的良好发展环境。

1. 规划一张"图"。建议积极对接《宁波市城市总体规划（2020—2040）》《长三角城市群发展规划》和《宁波市"十四五"规划》，编制《东钱湖区域发展规划》，明确东钱湖区域未来的发展蓝图、发展远景

和实施步骤、方略等。

2. 决策一个"令"。东钱湖是宁波市的东钱湖，更是鄞州区的东钱湖，实行"市区共管、以区为主"的开发管理体制，在宁波市统筹协调支持下，以鄞州区决策为主，功能区块调整后，建议在原东钱湖旅游度假区管委会的基础上，设立东钱湖区域开发建设指挥部，统筹协调区域开发建设。

3. 资金一个"盘"。建议东钱湖区域组团开发统一纳入鄞州财政，该范围内的土地出让金和财政收入上交市里部分要求全额返还。积极引导社会资本开发东钱湖区域，争取市里设立东钱湖区域开发引导基金，争取国开行、世界银行等金融机构加入，搭建开发融资平台，撬动社会资本进入，提升开发建设速度，减轻财政压力。

4. 建设一盘"棋"。未来东钱湖区域开发建设是宁波大都市区建设的关键环节，是"两高四好示范区"战略实施的主要载体，市区两级应在统一规划和统一决策的基础上，以"一盘棋"的思想抓好推进，做好落实，各级各部门立即行动，整体扎实推进东钱湖区域开发建设。

5. 治理一张"网"。深化东钱湖区域现代治理体系建设，注重数字化、智能化、网格化、精细化，将鄞州现代社会治理体系优化升级，并将全区一张治理网覆盖东钱湖区域，建设系统、集成的网格治理体系，实现治理全员参与无死角。

6. 服务一把"尺"。加快数字化转型，建设服务型政府，做优"三服务"鄞州样本，深化"最多跑一次"改革，以方便企业及居民办事作为衡量干部工作作风的标尺，注重上下对接，加强部门联动，提升办事效率。

7. 宣传一个"调"。东钱湖区域与鄞州本就为一个有机整体，在宣传舆论引导方面应融为一体,在微信、手机 App 等新媒体多元融合方面同频共振,本着一个口径宣传,一个腔调鼓劲,营造争先创新的优越发展环境。

8.百姓一杆"秤"。东钱湖区域开发建设要经得起实践和历史的检验,人民群众是最好的评判官,要建立常态化的民众参与、民意畅通渠道,百姓之湖百姓建,发展成果人民享,致力提升区域开发建设的群众参与度、满意度、幸福感和获得感。

(2021 年 3 月)

关于打造城东新区　不失时机加快五乡片区开发建设的咨询报告

五乡片区位于鄞州区东北角，毗邻宁波东部新城、国家高新区和东钱湖旅游度假区，距离北仑港、梅山国家保税港区15千米，鄞州新城区近在咫尺，轨道交通一号线横贯该片区，区位优势突出，综合实力较强。近期，区政府咨询委多次深入五乡片区调研，形成了关于五乡片区开发建设的咨询报告，供区委区政府领导决策参考。

一、五乡片区发展现状及问题分析

五乡镇辖19个行政村、1个社区、1个渔业社和1个居委会。区域面积47.38平方千米，户籍人口2.95万人，外来人口6.05万人。近年来，五乡镇紧扣省市区发展战略部署，经济社会平稳健康发展，2018年五乡镇实现地区生产总值52.35亿元，增长7.2%，财政总收入10.54亿元，增长9%。总体来看，五乡镇发展有基础、有潜力，也有不足、有短板。

1. 区域发展稳健但经济实力排名不前。纵观五乡镇经济发展，2009年，五乡镇地区生产总值为41.8亿元，全区占比为5.89%，综合经济实力位居全区第四。2018年，五乡镇地区生产总值为52.35亿元，全区占比为2.88%，综合经济实力位居全区第七。近10年间，片区经济以自然增长为主，虽然发展稳健，但对全区贡献率呈下降态势，全区经济实力排位不升反降。

2. 产业基础扎实但产出效益总体不高。五乡镇是鄞州为数不多的工业强镇，特别是宁波中车产业基地落户五乡，为五乡镇未来工业经济高质量发展打下了基础。2018年，五乡镇规上工业企业完成工业总产值116.03亿元，增长5.3%，利润总额5.75亿元，增长51.48%，其中宁波中车产业基地工业总产值28.77亿元，增长17.1%，但宁波中车产业基地产出效益较低，对财政收入贡献明显偏低。

3. 城镇建设提升但公共服务配套不足。近年来，五乡镇以集中攻坚方式推进了"五水共治"、"三改一拆"、垃圾分类、背街小巷集中整治等工程，实施了五乡菜市场改造、农村公路改建、村庄整理式改造、环卫站建设等一批基础设施项目，城镇面貌不断改善，但对标东部新城，五乡片区教育、文化、卫生等公共服务配套显欠缺，反差明显。

4. 外部交通设施较好但内部路网通行不畅。五乡片区交通基础设施较好，轨道交通一号线横穿，环城南路、东环南路、绕城高速、北仑高速和329国道、通途路组成纵横交织的交通网络体系，但片区内部路少面窄交通不畅，外部交通网络与区内道路衔接不畅，影响了居民出行及交通物流，没有成为片区又好又快发展的催化剂。

二、谋划"城东新区"的重大机遇及有利条件

当前,国家正加快推进长三角高质量一体化,浙江省正建设"大湾区大花园大通道大都市区",宁波市正实施"拥江揽湖滨海"发展战略,我们认为在以五乡镇为主体的区域谋划建设"城东新区"(意指东部新城以东的新区),正面临着难得的发展机遇,机不可失时不再来。

一是东部新城建设带来的重大机遇。东部新城与五乡片区仅一路之隔,东部新城建设已经带来了宁波城市面貌的蝶变,其开发日趋饱和,辐射效应早已延展到五乡片区。五乡片区务必抢抓新一轮城市化发展机遇,抓紧谋划布局区域高质量发展蓝图,承接东部新城开发建设的溢出红利,依托东部新城现代化的城市配套,实现同城共享。

二是"二四六"产业集群建设带来的重大机遇。宁波正把握新一轮科技革命和产业变革趋势,全力建设"二四六"万千亿级产业集群,不断优化产业生态,推动产业创新,加快先进制造业高质量发展。其中高端装备、汽车零配件产业是五乡片区的主打产业,可借宁波"二四六"万千亿级产业集群建设东风,享受产业政策红利,以创新驱动为引领,增进产业发展内生动力,抢占产业发展制高点。

三是环东钱湖区域发展带来的重大机遇。五乡片区区位特殊,是环东钱湖区域的重要一环,环东钱湖区域当前正建设绿色创新带,正构建热带雨林式的创新生态,以"绿色""创新"为主题的创新带建设将带来周边区域发展的良好契机,五乡片区亟须抢抓发展的机遇,高起点谋划建设,成为鄞州高质量发展的重要板块。

抢抓发展机遇谋划"城东新区",既能承接东部新城开发建设红

利,又能承接宁波国家高新区科技孵化红利;加上有较大的发展空间和优越的区位条件,完全能够培育成为鄞州新的经济增长极,使其成为环东钱湖绿色创新带的重要环节,真正起到事半功倍的效果。

一是从空间布局、产业基础看,五乡片区在区位上毗邻宁波东部新城和国家高新区,区位优势得天独厚,兼具城市化、工业化红利,特别是机械制造、轨道交通整车为代表的高端装备制造业更是宁波经济支柱性产业,完全能够担当鄞州高新产业集聚发展的排头兵重任。

二是从土地利用、资金平衡看,五乡片区土地资源仅次于滨海片区,宁波中车产业基地1—2期规划面积5800亩,金童山区域废弃山宕1500亩,五乡南区有大量的农田,近期五乡片区有一定的土地资源可供开发利用,远期有巨大的发展空间潜力。可以通过以商活城、以城补工的方法,实现滚动开发和资金平衡。

三是从交通网络、基础设施看,五乡片区交通基础设施较好,轨道交通、高速出口、城市快速通道、国道应有尽有,构成纵横交错交通网,方便片区居民出行,快捷市内外人流、物流、信息流,具备现代化都市新区和高新产业集聚区建设的良好基础设施条件。

三、"城东新区"建设目标定位及开发构想

"城东新区"以五乡镇为主,包括邱隘、东钱湖和东吴镇部分区域,北以通途路为界,西起东环南路,南至鄞县大道,东至宝瞻公路,区域总面积约70平方千米。

1.目标定位。根据五乡片区所处位置和发展现状,我们认为"城东新区"发展目标定位为:东部新城拓展区、高新产业集聚区和产城融

合示范区。力争通过5—10年的努力,建设成10平方千米的东部新城拓展区、千亿级的"二四六"产业基地、集聚10万人才的新兴产城。

2.业态布局。根据五乡片区发展目标定位,结合区域产业现状基础,按照"南产北城"的总体思路,具体业态布局构想为"一城一基地、一谷一园区、一区一绿带"。

"一城一基地"。在五乡镇区以西、中塘河以北,占地约10平方千米区域,重点打造现代都市新城,拉高城市建设起点,对标东部新城,引进一批重点项目,高起点建设现代都市新城区,高起点配套教育、文化、卫生等公共服务设施,满足未来人民群众对高品质生活的需求。建设宁波中车产业基地,发展轨道交通、超级电容等战略性新兴产业,完善轨道交通相关产业链,重点集成轨道交通智能制造系统,并依托

中车集团

宁波中车产业基地，发展轨道交通智能制造设计、管理、信息集成等标准体系，建设宁波数字经济生产性服务业功能集聚区。

"一谷一园区"。紧扣未来产业发展方向，在金童山区域一带重点谋划建设创新生态谷，引入高端创新型人才，建设研发基地，培育一批创新型孵化高科技企业，配套公共服务基础设施，营造优良的创业创新生态环境。在宁波中车产业基地二期，规划建设高端汽配产业园，引进国内外优质汽配制造企业，配套规模化的汽配集散物流中心，集聚高端汽配行业资源，发挥行业抱团优势，建设高端汽配产业园，形成产业集群优势。

"一区一绿带"。在邱隘上万令、下万令和张家瀛一带，依托现代都市农业发展基础，建设集旅游、文化、休闲、娱乐、民宿及都市农业、休闲农业、观光农业于一体的现代都市农业示范区。根据五乡片区发展，结合墓葬整治，争取将原规划中的生态带适当移到宝幢半山区一带，加强环境保护，杜绝青山白化，为五乡片区发展腾出大批可开发利用土地资源。

四、"城东新区"建设重点问题及几点建议

1. 调整生态绿带。制约"城东新区"开发建设的首要问题是东环南路以东的生态绿带，适时调整生态绿带是"城东新区"开发建设的重中之重，因此要千方百计向上级争取，利用近期城市规划调整的有利时机，将生态绿带移至宝幢区域，为"城东新区"整体开发建设腾挪出大片发展空间。

2. 理顺体制机制。为推进"城东新区"开发建设，建议区里成立

"城东新区"开发建设指挥部,由副区级领导专职任总指挥,专门负责开发五乡片区。同时以产城公司为班底,成立"城东新区"开发建设平台,抽调专门工作人员负责开发建设。

3. 注重规划引领。整合五乡片区相关发展规划,对接东部新城和东钱湖旅游度假区发展规划,结合五乡片区发展实际,引入先进理念,借鉴先行地区经验做法,高起点规划"城东新区"建设,以规划引领片区开发建设。

4. 强化政策支持。在土地、产业、财政等方面给予五乡片区开发建设强力支持,给足政策优惠。支持宁波中车基地扩容,配套轨道交通整车产业链相关产业,形成轨道交通产业集聚区。保留宁波中车基地牌子,建设国际汽配产业园,建立高端装备制造生产服务业中心,为产业发展提供配套服务。

5. 筹划启动区块。建设"城东新区",应根据五乡片区建设现状和拆迁工作实际,坚持由易到难、循序渐进的开发时序,按照"产城并进"的思路筹划三个启动区块:一是建议将东环南路以东、通途路以南、龙兴路以西、中塘河以北约4平方千米区域,作为10平方千米都市新城建设启动区块;二是建议在宁波中车基地二期,筹划启动建设宁波高端汽配产业园;三是建议在金童山区块,筹划启动建设高新产业区,打造"创新生态谷"。

6. 开展环境整治。继续深化小城镇环境整治,重点开展墓葬整治,强力整治片区殡葬领域突出问题,建设生态墓园,进一步提升墓区绿化覆盖率,健全墓葬整治长效机制。同时,高标准对五乡片区进行环境整治,排查污染面源,拆除各类违章搭建,建设美丽清新的宜居家园。

(2019年11月)

关于实施大梅山区域开发建设的咨询报告

大梅山区域位于宁波城南 10 千米，隶属于天台山脉，自然风光旖旎，人文资源荟萃。近期，区政府咨询委专门安排时间对大梅山区域进行实地调研，走访了相关镇村，组织召开了由该区域人大代表、政协委员、乡村干部、企业负责人、所在镇和区级相关部门领导等参加的专题座谈会，并进行了多次专题讨论，现形成如下咨询报告。

一、开发建设意义重要

1. 大梅山区域开发建设是实践"两山"理论的最佳样本。大梅山区域位于鄞州中南部，森林覆盖率高，山水资源优势突出，是鄞州践行"两山"理论不可多得的区块，完全可以发挥资源优势，将绿水青山转化为金山银山。

2. 大梅山区域开发建设是实施乡村振兴战略的必然选择。近年来，鄞州虽然发展很快，但城市像欧洲、农村像非洲的格局未能根本改变，如何实施乡村振兴战略，补齐农村发展短板，亟须选择一个突破口。大梅山区域有巨大的潜在开发价值，有条件成为鄞州城乡融合发展的关键着力点。

3. 大梅山区域开发建设是实现人民群众对美好生活向往的客观要求。当前鄞州人均 GDP 已突破 2 万美元大关，如何满足人民群众日益增长的美好生活需要已经成为当今社会的主要矛盾，高起点高品质开发大梅山区域，让人民群众在繁忙工作之余享受人与自然相融相怡，使"城市让生活更美好，农村让城市更向往"成为现实，正是我们这一代人的光荣使命。

二、区域范围基础条件

大梅山区域主要横跨横溪、塘溪两镇，从自然地貌看，我们建议大梅山区域范围应该界定为：介于东钱湖、堇山湖、金峨湖 3 湖之间，横溪、梅溪、亭溪 3 条溪流穿梭其中，涵盖原横溪、梅岭、金峨、管江、塘溪、赤堇、韩岭（东钱湖）7 个小乡镇共 34 个行政村，即北临东钱湖，南接奉化区，东至 71 省道，西至金峨湖，区域面积约 140 平方千米（其中东钱湖区域约 18 平方千米）。大梅山区域作为鄞州一块未尽开发的处女地，具有良好的发展基础。

1. 区位基础。大梅山区域周边 20 千米范围内分布有宁波机场、宁波港、宁波高铁站和 4 个高速公路出入口，长三角主要城市均处于 2—3 小时车程内，是全国同类城市中距离核心城区最近的自然生态屏障。

2. 资源基础。大梅山区域拥有"山、湖、林、溪、村、寺、人"七大资源。最高海拔 620 米，平均海拔 350 米，风景宜人，森林覆盖

率高达95%以上，空气负氧离子含量高，有适合观光的山谷、竹林、茶场，有古寺、古村和古朴的民舍，沙孟海、童第周、周尧等近现代名人是该区域的金名片。

3. 民意基础。当地群众热切期盼党委政府加快开发大梅山区域，乡村干部、民企业主、驴友、"网红"等迫切希望加快大梅山区域开发建设，党代表、人大代表、政协委员更是连年为大梅山区域发展提出建议提案，希望区里早日给予政策支持。

4. 实践基础。目前，大梅山区域前期工作基础较好。"山水小镇"名头已经打响，"名人文化"品牌已经擦亮，"非遗小镇"成功创建，"最美风车路"吸引了大批游客前来观光，梅岭片区集聚了近10家精品民宿，每逢节假日游客流量日均4万人次以上。

5. 愿景基础。随着长三角高质量一体化的全力推进，浙江省"八八战略"的深入实施，宁波市"六争攻坚、三年攀高"的加快推进，东钱湖区域开发建设如火如荼，宁波国际会议中心、国际会展中心选址东钱湖，大梅山区域可以承接各方客流特别是东钱湖开发的溢出效应，"一山一湖"相得益彰。

三、规划布局功能定位

1. 定位

紧扣浙江省"四大"建设、宁波市"拥江揽湖滨海"战略和我区"两高四好示范区"建设目标，依据大梅山区域资源禀赋及开发建设实际，借鉴国内外山地型区域开发经验，我们认为大梅山区域开发建设应该以大健康为主线，功能定位是建设健康养生引领区、美丽乡村样板区、生态保护示范区，力争通过3—5年努力，着力打造成为宁波市、浙江省乃至长三角的健康大本营、美丽大花园和绿色大客厅。

2. 原则

大梅山区域开发要坚持五条发展原则：一是保护开发并举原则。必须在保护中开发，在开发中保护，把保护挺在前。二是乡村振兴结合原则。必须结合鄞州乡村振兴战略实施，注重党建、经济、文化、社会、生态文明等多位一体协调发展。三是民生改善优先原则。必须以民为本，坚持精准扶持，让人民群众实实在在受益。四是一切从实际出发原则。必须实事求是，紧密结合区域发展实际，探索又好又快高质量发展道路。五是久久为功原则。必须要一届接着一届干，一步一个脚印，善做善成。

3. 布局

根据上述功能定位和大梅山区域发展现状、资源分布，我们认为大梅山区域功能布局可分为四片。即：

东文（赤堇—塘溪片区），为名人文化产业区，重点打造名人文化、红色文化、耕读文化等，发展文化创意产业项目。

西慢（金峨片区），为健康养生聚居区，重点发展健康养生、禅修修心、观光农业等项目。

南动（梅岭片区），为山地运动健身区，重点发展山地丛林、古道登山、群众性登山及民宿等项目。

北乐（管江—韩岭—横溪片区），为娱乐休闲体验区，重点发展山地娱乐体验项目、露宿露营基地、"网红"驴友基地等。

4. 业态

一是健康旅游产业，重点建设若干个"民宿部落"。利用已建成的精品民宿、已整体搬迁的大梅山古村落和已有的校舍、卫生院址等资源，引入社会资本，重点在童夏家村、东山村、金山村、梅岭一带，通过连点成片和整村开发，形成集农旅、休闲、娱乐于一体的宁波3.0版本新兴民宿部落，让游客在乡愁记忆中"流连忘返"。

二是健康文化产业，重点建设若干个"文化名村"。依托名人故里文化资源，重点建设童村、沙村、上周等名人古村和红色名村；传承非遗文化，重点建设以横溪朱金漆木雕、大岙布龙、金山彩灯等为代表的非遗名村。同时，依托大梅山区域人文资源，建设一批美术村、书法村、摄影村等艺术特色村，提升"名人文化节""山水旅游节""古道风情节""农事采摘节"，培育有特色的人文风景区。

三是健康体育产业，重点打造若干个山地"体育公园"。引导体育与旅游、影视传媒、运动康复等结合，发展体育产业新业态，重点在环金峨湖、环堇山湖、环茶山基地、沿最美风车路建设"体育公园"。

四是健康养生产业，重点建设若干个"养生驿站"。发挥大梅山区域好山好水好空气自然资源优势和禅宗寺庙人文资源优势，从一线城市引入高端健康养老服务资源，培育健康养老服务业新业态，重点在栎斜、金峨、道成岙、梅岭等地建设集聚人气供游客养生观光休憩的"养生驿站"。

五是健康农业产业，重点建设若干个"林特之乡"。整合大梅山区域山林资源，在宜林宜农片区打造一片花海，推出一批农特品牌，建设一批"竹林之乡""花海之乡""水果之乡""茶叶之乡""梅岭山鸡之乡"等，培育富有特色的宁波"林特之乡"。

5. 特色

着眼于拉长现有优势长板，补上服务短板，提升知名度、影响力和美誉度，小投入快产出，尽快展现大梅山区域魅力形象，建议打造六条特色美丽风景线：

一是"最美"风车公路线。沿塘溪、横溪两镇鄞奉边界，对现有风车公路进行拓宽和白改黑改造，配备停车场、服务点等必要的配套设施，并在道路周边遍植花卉，对周边山地进行林相改造，对沿线村庄进行环境整治，使之成为长三角"网红"打卡的必选之地。

二是"最靓"古道登山线。美化亮化亭溪岭、松石岭等千年古道，建设文创小木屋，修缮休闲观景台，更新古道登山导览图、标识牌，使之成为长三角驴友古道登山的必到之地。

三是"最佳"山地运动线。依托山地有利地形，聘请专家规划设计，完善体育基础设施，加强与上级体育主管部门、专业体育协会和

色彩斑斓的大梅山

各级运动队合作,发展环山和环湖山地马拉松、山地自行车、山地徒步运动,使之成为长三角区域健身达人户外运动的重要基地。

四是"最红"名人文化线。深挖名人资源文化内涵,积极争取与中国美术学院、南京艺术学院、西北农林科技大学等合作,建设提升一批美术基地、书法基地、摄影基地和生物学实习基地,打造"堇山艺谷",使之成为长三角区域学子圆梦的孵育基地。

五是"最宜"养生隐居线。将现有的堇山居、逐野、拓野、醉野、凌览草屋、月白风清园、芜舍等精品民宿串联成线,在金峨寺等发展禅修项目,设计田园采摘,使之成为长三角区域市民慢生活的旅行目的地。

六是"最热"农事体验线。发展茶叶、樱桃、猕猴桃、杨梅、桃子、葡萄、草莓等产业,开展各种农事、非遗等节庆活动,做到"四季有果香、四时有节庆",使之成为长三角区域居民乡愁记忆的文化传承地。

四、具体实施对策建议

大梅山区域开发建设是牵涉鄞州发展战略的实事工程,需要从区级层面加强统筹谋划,建议从七个方面入手:

1. 决策一个"令"。强化组织领导,建议成立大梅山区域开发建设领导小组,由区政府主要领导挂帅任组长,集中力量开发大梅山区域,横溪镇、塘溪镇、东钱湖镇及自然资源和规划分局、农林局、文旅局、交通运输局、生态环境分局等相关职能部门为领导小组成员单位,由文旅局长兼任领导小组办公室主任,配备专门工作人员统筹协调大梅山区域开发建设具体工作。

2. 规划一张"图"。全面梳理各部门、横溪镇、塘溪镇等已经出台的规划，主动对接东钱湖区域规划，加快研究制定鄞州大梅山区域开发建设的总体发展规划及各线专项规划。同时，严格规划管控，坚持一张图纸绘到底。

3. 开发一盘"棋"。在规划指引下，构筑"一主两副多元"的开发建设体系。借鉴区域开发建设经验，建议由鄞城集团牵头组建新的平台公司，明确其为大梅山区域开发建设主体，引进大集团合作开发，走专业化和市场化建设道路。横溪镇、塘溪镇结合其工作职能作为该区域开发建设的两个副主体，并吸纳社会力量作为区域开发建设的多元体系。

4. 设施一张"网"。加大公共交通基础设施投入，修筑完善一批山区半山区环线公路，形成道路闭环，确保大梅山区域互通互联。配套规划建设一批排污纳管管网、污水处理设施，跟进建设一批道路指示牌、路灯、厕所、停车场和观光平台。完善建设一批网络通信设施，确保通讯信号全覆盖，建设横溪、塘溪两端游客集散中心，筑牢区域公建基础。谋划建设大梅山水库。

5. 环保一组"拳"。开展汰劣治污专项行动，对辖区内横溪镇和塘溪镇散乱污企业进行清理整顿，腾空其厂房，统一迁入新建的小微工业园，停止审批区域各类工业项目。深化治水拆违专项行动，巩固百日攻坚成果，坚决淘汰污染项目，对生活污水进行截污纳管，拆除各类违法建筑，开展环境整治，保障区域环境生态宜居。实施产业提档升级专项行动，按照产业梯度转移的原则，引进一批科技型研发型创新型企业，原有工业厂房注入文创元素，升级为文创空间和大健康产业项目用房，发展文创产业和大健康产业。

6.项目一个"库"。编制大梅山区域招商项目指导目录，重点谋划一批符合该区域产业导向的大项目、好项目、龙头项目，建议将全区拟引进的高端健康养生项目、体育健身项目、大型娱乐项目集中到大梅山区域，大力发展文创产业项目，招大商、招好商，推动区域高质量发展。

7.政策一个"口"。大梅山区域开发建设政策上需要全区统一，不得各自为政，重点从五个方面向其倾斜：一是财政政策支持。积极争取市级政策和项目落地大梅山区域，建议设立大梅山区域开发建设专项资金，用于公共基础设施建设。二是土地政策支持。想方设法保障大项目用地，坚持让利于民，积极争取集体林地使用制度改革，加快改造老旧工业区和老村庄，有效开发一批低丘缓坡，发挥市场配置资源主体作用，杜绝低层次开发。三是产业政策支持。建议将该区域作为大健康产业的重点集聚区，给予其特殊的产业政策优惠。四是金融政策支持。探索建立投融资机制，完善金融服务体制，吸引金融资本和社会资本参与区域开发建设。五是审批政策。建议市场监督管理、公安消防、卫生健康、环境保护等部门研究制定在卫生、特种行业许可、环保等方面便利化审批政策，同时强化事中事后监管。

五、亟须解决几个问题

1.关于思想认识问题。大梅山区域开发建设起步较晚，难度不小，需要高度统一思想认识。要站在全区发展大局和民生改善的高度，重点解决好"不值得开发、不好开发、不想开发"等思想认识问题，杜绝小打小闹、私搭乱建、破坏环境、各自为政等现象，统筹谋划区域高质量发展路线图。建议区里专门召开大梅山区域开发建设大会，加强宣传，加大力度，加快推进大梅山区域开发建设。

2. 关于宅基地盘活问题。调研中我们了解到，早在20世纪90年代，区域内部分村落就已经整村搬迁下山安置，遗留下一些空心村。这些空心村的宅基地多已收归集体，是发展民宿经济等不可多得的资源，但必须处理好拆旧建新、退宅还林、退宅还耕的前后政策平衡关系，建议由相关部门进行全面摸排，结合乡村振兴战略实施提出切实有效解决方案。

3. 关于环境保护问题。大梅山区域有两个饮用水水库，既是鄞州区的水缸，又是发展休闲经济的好地方，要妥善处理好一级水源保护地与民生发展的关系，能否在严格进行二级污水处理的前提下，以创建生态保护示范区为抓手，有条件地进行开发，防止简单一刀切，建议有关部门提出切实可行的办法。

4. 关于开发模式问题。为提升大梅山区域发展品质，必须引进大团队，引入先进的理念和模式，建议由鄞城集团为主体，抓紧时间搭建平台公司，吸纳有实力有眼光的大公司参与区域开发建设，吸纳有情怀、有感情的乡贤名人共同参与，实行政府引导、市场主体、社会参与的多元协同模式。

5. 关于区域名称问题。在调研中发现，部分塘溪镇居民认为大梅山不能完全涵盖该区域，鉴于堇山乃鄞州之源，名称中可否加入这层意思，建议有关部门加以研究。

（2019年9月）

关于规划建设蓝色硅谷（大嵩新区）的咨询报告

根据鄞州区行政区划调整后，在区域面积、经济总量和产业结构等方面所呈现的新变化，2017年，笔者与宁波大学有关教授，会同鄞州区发改局，就如何增强创新能力，大力发展新兴产业的问题做了专题调研，特别是对大嵩新区规划建设蓝色硅谷做了相对系统的思考，并形成了初步设想。笔者认为，这是抢抓全球新一轮科技革命和产业变革的历史性机遇，是落实市委"六争攻坚、三年攀高"的重要载体，也是推进鄞州区转型发展、高质量发展的重要途径。现根据党的十九大精神和省市委的重大决策部署，对大嵩新区规划建设蓝色硅谷初步方案做进一步的梳理，并以鄞州区政府决策咨询委特邀委员的身份呈报区委、区政府有关领导，以供决策参考。

一、现实基础与重大意义

（一）现实基础

在瞻岐、咸祥、塘溪规划建设蓝色硅谷具有诸多的有利条件和扎实的现实基础。

1. 区位条件优越。规划中的蓝色硅谷位于鄞州区东南片区，包括瞻岐、咸祥、塘溪3个镇和省级开发区——鄞州经济开发区，背靠福泉山、面朝象山港，北邻北仑春晓镇，南连奉化松岙和裘村镇，是梅山片区的重要组成部分。甬台温复线、沿海中线、71省道、宝瞻公路等主要干道贯通全区，随着象山湾疏港高速启动建设，与宁波城区及周边区域的交通往来也将更为便捷。

2. 海洋资源丰富。蓝色硅谷集"景、渔、港、涂、文"于一体，海洋生态与陆域生态有机融合，资源禀赋丰富，组合优势明显，特别是拥有区内唯一的约26千米岸线资源。大嵩新区环境秀美，气候怡人，人文底蕴深厚，是沙孟海、童第周等国内50多位名人的诞生地。象山港水域景色优美，一年有200天左右能欣赏到蓝色大海，是创业创新的理想区域。

3. 开发条件较好。蓝色硅谷总面积253平方千米（含海域），户籍人口约10万人。区域腹地开阔，根据生态敏感性分析，该区域适宜建设用地超过31平方千米，目前虽多为耕地，但土地利用规划调整后，潜力巨大。同时大嵩围涂区域还有近9平方千米后备用地，是今后鄞州最大的工业用地。水电等基础设施基本完善，拥有梅溪水库和3座乡镇水厂，供电设施220kV1座、110kV4座，近期基本能满足区域用水和用电需求。

产业基础扎实。大嵩新区虽是鄞州区相对欠发达地区，但经济发展水平仍高于全省平均水平，有着较大的发展空间和潜力。近年来经济发展较快，2016年GDP实现70亿元，增速明显超过全区平均水平。依托鄞州经济开发区，大嵩工业经济占绝对主导地位，2016年大嵩实现规上工业总产值202亿元。其中经济开发区实现产值163亿元，亿元企业超过30家，已形成以装备制造、汽车部件、电子电器和新材料、新能源等为主体的产业结构。

（二）重大意义

蓝色硅谷是以海洋经济为主题、科技创新为引领，集科研、孵化、产业为一体的重大功能平台。谋划建设蓝色硅谷，适应区域实际需求，顺应创新发展理念，契合宁波市重大战略，对鄞州乃至全市发展均具有重要意义。

1.谋划建设蓝色硅谷是落实市委"六争攻坚、三年攀高"行动的重大举措。今年，市委提出了"六争攻坚、三年攀高"的重大决策部署，鄞州的大嵩新区在推动创新发展、高质量发展中的地位举足轻重，应该在贯彻市委重大决策中发挥先行示范作用。在大嵩新区规划建设蓝色硅谷，可以集聚各类创新资源，尤其在海洋经济发展的高端领域，该区域的优势独特，潜力巨大。

2.谋划建设蓝色硅谷是实现鄞州跨越式发展的重大举措。蓝色硅谷（大嵩新区）拥有优质的岸线资源和大片后备工业用地，是我区未来开发建设的重点。要在充分整合区域内资源优势的基础上，充分利用鄞州经济开发区这一重大产业平台，大力发展海洋经济、智能经济、旅游经济，将蓝色硅谷打造为我区经济增长的新引擎。可以说谋划建设蓝色硅谷是实现"建设都市核心区、打造品质新鄞州、跻身全国一流强区最前列"目标定位的重要保障,对推动鄞州创新发展、领先发展、跨越发展具有重要意义。

3. 谋划建设蓝色硅谷是补齐鄞州创新短板的重大举措。创新是"十三五"时期发展的鲜明主题和第一动力,是推进产业转型升级的迫切要求。新一轮科技革命和产业变革与加快转型升级正处于历史性交汇期,全国和我省各地都积极抢抓战略机遇期和科技创新制高点,纷纷推出如武汉光谷、青岛蓝色硅谷、杭州云谷等重大创新平台,加快推进区域经济创新发展。作为制造业大区,鄞州区内传统产业占比较大,企业创新能力和质量效益有待提升,新兴产业培育相对落后。蓝色硅谷的谋划建设将发挥创新的引领作用,通过大力引进国内外科研机构和高等院校,在全球范围内吸引高端创新要素,积极营造最优创新生态,辐射带动全区乃至全市产业的创新发展。谋划建设蓝色硅谷是补齐鄞州产业创新短板、促进经济提质增效的迫切需求,是应对激烈区域竞争、抢占未来发展制高点的重要举措。

二、指导思想与发展目标

(一)指导思想

坚持以习近平新时代中国特色社会主义思想为指导,深入贯彻党的十九大精神,按照创新、协调、绿色、开放、共享的发展理念,以创新发展为主题、以转变经济发展方式为主线、以产业链协同创新和以孵化平台集聚创新为途径,运用世界眼光谋划蓝色硅谷美好未来,按照国际标准提升蓝色硅谷建设水平,发挥本土优势彰显蓝色硅谷发展特色，坚持科技立谷、创新强谷、体制活谷、开放兴谷、生态建谷，确定科技创新重点领域，实施重大推进工程，加快海洋高科技研发、高科技人才、高科技产业和服务机构集聚，大幅提升自主创新、成果转化和产业培育能力，推动集中集约用地用海，辐射带动全市蓝色经济又好又快发展，当好全省乃至全国海洋经济发展的排头兵。

（二）发展原则

1. 坚持科技立谷。依托宁波市的海洋科技研发优势，引进和培养海洋高端科技人才，不断提高原始创新、集成创新和引进消化吸收再创新的能力，加快形成一批具有自主知识产权、国际领先的海洋高科技成果，以科技创新为驱动力，实现持续快速发展。

2. 坚持创新强谷。围绕海洋生物、海洋工程装备与新材料、海洋环保、海洋仪器仪表等重点领域，组织科技创新，加快科技研发、成果孵化和产业化步伐，催生和培育高技术中小企业，建设高技术产业示范区。

3. 坚持体制活谷。建立市区两级政府引导、市场运营、民间参与的运作模式，促进区内资本制度创新、产业组合创新、商业模式创新和人才模式创新。打造产学研战略联盟，构建以企业为主体、市场为导向、产学研密切结合的区域科技创新体系，激发硅谷发展活力。

4. 坚持开放兴谷。面向国内外广聚各种要素资源，借助外力推动蓝色硅谷建设。蓝色硅谷建设既要促进本地经济发展，又要带动全市乃至全省海洋经济迈向更高层次，还要在国内外舞台上有更大的话语权。

5. 坚持生态建谷。坚持人与资源环境和谐相处，实施生态保护工程，在保护中开发，在开发中保护，严格保护岸线和沙滩，严格保护山体植被，严格建设项目准入和环境管理机制，综合整治入海河流，建设环境监测网络，提升蓝色硅谷的生态文明和环境友好水平。

（三）发展定位

综合考虑鄞州区发展的现实基础和宁波市对鄞州区发展的要求，蓝色硅谷的发展定位是：

1. 创新发展引领区。着力加强海洋科技自主创新体系和重大创新平台建设，引进国内外各类涉海研究机构和高端人才，积极创建国家企业技术中心、重点实验室等，大力开展涉海技术研发，努力突破一批关键技术、核心技术，增强自主创新能力和集成创新能力，推进科技成果孵化和产业化，打造中国沿海重要的海洋高技术创新中心。

鄞州经济开发区大嵩新区万洋众创城项目鸟瞰图

2. 海洋新兴产业集聚区。发挥鄞州经济开发区产业基础和土地资源优势，充分利用区域山水人文、滨海岸线资源，大力发展海工装备、电子信息、新能源、生物医药等高端制造业和休闲度假、配套商贸业等产业，通过产业发展和基础设施建设加快集聚人口，推进产城融合发展，打造宜居宜业的滨海生态新兴区。

3. 军民融合示范区。促进军工类企业和科研院所在蓝色硅谷的落地和壮大，充分利用鄞州民营经济强大优势，着力释放民参军和军转民的创新活力，支持重点军工技术项目转化和产业化，打造"基金+园区+产业"的军民融合发展体系，把蓝色硅谷打造成为我国东部沿海地区军民融合发展的样板核心区域，为全国提供可复制、可推广的经验和模式。

（四）发展目标

按照"高起点规划、分阶段推进"原则，蓝色硅谷的发展目标分为近期、远期两个阶段：

1. 近期为培育建设期（2018—2025年）。城市建设框架全面拉开，重大区块和功能平台初步成型，与主城连接的快速交通干线网络基本建成，基础设施进一步完善。区域常住人口达到20万左右，集聚各类高校5家以上，科研机构10家以上，引进国家级重点实验室5家以上，培育一批具有较大影响力的孵化器，集聚起以高端海洋装备、海洋生物与医药、新一代信息设备为主导的蓝色智造产业，工业总产值达到1000亿元。

2. 远期为提升壮大期（2026—2035年）。产城融合发展成果显著，蓝色引擎功能充分发挥，蓝色硅谷基本建成，科技创新、人才集聚、成果孵化和产业化、产业培育能力大幅提升，常住人口增加到25万—30万，工业总产值突破2000亿元，成为长三角区域最重要的海洋科技研发和人才集聚中心、海洋科技成果孵化中心和军转民技术产业培育中心，智能经济发展新增长极地位确立。

三、功能布局和开发策略

（一）功能布局

综合考虑本区域发展的实际需要和地理地貌，蓝色硅谷的功能布局主要由五大片区组成。

1. 智能制造片区。集中在大嵩江以北区域，主要包括经济开发区及周边相关区域。要根据鄞州区产业布局需要，以蓝色制造和智能制造为导向，加快引进或培育海洋智能装备组装及制造产业，重点发展海洋新兴智能制造产业、海洋生物医药、新材料、新能源等产业，建成智能制造产业集聚区块。

2. 研发孵化片区。主要集中在大嵩江入海口周边，以科研创新、科技孵化、商务、休闲为主体功能，布局各类高水平科研机构，突出发展海洋科技研发孵化、军民融合技术应用与产业培育特色，完善商务、商贸、教育、医疗等配套设施，为高层次人才提供高品质的工作、生活环境和配套服务。

3. 蓝色科技教育片区。在沿山山岙、低丘缓坡地带集中引进涉海相关高等院校，以及海洋科学、海事管理、海工技术等学科学校，同时引进若干所国际化教育机构和相关技术培训学校、进修学校，并通过道路交通相互串联，与梅山春晓片区高教机构构成较为完整的蓝色教育集聚区（体系）。同时，鄞州籍的院士数量在全国名列前茅，要激发院士们的爱乡情怀，如学习青岛的做法，在该区域规划建设院士港，柔性引进涉海领域的院士团队，带技术、专利和产品落户该区域，形成孵化平台集聚创新的协同效应。

4.生态人居片区。以现有的咸祥、瞻岐和塘溪镇区为主，围绕产业和高校等布局房地产，兼顾不同层次居民需要，打造优质环境、品质居住的现代社区。特别是要结合自然资源条件、高端人才需要，积极开发旅游房产、海景别墅、绿色人居等高品位房产。

5.旅游休闲片区。以塘溪南部山区和大嵩江上游区域以及象山港大桥两侧区域为主，加大生态环境保护力度，充分挖掘本区域的山水景观和历史文化资源，开发滨海蓝色岸线资源，结合现有岸线资源、人文、山水资源，做好开发和提升的文章，将其打造成为浙东乃至长三角地区重要的乡村游、休闲游目的地。

（二）开发策略

蓝色硅谷的打造要依托宁波城市发展，从全市着眼，走产城融合发展之路，促进城市与产业、生态与生活、国内与国际的协同发展，在推动产业发展与功能集聚的同时增强与中心城区的联动效应。

1.遵循基础设施先行的开发理念。蓝色硅谷所在的大嵩区域是鄞州的"世外桃源"，但也是鄞州交通的末端和基础设施的低洼。要以基础设施的先期导入，特别是交通设施的快联快通，推进大嵩区域与中心城区及梅山的轨道交通实现直连，将蓝色硅谷与市区的通勤时间缩减至半小时内，充分实现同城效应。同时，通过交通路网的完善，加快各个功能组团之间的连接，促进蓝色硅谷内外之间要素的流动和交换。

2. 遵循强化功能和产业协同的原则。蓝色硅谷的建设要从鄞州乃至全市的视角进行布局，作为产业创新发展的重要载体，蓝色硅谷主要承载创新、孵化、生产等功能，在强化这些功能的同时，也是对中心城区总部、商务、会展和东钱湖周边休闲、居住、教育等功能的承接和提升。蓝色硅谷中布局的蓝色智造产业也要依托东部新城、南部商务区的商务商贸、金融、航运等产业的辐射，以及工业园区、中车产业基地以及高新区等装备、电子等制造业的协同，才能在更大的区域范围内形成较为完整的蓝色功能集群和海洋经济产业体系，并实现与中心城区的联动。

3. 遵循主动融入宁波中心城区和梅山片区的思路。加快引进或培育海洋智能装备组装及制造产业，重点发展海洋新兴智能制造产业、海洋生物医药、新材料和滨海旅游等产业。蓝色硅谷建设要主动对接梅山片区功能定位和产业布局，借势发展蓝色产业，在接受主城区功能辐射的基础上强化自身定位，积极打造梅山片区的南部服务中心和南部产业带，在合力推进梅山片区建设的同时打造鄞州的东部增长极。

四、主导产业与招商指引

（一）主导产业

根据国内外发展环境的新变化和国际产业变革的新趋势，立足现有基础，蓝色硅谷的建设要着力培育主导产业，加快形成以海洋工程装备、海洋仪表仪器和海洋生物医药为主导的现代产业体系。

1. 海洋工程装备领域

深海油气和矿产资源勘探开发设备。突破深海油气和矿产资源勘探设备、重大工程装备及配套等关键技术，重点发展深海油气勘探开发、天然气水合物探测技术及装备、智能化水下机器人、水下自主航行器、水下滑翔器等深海装备制造及配套产业，积极开发利用深海多金属结核、热液硫化物等矿产资源。研发深海资源开发装备及生活安全保障设备，建设我国深海工程装备制造产业基地。

船舶装备与设计。抓住舟山江海联运服务中心上升为国家战略的有利条件，加快引进国内外船舶设计研发机构和人才，特别是针对江海联运船的研发设计，突破特种船舶设计、动力系统建造和侧推动力定位等关键技术，大力发展船舶压载水处理系统及电子通讯和导航设备产品。提升游艇产业自主研发能力，建设国内一流的游艇制造基地。

2.海洋仪器仪表领域

突破海洋环境传感器、海洋环境三位一体立体观测（监测）等关键技术，重点发展海洋资源勘探及环境监测系列仪器、海洋遥感及信息加工技术、海底观测网集成技术、海洋声学仪器装备、光电测量与测绘、光谱成像与分析仪器、海洋水下焊接技术及设备、海上溢油快速鉴别分析仪、海洋灾害预警浮标等新型技术设备，提高海洋仪器仪表设备国产化能力和规模化生产水平，建设国家海洋仪器仪表研发基地。

3.海洋生物领域

海洋药物与生物制品。突破海洋生物活性物质提取、筛选、功能分析、深度利用和海洋生物基因测序等关键技术，重点发展海洋药物、海洋功能食品和海洋生物制品，加快推进国家生物产业基地和蓝色生物医药产业园等重点项目建设，培育具有较强产业竞争力的企业集团和产业集群，实现海洋药物和生物制品产业的快速发展。突破壳聚糖及其衍生物制备及深加工等关键技术，重点发展壳聚糖、海藻纤维等医用敷料及特殊功能纺织材料，扩大壳聚糖及系列衍生物在人工角膜、伤口愈合材料等方面的应用。孵化培育一批海洋生物材料示范企业，建设海洋功能性材料及产业开发示范基地。

水产种苗及海水健康养殖。突破海水种苗、健康养殖及病害防治等关键技术，发展深水养殖装备及技术，重点培育国内领先的优质、高产海水养殖品种，建设国家重要的海水养殖优良种质研发中心和水产良种繁育基地。到2025年，水产良种覆盖率达到90%以上，建设20处省级以上良种场和一批海洋牧场示范区。

（二）招商指引

紧扣蓝色硅谷功能定位，建立招商备选项目库，着力引进一批科研院所、大专院校、大型央企、军工企业、市级创新平台等，依托大企业、大项目、大孵化平台的强大磁场力，促进新区的产业集聚、企业集聚、人才集聚。加大招商力度，健全招商机制和信息网络，发挥各方资源优势，积极召开投资说明会、恳谈会、推介会，通过上门招商、委托招商等多种形式，加强与潜在招引对象的跟踪，力争建制引进一批科研机构、一批科研院所分所（院校）和一批高端重大产业项目。

鄞州区大嵩新区重点招商项目指引

序号	类别	招引目标
1	科研院所	中国科学院海洋研究所，中国科学院南海海洋研究所、中国科学院生物研究所，国家海洋局第一、第二、第三海洋研究所，海洋技术研究所，海洋环境保护研究所，海洋科技情报研究所，东海水产研究所等成建制进入或设立分支结构。

续表

序号	类别	招引目标
2	大专院校	中国海洋大学、厦门大学、中山大学、浙江海洋大学、河海大学、上海海洋大学、上海海事大学、大连海洋大学等设立分校或独立学院。
3	大型央企	中国远洋运输（集团）总公司、中国海运总公司、中国外运长航集团有限公司、招商局集团、北斗导航、中国移动、中兴通讯等设立分公司或子公司。
4	军工企业	中国船舶工业集团（中船工业）、中国船舶重工集团（中船重工）、中国核工业集团（中核集团）、中国核工业建设集团（中国核建）、中国航天科技集团（航天科技）、中国航天科工集团（航天科工）、中国电子信息产业集团（中国电子）等设立分公司或子公司。
5	市级创新平台	浙江省水文地质工程地质大队、宁波高新区（新材料科技城）、中国科学院宁波材料技术与工程研究所、宁波海洋开发研究院、宁波市海洋与渔业研究院、宁波市水产品加工工程技术研究开发中心、宁波市特种设备检验研究院等迁入或设立分支机构。

五、总体配套

根据大嵩新区功能培育的要求，按照硬件和软件配套同步跟进的原则，推进综合交通、供电、供排水等重大基础设施建设，构建财政、人才、土地等多方面扶持政策体系，为区域发展提供强有力的支撑。

（一）综合交通网络

按照适度超前、资源共享的原则，完善路网结构，提高道路技术等级，建立衔接协调、布局合理的综合交通网络系统。加大对外道路交通建设，积极配合宁波市加快象山湾疏港高速建设，尽早启动宝瞻公路复线、215省道改建工程，积极谋划咸五线（东钱湖旅游通道）、沿海中线由双向四车道扩建为双向六车道。大力发展大中运量公共交通，谋划建设轨道交通线路，该线始于规划轨道站点横溪站，往东沿215省道，途经塘溪镇、咸祥镇，抵达鄞州经济开发区，最后连接梅山春晓片区。提高大嵩新区与宁波中心城区的联系通达性，努力构建与鄞州中心城区的半小时交通圈。完善区域对内交通网络，提高现有道路的通行能力和服务水平，同时规划建设联系瞻岐、咸祥、鄞州经济开发区的内部快速通道、新区环线、沿海景观大道等。

（二）能源资源保障

加大供水设施建设，实施区域小型水库联网工程，重点是将铁砂岭水库、黄金岙水库和珠山寺水库纳入大嵩供水管网，迁建大嵩江大闸，新建亭溪水库，开展大嵩江综合治理。实施中水回用工程，争取从宁波市大工业用水管网引水，新建亭溪水厂，扩建新瞻岐水厂，并通过各类节水措施、规划海水淡化厂等措施来大力挖掘本地水资源潜力，努力保障区域用水。为满足大嵩新区未来用电的需要，改造升级220kv咸祥变电所，并以220kV变电所为中心，采用环网方式组织110kV配电网，改扩建110kV变电所，根据不同区块负荷密度以及负荷增长需要，合理设置变电容量。积极推进大嵩新区天然气利用工程建设，逐步形成安全可靠、稳定高效的燃气供应体系，提高天然气在一次能源消耗中的比重，优化能源结构。

(三)完善支持政策

1. 强化人才支撑政策。无论在什么时代,人才都是最核心要素,各地在人才引进工作上,可谓不遗余力、不计成本、不惜重金。要把人才支撑作为蓝色硅谷建设的核心,落实宁波市人才政策,充分借鉴深圳、杭州、南京等地人才政策,加大力度,紧盯科技顶尖专家、创新性企业家、高层次创业人才、国际技术人才,着眼"引得来""留得住""带得动",提供科研成果产业化配套资金、跟进投资、住房补贴、贷款贴息、项目资金扶持、免费创业场所、免费人才公寓、税收抵扣等全方位扶持政策。不断完善人才及其家眷的生活配套服务,为高层次人才办理"宁波市人才居住证""宁波市高层次人才特约优诊证",全方位提供职称申报、医疗、落户、社会保险、居留和出入境、住房、子女就读、配偶就业等配套服务。

2. 完善财税金融政策。参照有关地区投融资做法(下表),搭建政府主导、社会参与、市场化运作的专门性开发投融资平台,发挥国有资产对市场资源配置的引导作用,通过注入财政资金、土地资产、国有企业股权等资金,积极吸引社会资本参与新区开发建设,实现投资主体多元化,形成融资、投资、建设、管理、偿债一体化良性循环的投融资机制。逐步建立以民生为重点的公共财政体制,对新区的公益性社会事业项目以及重大基础设施和产业项目,争取省、市在专项资金方面予以优先扶持。落实鼓励类产业税收、土地优惠政策,设立一批面向新兴产业细分领域的产业基金,吸引私募股权投资基金投资产业发展和支持科技创新、金融创新及高端制造业、现代服务业发展。积极运用企业债券、中期票据等新型融资方式,支持新区开发建设。

若干地区、园区投融资模式和经验一览表

地　　方	简要介绍
天津市河东区	成立河东新城建设开发有限公司，将城市规划区内已建成的道路、管网、桥梁、绿地、公园等城市资产评估注入河东新城建设开发有限公司。河东新城建设开发有限公司通过划转部分城市资产，对城市范围内道路、桥梁、广场等冠名权、广告经营权、场地经营权等城市资产进行经营管理，实现经营收入。区委、区政府每年安排的城建重点项目、旧村改造配套土地开发项目等，由河东新城建设开发有限公司以投融资主体和项目法人的资格承担开发建设和管理经营，增加公司资产规模，实现公司经营收入。从政府土地收益中，将部分现金注入公司，作为公司注册资本金的补充货币资金。同时，尝试吸收社会资金或民营资金进入，公司向外转让部分股权，扩大股权融资规模，以此为基础，对城市规划区内的较成熟地块进行投资收储，再选择有实力的开发商合作开发经营收储的土地，或进行经济适用房、廉租房等开发建设经营，逐步增强公司的投融资实力。
呼和浩特市	1. 整合存量，注入资金，打造城发公司实力。在市政府国有资产授权经营的前提下，呼市的城发公司持有热力公司、煤气公司的国有股股权，享有公交总公司的国有资产产权，拥有市内资产价值 2.8 亿元的土地及地上建筑物的经营权、市政设施冠名权拍卖、户外广告经营及经营权拍卖等职权。同时，呼市人大做出决定，同意市财政每年向市城发公司注入不低于 5000 万元的资金，并按财政收入比例，逐年增加投入。市区土地资产收益的大部分经市财政以补贴和资本金形式投入城发公司。呼市在运作中，资金除增加现金流量外，主要用于支付贷款利息，形成放大资金的作用。以年利率 6% 计算，5000 万元可融资 8 亿多元。

续表

地　方	简要介绍
呼和浩特市	2. 依托项目，运作资本，做强做大城发公司。通过合资合作、参股控股，实现城发公司快速扩张。呼市的城发公司现有分公司1个，全资子公司3个，控股公司3个，参股公司6个，初步建立了企业集团框架，增强了信贷融资能力，控制了公司的负债率。其主要做法是利用政府背景优势，依托资源性公益性项目，进行资本运作。
部分开发区	北京金融街、上海陆家嘴、上海张江高新技术产业开发区均采取引入上市公司进行前期土地开发的模式，开发完毕后，给予上市公司一定比例的土地收益，以支持上市公司的运作。比如上海张江园和金桥园的基础建设，就是依托张江高科和浦东金桥两家上市公司实行园区的成片土地开发和基础设施建设，利用上市公司的资本市场融资优势，解决园区前期建设的资金问题。同时，为了确保上市公司的再融资能力，园区会给予公司较好的土地开发回报。比如土地一级开发利润分成，从而有效地支持了上市公司的盈利水平。而且，上市公司也可以获得土地的二级开发权，产业链向下延伸，获得一级和二级开发的双重收益。

3. 完善土地管理政策。实行适应产业转型和新型城镇化建设的差别化供地政策，完善差别化的地价控制标准。健全国有土地使用权供应体系，探索租赁、作价入股等土地有偿使用方式。积极向市委、市政府争取土地指标置换，协调解决新区的土地性质转换及耕地占补问题，适度调整大嵩新区所属镇居民点及独立工矿用地和耕地，不断提高土地利用水平，以增强区域的滚动开发能力。结合新一轮城市总体规划和土地利用规划修编，加大对区域用地的倾斜力度。

六、下步工作建议

（一）统一全区思想

要充分认识到规划建设蓝色硅谷的重要意义，谋划建设蓝色硅谷不仅是加快自身发展的现实之需，更是融入全市大战略的主动之举。通过统一全区思想，增强全区上下工作的主动性和积极性，为加快蓝色硅谷规划建设创造良好氛围。

（二）争取市里支持

在统一全区思想的基础上，要通过各种途径向市里汇报鄞州区蓝色硅谷谋划建设工作，以此争取市级领导和市级有关部门的指导和支持，为加快蓝色硅谷建设创造良好外部环境。特别是在院士等高层次人才引进中，要按照"3315"的引才政策，市级财政应给予支持。对进入大嵩新区的轨道交通规划线，要改变建设时序，及早启动建设。同时，要通过市并由省出面，向国家发改、经信、科技、教育等国家部委汇报，争取国家相关部委批复蓝色硅谷规划，提高蓝色硅谷开发建设的级别和层次。

（三）启动规划编制

规划是龙头和引领，在蓝色硅谷建设初步设想的基础上，抓紧启动蓝色硅谷规划编制工作。建议规划编制由区发改局牵头，规划、国土、交通、农林、水利等部门以及大嵩三镇和鄞州经济开发区配合，高起点规划好蓝色硅谷，进一步明确蓝色硅谷功能定位、发展目标、空间布局、重点任务等，并加强与市级有关规划特别是梅山片区规划的衔接。

（四）完善基础设施

尽早启动区里为主实施的215省道改建、宝瞻公路复线等交通项目以及区域小型水库联网工程、水厂新建等水利项目。加强轨道交通延伸线、咸五线（东钱湖旅游通道）、区外引水工程、亭溪水库、大嵩内部环线等重大项目的谋划和研究论证，并积极向上地衔接，争取市里支持并纳入宁波市新一轮轨道交通规划、梅山片区规划、宁波市城市总体规划等，并在建设时序安排上尽量提前。

（五）搭建工作班子

加强蓝色硅谷建设的组织领导，建议区委区政府成立专门工作领导小组，由区政府主要领导担任组长，由常务副区长担任常务副组长并具体负责该项工作，区级相关部门作为成员单位，下设办公室，设在区发改局。同时，在条件成熟时，建议成立专门的管委会，由相关区领导兼任管委会主任，增设3—5名副主任（专职），中层及以下干部带编并从有关部门、镇（园区）中抽调，全力推进蓝色硅谷招商引资、基础设施建设等工作。

（2018年4月）

关于推进滨海产城融合示范区建设的咨询报告

区委十四届六次全体（扩大）会议提出了"二次创业再出发，两高四好勇攀高"的宏伟目标。滨海新区作为"一带、一廊、一滩、一城、一区、一圈"六大新空间拓展的主战场之一，是鄞州建设"两高四好示范区"的重要一极。近期，区咨询委对滨海区块发展进行了深入调研，对接了相关职能部门，形成如下《关于推进滨海产城融合示范区建设的咨询报告》。

一、充分认识滨海区块开发建设意义

2012年以来，滨海区块开发建设被区委区政府提上重要议事日程，从而拉开大嵩滨海新区开发建设的序幕。行政区划调整以后，滨海新区在新鄞州的地位和作用更显突出，加快滨海区块开发，建设滨海产城融合示范区已势在必行。

（一）滨海区块开发建设是宁波城市发展战略的需要

新一轮城市发展中，市委适时提出了"拥江揽湖滨海"的城市发展战略，重点在"江湖海"上做文章，拓展城市空间，提升城市能级。滨海区块是鄞州唯一的出海口，南濒象山港，东连梅山开发区，北接东钱湖旅游度假区，西临奉化滨海旅居小镇，背山面海，腹地宽阔，区域面积235平方千米。既有深厚的文化底蕴，又有丰厚的自然山水资源，是鄞州乃至宁波市开发建设象山港湾区的重点区块，是宁波城市从"三江"时代走向"海湾"时代的客观需要。

（二）滨海区块开发建设是鄞州城市空间拓展的需要

行政区划调整以后，鄞州在东部新城和南部新城建设的基础上，进一步推进全域都市化进程，以姜山区块为主的田园新城、以环东钱湖为主的钱湖新城和东部滨海区域是未来鄞州城市空间拓展的主区块和经济发展的新引擎，加大力度开发建设滨海区块是鄞州拓展城市发展空间的现实需要。

（三）滨海区块开发建设是鄞州区域协调发展的需要

鄞州作为宁波都市核心区，集聚了市区两级核心资源，但在城市化建设进程中，存在着城乡不协调、区域不平衡的现象。滨海区域相对于其他区域，人均收入低于全区平均水平，人口外流现象频发，在开发建设上与其他区域相比存在着梯度差。未来鄞州要加快区域协调发展，必须补上滨海区块开发建设这块短板。

(四)滨海区块开发建设是巩固鄞州领跑领先地位的需要

未来鄞州要在全省全市继续领跑领先,必须拓展新的发展空间,滨海区块作为未充分开发的区域势必要加快建设。特别是在中美贸易战背景下,区域发展更需要加大招商引资力度,破解土地等要素制约,加快开拓新空间。而滨海区块经过几年的努力,已拥有一定的土地、产业等基础优势,加快滨海区块开发已是大势所趋。

二、科学谋划滨海区块开发建设时序格局

滨海区块启动开发后,取得了一定的成绩。但几经反复,时紧时松,已经明显落后于周边北仑、奉化等环象山港区域发展。新形势下,应根据其资源禀赋和发展要求,加紧科学谋划滨海区块开发建设格局,稳步有序推进区域整体发展。

(一)要咬定滨海产城融合示范区建设目标不动摇

从发展历程看,在滨海区域开发之初,我们是把它作为经济开发区来对待的,经过多年的开发建设,虽然已经具备了较好的发展基础,但由于距离中心城区较远,公共设施配套一直跟不上发展需要,存在着好项目引进难、职工留住难等现象。未来,滨海区块开发建设必须摒弃原有的经济开发区理念,正确处理好产与人、产与城的关系,走产城融合、产城联动的道路。同时积极创造条件,加快建设产城融合示范区,争取纳入省"一带一路"综合试验区和梅山产业集聚区平台范围。

（二）要有序推进滨海产城融合示范区开发建设

一是鄞州经济开发区要加快建设。一期要重点做好改善提升文章。要加快文化、教育、医疗、商业等综合配套设施建设，特别是要建好职工生活集中区，改变企业职工分散居住在各自厂区内的现象。要大力鼓励企业提升发展，扩大总量，加强研发，增强核心竞争力，提高产业层次和工业亩均产出，抓紧培育一批单打冠军、隐形冠军和行业龙头企业，引导规模实力企业上市。二期要重点做好建设招商文章。要加快在建基础设施工程进度，抓紧规划配套市政道路、管网、绿化等基础设施。同时，要充分利用近万亩可开发利用的围涂土地资源，加大招商引资力度，集中力量引进一批先进制造业项目和龙头企业，适时建设小微企业"园中园"，鼓励塘溪、咸祥、瞻岐等镇新增小微企业入园发展。

二是咸祥滨海区块建设要扎实推进。咸祥鹰龙山、横山区域一年中有180天以上是蓝海，陆上又有高速出入口，是鄞州乃至宁波距离蓝海最近的区块，该区块土地指标已部分覆盖，引进项目的启动土地已有保障。目前咸祥镇正在洽谈总投资超过100亿元的融创宁波海项目，建议区政府及相关部门进一步论证规划，借鉴奉化、北仑等地成功经验，以大项目带动该区块开发建设。

三是咸祥球山区域改造要稳妥谋划。鉴于2013年区政府已发布大嵩新区建设公告，明确禁止大嵩新区核心区范围内新建、改建、扩建等建设行为，而大嵩新区核心区建设实际未推进，致使人民群众意见较大，每年两会上，代表、委员均有建议和提案提出，要求统筹球山区域开发和人民生活改善。建议咸祥镇球山区域在建筑体量总体上做减法的基础上，适当改善配套基础设施，整理式改造旧村，严格控制宅基地新批，加大违章建筑拆迁力度，可考虑由政府收购危房后异地安置，避免重复建设造成建设成本增大。

四是塘溪自然人文资源要加强保护。塘溪镇北靠东钱湖，南接滨海区域，是大嵩水系的主要源头，自然人文资源丰厚，应践行"绿水青山就是金山银山"理念，严格整改低、小、散污染企业，引导其升级后迁入鄞州经济开发区小微企业园。同时，以名人小镇为抓手，重点保护好名人文化资源，弘扬地域文化特色。

（三）要正确处理好开发、保护和建设的关系

一要坚持规划"一张图"。滨海区块开发建设应坚持规划先行，原有《大嵩新区空间发展战略规划及概念性城市设计》等规划建议总体上保持大稳定，海洋科技新区、生态服务港湾的目标定位总体保持不

鄞州经济开发区

变，并在此基础上，可以结合新形势和新变化，对原有规划进行小调整，以适应发展新要求。

二要坚持开发一盘棋。滨海区块开发应坚持全区统筹"一盘棋"的思想，坚决杜绝各自为政、分头开发的情况，应在同一规划蓝图下，各镇和鄞州经济开发区在开发建设进程中同频共振，按照规划有序实施。建设中应坚持高起点实施，杜绝低、小、散项目引进，保持开发建设的高品质、高标准。

三要坚持保护开发共赢。滨海区块是鄞州最后一块未尽开发的宝地，森林覆盖率高，水源保护区和象山港保护区均涵盖该区域，开发建设滨海区块绝不能以牺牲资源环境为代价。必须坚持在保护中开发，在开发中保护，把保护挺在前，重点保护好黄金海岸线、海洋资源和山水土地资源，在做好生态环境保护的同时，适度加快滨海区块开发建设，确保开发保护共赢。

三、着力加强滨海产城融合示范区基础设施建设

区域发展，基础先行，建设滨海产城融合示范区，需要优化交通通达渠道，配套公共服务设施，营造滨海产城融合示范区的良好发展环境。

（一）陆上交通要提速

以中心城区至滨海"半小时交通圈"建设为目标，建设便捷、安全、畅通的陆上交通网。一是宝瞻公路复线建设已经刻不容缓。目前宝瞻公路交通流量早已超出设计标准，道路坏损严重，且恶性交通事故频发，严重影响滨海区块交通出行及物资输运，目前工程设计也已

完成，建议尽快启动建设。二是要加快推进全长 16 千米的疏港高速建设。疏港高速的竣工，使滨海区块企业物流的周转更便捷，该项目穿越滨海区块，今年已经启动建设，建议尽快对接市级相关部门实施。三是建议及早立项规划湖海路，连接市区和滨海新区，横穿东钱湖，以人流为主，方便群众出行。四是抓紧论证 S215 规划线，该路线沟通鄞南云龙横溪至滨海区域，方便群众旅游。五是建议尽快与市自然资源和规划等相关部门对接，尽早规划连接中心城区的轻轨项目建设，为滨海区块的生活工作的居民带来便利快捷的出行方式。

（二）海上门户要打开

滨海区块拥有 25 千米黄金海岸线，平均水深 5 米，部分水深超过 12 米，但目前有海无港的交通末端现状制约了该区域发展。一是加快港口码头建设，为该区块发展环境带来质的飞跃。据调查，鄞州经济开发区工业产值已近 200 亿元，60% 以上为临港工业，这些企业对配套建设万吨级码头的呼声很高。建议尽快与市级相关部门对接，尽早争取市级规划中写入鄞州经济开发区临港码头建设项目。二是根据滨海区块山水人文旅游资源丰富特质，建议在横山码头一带布局建设游轮码头等项目，并尽早从象山县收购赎回横山码头产权。

（三）公共配套要到位

一是滨海区块要按照产城融合的要求，集中建设文化、生活、商贸等配套设施，丰富滨海区块居民物质和精神文化生活。二是积极引进职业技术学校，条件成熟时可考虑将鄞州职高整体搬迁至滨海区块，为滨海区块企业量身培训实用技能型人才。三是统筹医疗资源布局，

象山港跨海大桥

建议在咸祥镇和鄞州经济开发区交汇处,建设一家区级医院,解决滨海地区群众看病难问题,促进滨海区块医疗卫生条件改善。

四、积极创新滨海产城融合示范区开发建设体制

(一)探索户籍制度创新,解决"人"从哪里来的问题

近年来国内各地人才争夺战已呈白热化状态,如明星城市深圳将落户门槛降低到大专学历,北仑区推出了"青年北仑计划",河北石家庄更是实施了"零门槛"落户政策。一是针对滨海三镇近年来人口总体呈现净流出现象,建议区政府有关部门在调研基础上制定出台相关政策,率先在咸祥和瞻岐两镇逐步放开城镇户口,积极争抢人力资源,吸引人口往咸祥、瞻岐两镇集聚,凝聚滨海区块人气。二是从滨海三

镇学校师资、校舍资源相对宽裕的现状出发，建议对在鄞州经济开发区工作的新鄞州人子女全面放开就读条件，解决其后顾之忧。

（二）探索投融资制度创新，解决"钱"从哪里来的问题

针对当前财政资金比较紧张的现状，需要创新办法，拓宽思路，积极筹集项目建设资金。一是加强统筹。盘活存量资金、沉淀资金，坚决改变资金碎片化现象，集中财力办大事，千方百计提高财政资金绩效。建议对滨海区域国有资产进行整合清理，综合利用。二是推进转型。通过经营性资产注入、业务优化重组等方式，增强平台公司市场化运作能力，使其是有承担一定的政府投资项目建设的能力。建议积极争取发行滨海建设政府专项债券。三是激发活力。引导社会资本，包括央企、国企、民企、外企等参与开发建设，学校、医院等能够通过民间资本解决的项目，应走市场道路，以减轻政府财政压力，可以引导民资投资货运码头项目。

（三）探索招商机制创新，解决"商"从哪里来的问题

一是在鄞州经济开发区设立"园中园"，平衡招商各方利益。原则上将塘溪、瞻岐、咸祥三镇的新增工业项目和老企业整治项目统一集聚到鄞州经济开发区。二是调整招商引资考核办法，实行谁招商谁受益的原则。对外统一口径报送指标，对内各镇街道和部门考核以招进来的为准，调动全区力量将工业项目集中到鄞州经济开发区。三是激活市场主体力量，探索以企引企和以商引商的方式，通过整体打包式引商，带动滨海区块产业集聚发展。

（四）探索土地机制创新，解决"地"从哪里来的问题

一是覆盖一批。建议与市自然资源和规划等部门做好对接，结合新一轮规划调整，积极争取在沿海中线以南、大嵩江以东区块和咸祥镇鹰龙山至横山区域多覆盖一批规划建设用地指标，保障该区块项目建设。二是调整一批。建议对接市级相关部门，争取将鄞州经济开发区二期规划中部分商住用地和农业用地调整为工业用地，扩大产业发展空间。三是开发一批。针对瞻岐、咸祥、塘溪三镇多低山缓坡的现状，建议适度开发一些低山缓坡，建设一批环境优美的精品民宿和商业住宅。四是盘活一批。对滨海区块闲置土地、闲置厂房等进行排摸，对低效、闲置用地进行清理，腾出新的发展空间。

（五）探索工作机制创新，解决"力"从哪里来的问题

滨海产城融合示范区建设，应加强工作领导，建议从三个方面形成合力。一是领导合力。建议成立指挥部，由区级领导挂帅，统筹部署滨海区块开发建设事宜。二是部门合力。指挥部成员不仅包括三镇和经济开发区主要领导，更应包括发改、自然资源和规划、农林、财政、交通、文化、投资合作、工投公司等相关职能部门主要领导，形成部门统一支持滨海区块开发建设格局。三是工作合力。充分发挥滨海三镇和经济开发区积极性，结合"奋战七大行动主战场，建功两高四好示范区"竞赛，发动社会人员参与，加快推进工作进度，凝聚滨海产城融合示范区建设工作合力。

（2019年4月）

关于实施"三区三十"方略
打造美丽田园新城
加快推进姜山城市化建设的咨询报告

鄞州实现新一轮跨越发展需要谋划新的发展战略，开拓新的发展空间，作为宁波城市南大门的姜山镇具有优越的资源禀赋，是鄞州未来重要的增长极。区咨询委对姜山发展进行了多次调研，形成了《关于实施"三区三十"方略，打造美丽田园新城——加快推进姜山城市化建设的咨询报告》。

一、优势分析

素有"鄞南重镇"之称的姜山随着新一轮行政区划调整，其区位、人文、产业、政策等方面优势更加凸显，有望通过加快城市化建设，打造成为富饶和美、和谐安康、人文昌盛、宜居宜业的美丽田园新城。

（一）区位优势在提升

新一轮城市总体规划修编在即，姜山已经被纳入宁波中心城区功能布局范围，将承接起城市功能外溢、城区人口外聚和相关产业外移功能，切实缓解中心城区人口、交通、就业、医疗、教育等诸多压力，成为鄞州至关重要的"增量拓展区"。毗邻奉化区，连接奉化方桥物流园区，使其有望成为统筹宁波南部未来发展的"桥头堡"。宁奉城际轨道交通经过姜山，使得姜山的交通区位优势进一步提升，为打造宜居宜业宜游的美丽田园新城打下了基础。

（二）人文优势在提升

姜山镇域面积 88 平方千米，占鄞州行政区划面积的十分之一，常住人口已集聚到 15.8 万人，比行政区划调整前的 2016 年增加了 1 万人，呈加速状态。姜山是典型的江南水乡，既有 76000 多亩农田的生态风貌，又有深厚的文化积淀，"天下进士第一村"走马塘村、距今 6500 多年的新石器时代遗址董家跳村落遗址、大桥头村遗存、范钦墓、茅山师范读书会等历史文化资源亟须挖掘发扬。

（三）产业优势在提升

姜山是鄞州的工业强镇，域内鄞州工业园区为省级工业园区，拥有知名企业奥克斯集团等。行政区划调整后，姜山产业优势更加突出。2017 年全镇完成地区生产总值 114.4 亿元，比 2016 年增加 14%；财政收入 22.7 亿元，比 2016 年增加 53.8%；工业总产值突破 515.5 亿元，占全区四分之一。截至 2017 年，姜山规上工业企业达到 209 家，居全区之首。重点发展的智能家电、高端汽配、新材料、新一代信息技术、高端装备五大主导产业态势喜人，正抢抓宁波"中国制造 2025"试点示范城市建设的机遇，加快打造千亿级智造强镇。

（四）政策优势在提升

当前，姜山正在由"中心镇"向"卫星城"转变，能享受到关于卫星城建设的规划、土地、财政等相关政策红利，获得改革创新的政策优待。另外，在综合执法、社会事务管理、城乡统筹保障等方面，关于卫星城建设的项目均能够享受到更多的政策优惠。

二、发展定位

针对新的区域发展态势，姜山新一轮发展目标及总体定位是：以城市南扩战略要地为目标，以建设卫星城为标准，按照"经济发达、社会和谐、资源节约、环境友好、文化繁荣、生活宜居"的建设理念，加快推动由镇向城跨越，努力建设美丽姜山，着力把姜山建设成宜居新城样板区、现代产业集聚区、乡村振兴战略先行区。

（一）宜居新城样板区

就是要抓好城乡一体化建设，以卫星城建设为抓手，全面融入三江片，成为宁南副中心，加强道路、管网、通信等基础设施建设，高标准配套教育、卫生、文化等公共服务设施，成为宁波都市核心区的南大门和统筹南三县区的桥头堡。

（二）现代产业集聚区

就是要抓好新型工业化建设，以城促产，以产兴城，布局省级智能家电产业园，发展生产性服务业，对传统产业进行改造提升，打造智能制造集聚区、生产性服务业集聚区和转型升级先行区。

(三）乡村振兴战略先行区

就是要抓好农业现代化建设，将三产融合的理念融入乡村振兴战略实践，大力发展设施农业、观光农业、生态农业，逐步打造城市社区、村落社区和田园社区；不断提升农民素质，增强农民技能，提高农民收益，成为鄞州乡村振兴战略实施的样板。

三、实现路径

依照目标定位功能框架，姜山新一轮跨越式发展要切实转变路径，建议重点做好三篇融合文章，建设三个十平方千米示范区：

（一）做好空间融合文章，建设十平方千米宜居新城样板区

1. 注重城市规划对接。一是重新编制十平方千米田园新城规划，要与市区的控规、土地利用总体规划相衔接，既体现美丽田园新城的整体设计感，又凸显地域的整体风格特色，在保持宁波城市总体风格的前提下，突出姜山田园新城的美丽风范。二是规划中要充分保护和尊重现有农村地形地貌、田园风光、农业业态和生态红线，突出乡村民居、风情等人文特色，促进城市、村落、耕地、水系相互交融，形成"园在城中、城在田中、人在园中"的自然朴素生态和谐之美，形成城市与农村和谐相融，良好民风与现代文明交相辉映，大城小镇嵌田园的整体风貌。

2. 注重基础设施对接。一是加快姜山与都市核心区基础设施对接，实施广德湖路和宁南南路南延工程，改造天童路；利用宁奉城际轨道交通穿过姜山，综合开发宁奉城际铁路站点，进一步完善姜山城乡公共

交通建设；加快场站设施、照明亮化、景观绿化等配套设施建设。二是完善水电通信等生活设施，优化输电线路配置，建设污水管网，提升城乡供水管网，加快管网"地下化"力度，提前谋划建设地下管道综合走廊，优化城乡市政基础设施。

3. **注重城市服务功能对接。**一是按照高品质优质生活圈的要求，实行宜居、产业、休闲的建设策略，即分别承担都市核心区居住、教育、研发、物流等功能；承担智能制造、高新技术、都市工业和现代服务业转移功能；承担文化休闲、旅游、生态涵养等功能。高标准精细化做好都市功能配套，按照城市管理服务人口规模，配套高品质教育、文化、卫生等现代公共服务，配套现代商务商业，提供高效政务服务，营造良好生活、居住和营商环境。

（二）做好产城融合文章，建设十平方千米现代产业集聚区。

1. **建设智能制造集聚区。**突出工业 4.0 导向，建议在本次城市化建设规划中，对鄞州工业园区的规划进行适时调整，千方百计向上争取扩容，建议往鄞城大道朝阳的西南方向扩展，近期从 4 平方千米拓展到 10 平方千米，远期规划预留 20 平方千米，通过扩容，争取布局省级智能家电产业园。二是结合鄞南智造园三年行动计划实施，以"智能制造"为主方向，进一步做强智能家电、新材料、高端汽配等主打产业，注重全产业链建设，注重主打产业上下游配套建设，建设智能家电小镇，将"智能制造"培育成为姜山的优势和特色。

2. **建设生产性服务业集聚区。**一是承担作为鄞州乃至宁波连接南部三县区的桥头堡枢纽功能，按照现代都市工业区的建设标准，高起点发展现代服务业，重点发展生产性服务业。大力发展工业设计、电子商务、智慧物流、生产资料、高端建材市场等生产性服务业和科技金融服务业，进一步增强经济发展动能，为智能经济、优势产业、新经济等姜山不同经济形态协调发展做好支撑。二是在园区内布局发展高端商务楼宇、人才公寓，适当配置必要的文化娱乐、生活配套设施，方便职工的生产生活；引进职业技术学校，为园区提供人才资源支撑；促进园区内部功能复合化，努力建设现代产业、现代城市、现代生活服务三位一体的现代产业城市，促进产业园区向城区靠拢，产业活动向园区集中，城市功能向园区拓展，构建要素匹配、功能齐全、服务完善的"产业—城市"空间复合体。

3. 建设转型升级先行区。一是重点改造原姜山星火工业区，做好存量提升文章。对原姜山星火工业区块实行退二进三策略，优化区块布局，调整为城市功能。二是实行"腾笼换鸟"，将原区块骨干企业逐步迁入鄞州工业园区，坚决淘汰落后产能，培育高端汽配、高端装备、新一代信息技术等优势产业，积极布局人工智能、健康产业、动态感知、互联网+等以数字经济为代表的新兴产业，在新一轮产业变革中抢占制高点，建设省内信息经济高地。

（三）做好城乡融合文章，建设十平方千米乡村振兴战略先行区

1. 建设现代农业项目。一是建设一批设施农业项目，结合田园综合体项目实施，以精品蔬菜产业园为代表，探索市区政府部门、企业、产业基金等共同开发机制；依托丽水片区黎山后村等资源，打造万亩智慧设施农业，改革探索在永久农保田发展高端设施农业，建设蔬菜设施品牌。二是建设一批生态农业项目，包括以农牧结合示范园和生态立体种养为代表的循环农业项目，以精品果蔬生态种植基地提升项目为代表的有机农业项目，发展绿色农业、循环农业、无公害农业和有机农业，实现农业无污染、零排放、循环利用和绿色有机。三是建设一批观光农业项目，利用绕城高速和同三高速绿化带大力发展油菜花、紫云英、向日葵等彩色农业、花海田园。四是结合姜山西南片农文旅综合体建设，建设一批体验农业项目，让城市居民能够走下来体验现代农业、农耕文明和地域特色文化。通过建设农业特色产业体系，争创省级现代农业园和国家级一二三产业融合发展示范区。

2. 建设现代新型农村。按照姜山不同区位发展变化，根据人口集聚的现状和规律，在不同区块建设三类社区，建设现代新型农村。一是在城乡接合部建设"城市社区"，顺应城市化进程，在鄞州工业园区、镇中心区及姜山靠近绕城高速接近首南地段加大新村建设力度，逐步按照城市社区的标准规划建设，大力推进集体建设用地租赁房建设，提高村级集体收益。二是在姜山西南片区建设"村落社区"，具体

多彩农业美丽田园示范基地

在茅山片区重点建设农文旅综合体，利用走马塘、董家跳等文化资源，连点成线，连线成片，挖掘进士文化、村落文化、民俗文化等江南水乡文化内涵，发展旅游观光农业和民宿经济，建设具有文化特色的村落社区。三是在姜山东南片区建设"田园社区"，以丽水片区为主，结合港城农业示范园等基地建设，大力发展设施农业和家庭农场，建设农业综合体，以农业自身产出来提高农业收入。

3. 培育现代新型农民。按照城市化建设的进程，全面提升姜山居民整体素质，逐步推动农民向市民转变。一是实施文明素养提升工程，全面开展群众性精神文明创建活动，评比表彰群众身边的道德模范，创建省级文明镇，创建文明社区、文明单位，营造浓郁的文明氛围，全面提升姜山居民文明素质。二是实施农民技能提升工程，结合姜山产业发展变化，通过和职业技术学院等进行合作，组织有针对性地技术技能培训，提高农民就业致富能力。三是实施农村引才工程，适应现代农业发展的需要，建设现代农业创业创新基地，从源头上引入现代农业创新人才、大学生和实用技能人才，在人才政策上给予优惠，全面提升农业生产力。

四、要素保障

姜山建设美丽田园新城，推进城市化建设，需要市区两级从战略层面加快谋划，加大支持和保障力度。

（一）组织保障

一是深化卫星城建设体制改革。按照卫星城建设三大功能板块，创新行政管理体制，设置城市建设、产业发展、乡村振兴三个组，配备三名专职副书记分管三条线。成立区主要领导为组长，区发改、经信、农林、国土、住建、规划等相关部门为成员的区姜山卫星城开发建设领导小组，办公室设在姜山镇，统筹推进各项工作。同时，加强鄞州工业园区班子建设。二是充分落实卫星城政策。按照"权限下放、权责一致、高效集约"的原则，进一步完善国土、环保、税务、财政等部门在姜山的分支机构，进一步下放政策到卫星城，给予姜山镇在财政等方面的卫星城政策优惠，提升办事效率，凝聚发展工作合力。

（二）规划保障

跳出传统区域发展的线性思维模式，坚持规划先行，深化"绿色、现代、智慧、开放"的理念，对姜山片区进行统筹规划。一是要树立一、二、三产业融合的理念，按照卫星城的要求进行开发建设，各项设施标准不低于中心城区。二是严格控制建筑密度，推进建筑风格与田园风光交融。三是创新外来人口流动机制，推进户籍制度改革，吸引各类人才集聚。四是把握有序开发方略，尽早开发地铁区块、产业园区、田园综合体等成熟资源，同时适当进行留白，预留未来城市南扩功能转换的空间和弹性。

（三）投入保障

一是加大财政支持力度。制定姜山镇发展专项行动计划，承接好宁波市卫星城试点的相关政策权限，争取市级财政每年给予专项投入，区财政按照同等比例进行配套，逐步加大对姜山开发建设的投入。二是引入社会力量参与建设。推进城市建设投融资体制改革，引入企业等社会资本进入基础设施、公共服务领域，引导社会资本参与建设管

理,推进投资主体多元化。三是集聚金融资源配置。借四明金融小镇平台资源,引入商业银行在姜山设立分支机构和营业网点,建立金融单位联合体,给予姜山开发建设更大的信贷支持。

(四)资源保障

一是深化改革保障。探索机制创新三年试点,重点在土地流转、股份制改造、农村社区建设等方面进行改革,变农民为市民,为姜山由镇向城转化打下基础。二是考核评价体制驱动资源集聚。探索尝试"卫星城"考核试点改革,突出美丽理念在考核中的牵引,增加生态环保等体现美丽姜山的考核指标权重。区里要在姜山新村建设政策方面给予倾斜,集聚更多资源建设美丽田园新城。三是加大土地开发利用保障。在严格保护永久性农田的基础上,结合"亩产论英雄"政策落实,依法依规盘活城镇建设用地,适当调低农田比例、粮供区种植面积,对符合条件的项目给予用地支持,为一、二、三产业融合发展积极创造条件。

(2018 年 7 月)

关于整体推进邱隘老镇区拆迁建设的咨询报告

邱隘镇位于宁波核心城区东面，是鄞州首批全国小城镇建设综合改革试点镇、首批全国文明镇、全国综合实力"百强镇"。2003年以后，邱隘镇包括老镇区在内的近一半区域被纳入宁波市东部新城规划范围。随着东部新城开发建设的快速推进，东部新城核心区"新颜"与邱隘老镇区"旧貌"形成了巨大反差，老镇区已成为东部新城建设中一块"难啃的骨头"和"最后一个堡垒"，严重影响了东部新城的整体形象。近期，区政府咨询委对邱隘老镇区进行了实地调研，并多次举行专题研讨，现就加快邱隘老镇区整体改造建设形成如下咨询报告。

一、现状及困境

邱隘镇区域面积达22.82平方千米，下辖14个行政村、6个社区居委会和1个渔业社，户籍人口为4万人，非户籍常住人口有6万人。其中邱隘老镇区北起后塘河，南至萧甬铁路北仑支线，西至盛莫路，东至东外环，区域面积为2.78平方千米，现有户籍人口1.8万人，非户籍常住人口2.2万人。近年来，由于邱隘镇逐步从乡镇向中心城区发展，工作重心因此发生转移，整体发展呈现四个特征。

1. 经济发展高开低走。20世纪八九十年代起，邱隘镇一直是全市经济的排头兵，由于东部新城开发建设需要，大批企业外迁，规上工业企业由2008年的63家减为2019年的27家，规上工业产值由60亿元下降至18亿元。三产服务业发展缓慢，限上服务业2019年较2008年下降30%，地区生产总值绝对值虽然从2008年的29.5亿元增加到2019年的46.5亿元，但增幅由两位数变为个位数，剔除房地产因素，增幅明显低于周边乡镇。从整体上看，邱隘镇原有优势正在丧失，新的优势尚未形成，对全区经济的贡献度在下降，经济发展呈现高开低走格局。

2. 城镇面貌反差强烈。东部新城核心区市政配套设施建设到位，生态走廊已成城市绿肺，银泰城商圈集聚效应凸显，明湖全面开挖建设，呈现生机勃勃的现代化都市新区面貌。而邱隘老镇区建成于20世纪80年代，房子结构多为两层连体住宅，配套设施不全，存在墙面老化、屋顶漏水、道路破损、下水管网不畅等突出问题，已经沦为典型的城中村、城中镇。由于先天硬件不足，每年政府为此付出的修缮资金已成"无底黑洞"，且与现代化都市形象格格不入。

3. 社会治理难度加大。东部新城涵盖区域已经实现了现代化管理，现在邱隘镇实行的是城市标准和农村标准双重管理模式，管理模式差异导致老镇区社会治理矛盾突出。同时，老镇区人口密集，外来人口多，滋生出违章搭建多、跨门行业杂、小区噪音大、垃圾分类难等问题，出现了较为严重的脏乱差现象，这些难题既降低了居民的生活质量，影响了居住环境，还易引发社会矛盾，增加了治理难度。

4. 民生事业滞后明显。同样列入东部新城规划区范围，核心区内一批高起点的道路、医院、幼儿园、小学、中学等公共配套设施纷纷建成或开建。而老镇区规划被东部新城控制，只能维持现状，社会民生项目基本未动，民生设施仍处于20年前的水平，交通堵塞严重，距满足镇区老百姓需求有很大的距离。

在调研中，我们深深地感受到邱隘干部群众对老镇区未来发展的强烈担忧和迫切意愿。

1. 发展压力大。多年来，无论是经济竞赛还是综合实力排名，邱隘镇各项指标都缺乏竞争力，整体综合指标逐渐下行，2019年度目标管理考核名次已从第4跌落至第7。干部群众和社会各界极为关注邱隘老镇区的发展，每年均有人大代表、政协委员提出关于加快老镇区发展的建议，急切期盼老镇区能够加快转型发展。

2. 环境压力大。邱隘镇紧邻宁波市政府，是宁波文明城市创建的重要节点，但老镇区地势低洼，道路平均标高低于东部新城1米以上，虽然近年来政府实施了管网改造、污水内清的工作，但没能从源头上将污水管网铺设到位，每逢台风和洪涝灾害，老镇区积水严重，下水管道堵塞倒灌，形成水环境二次污染，未来如果老镇区建设跟不上发展节奏，市里新建的明湖有可能变成"臭湖脏湖"。且由于各类管线未统一入地，空中电线电缆横拉，有碍环境美观，与文明城市创建高标准相差甚远，严重影响城市品质提升。

3. 安全压力大。老镇区建筑房屋多数年代久远，基础设施陈旧落后，几十年间，虽有过数次改造维修，依然存在严重的安全隐患。根据对老镇区133间公房摸排调查的结果，30%以上为危房，安全形势不容乐观。同时，部分乱拉乱扯的架空电线，由于使用时间较长，普遍存在线路老化现象,安全状况堪忧。

4. 稳定压力大。由于老镇区长期得不到发展,老百姓意见越来越大,随着一些历年积累的问题逐渐暴露,群体性事件频发,以上访为例,近年来呈愈演愈烈之势,仅2019年群众到省市上访就达50余人次,网上投诉多达300多条,信访矛盾和社会舆论突出,社会稳定压力巨大。

5. 拆迁压力大。根据初步民意调查,一方面,95%以上群众拆迁意愿强烈,另一方面,随着时间的推迟,拆迁成本高企,群众期望值不断攀升,群众工作越发难做,久拖不决的话,拆迁压力只会越来越大。

综上所述,邱隘镇发展既有历史基础,又面临着一系列发展困境,特别是对比东部新城的高规格建设,在不到两千米的距离内,一边是

邱隘老镇

现代化的未来新城,一边是 20 世纪 80 年代的农村集镇,一个是未来城市高地,一个是发展洼地,老镇区和东部新城的强烈反差,致使邱隘镇干部群众对老镇区开发建设呼声日益强烈,已经到了非改不可的地步,开发建设应尽早提上议事日程。

二、方案及选择

根据邱隘镇发展现状和面临困境,我们认为发展是解决一切问题的关键,老镇区只有加快发展才能破解目前困局,整体谋划推进老镇区拆迁建设的时候到了。

(一)高度重要性

1. 从国家层面看,国家已经把构建以经济内循环为主、国内国际经济双循环相互促进的新发展格局作为经济发展的长期指导方针,而新型城镇化作为经济内循环的主要发力点,国家正进一步加大政策扶持力度,预计将带动有效投资 20—50 万亿元用于老旧小区改造等项目,邱隘老镇区必将迎来难得的发展契机。

2. 从省级层面看,省委响应国家注重经济内循环的号召,明确提出要在全省特别在杭州城西科创大走廊一带全域布局未来社区建设,并专门出台大力度的政策文件,这意味着邱隘老镇区改造迎来难得的机遇。

3. 从市级层面看,邱隘老镇区高质量建设发展关系到宁波"拥江揽湖滨海"战略的实施和城市能级提升,作为宁波东部新城建设的一个重要节点,及早补上邱隘老镇区发展建设短板已成共识。

4. 从区级层面看,邱隘老镇区发展建设关系鄞州新型城市化建设,

是解决鄞州城市化进程中发展不协调、区域不平衡问题的迫切需要。

5.从镇级层面看,邱隘要发展、邱隘老镇区要建设,已成为邱隘全镇人民的共识和强烈呼声,干部群众期盼老镇区加快改造建设,尽早实现从老镇区到现代化都市新城的蝶变。

(二)方案比较性

根据调研,在参考成都宽窄巷子对原有商贸业态进行梯度升级、南京夫子庙建设城市商业中心等多地老旧镇区开发建设经验的基础上,我们认为,邱隘老镇区开发建设有两套方案可供选择。

1.有机更新方案。针对老镇区房屋建造年代早、下水管道系统不畅、线路老化架空、公共服务设施落后等问题,重点改善居民居住条件、完善居住功能和提高环境质量,以修旧改旧为重点,对老旧小区进行有机更新式修缮改造。一是进行安全隐患大排查,将排查结果按照一般老损、严重老损、疑似危险等进行分类,摸清底数。二是制定改造修缮方案。对不同区块按照排查情况制定不同的修缮方案,分为成套改造、综合改造、设施改造等,明确改造内容,统一改造标准。三是会商民意实施改造。针对老镇区存在的问题,在会商民意的基础上,确定改造内容和具体科目,规范技术管理,落实改造项目。有机更新方案,操作弹性相对较大,但治标不治本,解决不了雨污分流、道路标高偏低等实质问题,虽然一次性投入资金和牵扯的精力相对较少,但累计投入反而更大。

2.整拆整建方案。整拆整建模式就是对邱隘老镇区进行整体规划和拆迁建设,但又不是简单的推倒重来,而是对原有集镇形态的改变,是对原来商业业态的升级。在充分征求群众意见的基础上,本着尊重群众意愿的原则，剔除历史文物保护范围，确定老旧小区重拆重建范围和标准，对居民小区及其周边设施进行拆除，一劳永逸解除老旧小区各类安全隐患及问题，对标现代化都市，前瞻性建设新城市商业中心，发展繁荣城市商贸经济。整拆整建方案虽然工作量巨大，涉及规划、动迁、资金占补平衡等，但能从源头上解决老镇区的发展问题。

（三）方案可行性

综合分析两套方案，应该说有机更新方案和整拆整建方案各有利弊，但整拆整建更有利于长远发展。

1. 从城市建设维度看，邱隘老镇区危旧房多，地势低，有保留价值的历史建筑少，光靠有机更新解决不了根源问题，而整拆整建能够彻底解决老镇区发展迟缓问题，从根本上改变区域发展态势。

2. 从社会治理维度看，邱隘老镇区环境脏乱差，属于典型的城中村，加上外来人口众多，社会治理难度大，要提升社会治理水平，必须对原有老镇区进行整拆整建，引入先进的治理理念模式，全面革新老镇区社会治理水平。

3. 从资金平衡维度看，整拆整建方案所需资金数额巨大，但从综合测算看，如果争取未来社区建设政策，2.78平方千米老镇区范围内，初步预估土地出让金收益250亿元，拆迁建设安置成本240亿元，市政道路建设费6亿元，公共绿化建设费1.5亿元，基本能实现资金占补平衡（见附件）。而有机更新方案看似短期内耗资不大，但因每年都需修修补补，累计投入的资金反而会更多，给政府造成巨大的财政压力。

4. 从群众期盼维度看，邱隘老镇区干部群众期盼高品质的生活，经过多年的修修补补，虽然短期内解决了一些问题，但安全风险不是

在减小而是在增大,有机更新老路已经难以为继,必须走整拆整建路线,高标准规划建设,大幅提高居民生活品质。

两种方案对比,我们认为与其治标不如治本,与其长痛不如短痛,与其被动等待不如主动出击,我们建议尽快实施邱隘老镇区整体拆迁建设,为邱隘乃至全区全市发展注入强劲动能。

三、目标及定位

根据邱隘老镇区实际情况,邱隘老镇区拆迁建设应按照未来城市治理方向,目标为建设未来社区,定位为现代新型商贸小镇。

(一)建设目标:未来社区

就是以满足群众对美好生活的向往为中心,在邱隘老镇区全域布局建设未来社区,精心谋划未来新型城市功能单元,建设未来城市。聚焦人本化、生态化、数字化三维价值,着眼于未来邻里、未来教育、未来健康、未来创业、未来建筑、未来交通、未来低碳、未来治理、未来服务九大场景创新。将数字智能、节能环保等前沿技术落地应用,培育新模式、新业态,促进高质量发展。坚持问题导向,以老旧建筑改造、交通出行改善、智慧设施升级、公共服务提速为重点,着力增强群众幸福感、获得感和安全感,创造高品质生活。

(二)功能定位:现代新型商贸小镇

就是要走新型城镇化道路,与东部新城核心区错位发展,根据邱隘老镇区人口集聚度高、传统商贸经济发达的特质,建设吃、住、购、娱乐为一体，富有"烟火气"的现代步行街，打造特色创意街区；按照文明城市的标准抓好街区治理和文化街景建设，扮靓街区文明形象，精心培育街区文明内涵，通过智慧化管理，打造现代文明街区，建设富有特色的现代新型商贸小镇。

（三）开发路径

1. 整体规划与单体设计并重。坚持系统开发建设的思想，对老镇区进行系统化规划，从以前的"造房子"向"造社区、造生活"转型；高起点规划老镇区开发建设蓝图，主动将老镇区规划对接并融入东部新城规划，按照规划高起点建设邱隘老镇区。对每一个小的建筑单元进行精心设计，突出每个建筑单体设计的时尚风格，又注重与整体规划建设风格的融合。

2. 产业培育与城市建设并行。坚持产城融合的理念，既重视城市建设，更注重产业培育，走高质量发展道路。一方面，拉高镇区建设标杆，对标东部新城，以现代都市新城的标准改造老镇区，努力建设具有现代都市气质的城市新区；另一方面，重视老镇区产业发展，重点对老镇区原有商贸经济进行提档升级，积极培育经济新业态、新模式，发展繁荣现代商贸经济。

3. 促进就业与鼓励创业并进。针对未来经济发展的严峻形势，按照中央"六稳六保"要求，把老镇区原有居民就业放在突出位置，积极促进老镇区居民就业，通过发展夜经济、地摊经济等想方设法创造就业岗位，为老镇区居民就业提供便利。探索未来经济发展，鼓励居民创业，建设邱隘众创平台，配套人才公寓，为引进生产力源头活水提供硬保障。

4.重点突破与滚动推进并举。在做好老镇区开发建设规划的基础上,实行稳扎稳定、有序推进、滚动开发的办法,编制邱隘老镇区改建项目库,坚持拆迁、建设两条腿走路,选择一个重点项目为突破口,集中精力建好项目,一边拆迁一边建设,成熟一个项目开发一个项目,办好一件实事接着一件实事,保障项目开发建设的高质量。

四、对策及建议

根据邱隘老镇区建设方案选择和未来目标功能定位,建议从人、财、地、商、制五个方面推动老镇区整拆整建,积极争取到上级政策支持,早日将老镇区拆迁建设落地实施。

(一)在"人"方面

要走产、城、人高度融合的新型城镇化道路,留住老镇区原住民,努力保持和进一步繁荣区域经济。一是引导原住民原地就业,规划老镇区商业步行街,保留原有商业,升级商业业态,对原有营商人员进行培训,为原住民就业创造条件。二是拓展就业创业渠道,在原有集市基础上,增进周末市场、夜市、跳蚤市场等不同形式,引入非遗项目丰富商贸内涵,建设创意街区,积极创设居民就业创业岗位。三是鼓励大学生来老镇区创业,在"网红"经济、直播带货等新经济领域引进大学生和紧缺实用人才,建设现代商贸特色人才社区,在租房、落户等方面为引进人才提供便利。

（二）在"财"方面

要按照人民城市人民建的思路，建立多元投融资机制，向上全力争取政策支持，向外积极引进资本，向内充分调动各方积极性，集中财力办大事。一是争取未来社区优惠政策。积极争取未来社区项目落地邱隘老镇区，在土地出让金受益方面，争取上缴市级30.2%比例全部返还，实现邱隘老镇区整拆整建财政收支基本平衡。二是争取引入银行融资。积极争取引入国家开发银行或者中国建设银行等，对邱隘老镇区城镇基础设施建设进行融资，推动老镇区城市化进程。同时，引入大型国企、央企、民企和外资等社会资本参与开发建设，发展教育、卫生、文化等公共服务项目，减轻政府财政压力。三是充分调动各方积极性，坚持资金闭环管理，实行谁投资、谁负责、谁收益的原则，强化各建设项目资金严格自我管理，力求资金效益最大化。

（三）在"地"方面

要坚持节约集约导向，高效利用好每一寸土地，实现土地利用率、产出效益和边际收益的最大化。一是秉持城市建设的新理念，人口密度按照每平方千米2万人的标准，合理布局居住空间，集聚老镇区人口。二是注重老镇区土地产出，重点建设未来新平台、产业新高地、城市新单元，提高土地产出效益。三是集聚规划公共文体、卫生、健康、教育等公建项目，提高土地使用率。同时，争取市区重点公建项目向老镇区倾斜，提高公建设施配套水平。

（四）在"商"方面

要注重招大商招好商，引进落地一批商业好项目。一是探索招商

机制创新,在邱隘老镇区设立招商中心,统筹老镇区开发建设项目招商工作。二是激活市场主体力量,重点按照现代新型商贸小镇的功能定位招商引资,探索企业招商和以商引商的方式,通过整体打包式招商,落地一批好项目,带动邱隘老镇区产业集聚发展。

(五)在"制"方面

要坚持政府主导、市场主体、公众参与、社会协同的原则,充分发挥好政府和市场两个积极性。一是政府做好规划引导,进行全过程有序控制。积极对接省未来社区产业联盟,引进大型国企、央企、民资、外资,探索"全过程咨询+工程总承包"建设模式,让企业作为一个整体参与邱隘老镇区建设运营。二是集中资源办好老镇区开发大事,建议借鉴原长丰、潘火开发建设经验,成立邱隘老镇区开发建设指挥部,由副区级领导挂帅,吸纳区发改、财政、自然资源和规划、住房和城乡建设、文体旅游等部门为领导小组成员,成立邱隘老镇区开发建设工作专班,抽调工作人员专门负责老镇区拆迁建设工作。三是积极做好风险评估,对老镇区开发建设中遇到的各类廉政、安全、经济等风险进行评估,形成安全预警机制,为老镇区开发建设提供保障。

附件:邱隘老镇区整体拆建资金平衡测算

(2020 年 8 月)

附件：

邱隘老镇区整体拆建资金平衡测算

一、总体拆建测算面积

邱隘镇老镇区区域范围2.78平方千米（4170亩），现有户籍人口1.8万，非户籍常住人口2.2万。现有村民集体住宅建筑面积115万平方米，国有住宅建筑面积80万平方米。国有非住宅建筑面积25万平方米，国有商业建筑面积20万平方米。村级集体厂房20万平方米。总计建筑面积260万平方米。

二、规划建设用地结构

1.（1）居住用地60%；（2）绿地10%；（3）交通设施用地10%；（4）公共管理与公共服务用地10%；（5）河流面积10%。

2.该区域内居住用地4170亩*60%=2502亩。绿地417亩；交通设施用地417亩；公共管理与公共服务用地417亩；河流面积417亩，合计1668亩。

三、整体拆迁建设按照成本测算（236.25亿元）

1.国有集体住宅：建筑面积195万平方米，建基成本按建筑面积7500元/平方米（包括土地费、建安成本、财务费用）测算，过渡补偿费按建筑面积2000元/平方米测算，合计185.25亿元。

2.国有商业：建筑面积20万平方米，建基成本按8000元/平方米（包括土地费、建安成本、财务费用），过渡补偿费按建筑面积2000元/平方米测算，合计20亿元。

3.国有非住宅：建筑面积25万平方米，建基成本按6000元/平方米测算，合计15亿元。

4.村级集体厂房：建筑面积20万平方米，采取一次性货币结算，按8000元/平方米测算，合计16亿元。

总计：拆迁建设安置成本236.25亿元。

四、土地出让金收益（248.4亿元）

按规划建设用地结构、居住用地结构的60%算，共计2502亩。国有、集体住宅建筑面积195万平方米，需建设安置房，容积率按2.0测算，需建设用地1464亩。

可净出让住宅土地：计1038亩，按容积率2.0测算，可建住宅建筑面积138万平方米，出让金按楼面地价18000元测算，土地出让金收益248.4亿元。

五、市政道路、公共绿化建设资金（7.22亿元）

1.市政道路按照每平方千米7千米测算，计19.4千米。按每千米3000万元造价，合计5.82亿元。

2.公共绿化面积28万平方米，按照每平方米500元造价，合计1.4亿元。

六、人口密度按每平方千米20000人测算，常住人口55600人

综上，出让金收益248.4亿元，拆迁建设安置成本236.25亿元，市政道路建设费5.82亿元，公共绿化建设费1.4亿元，不可预计成本4亿元，收支基本平衡。

关于鄞州中心城区存量土地挖潜利用的咨询报告

土地是城市经济发展的基本要素保障，土地问题是关系我区经济社会发展的全局性、根本性、战略性的问题。随着城市化进程的快速推进，鄞州发展城市经济面临着土地资源要素制约。如何破解土地供需矛盾，进一步盘活中心城区土地资源，区政府咨询委调研走访了国土、规划等相关部门，对中心城区土地资源利用情况进行了全面摸排，分析了中心城区存量土地在开发利用中存在的问题及其原因，提出了相应的对策举措。

一、鄞州中心城区土地资源利用现状

本次调研范围是中心城区 115 平方千米范围以内土地资源利用情况。截至 2017 年底，鄞州中心城区有农用土地 31185 亩，建设用地 128370 亩，未利用土地 14160 亩。其中新增建设用地 5145 亩，永久农田面积 21795 亩。

1. 从利用情况看，鄞州中心城区存量土地主要有分批而未供、供而未用（闲置土地）、用而未尽（低效用地）三个问题。其中批而未供土地数量大、年份久、情况复杂，总数达到10892亩，时间跨度从1999年到2017年，特别是2012年批而未供土地百日行动，以及2013年批而未供土地消化专项工作，供应的项目大多为虚拟包装项目，后续处理消化困难。供而未用土地面广量大，共34宗，土地面积807亩。按照时间分，超过合同约定开工时间一年以上的有5宗，面积79亩；超过合同约定开工时间2年以上的有29宗，面积728亩。用而未尽土地利用程度普遍不高，平均容积率仅0.59，面积达到9117亩。另外，鄞州中心城区还有一批未开发利用的边角地，数量暂未统计。

2. 从土地性质看，鄞州中心城区存量土地主要分工业用地、商业服务业用地、住宅用地、交通用地、公建项目用地和其他用地。其中工业用地3818亩，商业服务业用地3083亩，住宅用地8935亩，交通用地774亩，公建项目用地5149亩，其他用地59亩。

3. 从空间分布看，鄞州中心城区存量土地分原鄞州区块、原江东区块，及镇（街道、园区）等。批而未供土地中原鄞州区占5380亩，原江东区占5512亩；供而未用土地涉及所有镇、街道和工业园区；用而未尽土地主要分布在下应街道、钟公庙街道、首南街道和新城区区块。

另外，因与现有城市规划不符合而需要改造提升的土地有14400亩，其中在甬江东南岸、三江口核心滨水、长丰—宁丰滨江、宁穿路、仇毕、潘火和前殷区七大区块中共有4980亩。

二、鄞州中心城区存量土地利用存在的问题及其原因

当前,鄞州正深入实施"名城强区"战略,加快推进都市核心区建设,建设高品质城区要求土地资源要素集聚集约利用。随着城市经济的快速发展,资源要素制约与建设需求的矛盾更加凸显,中心城区土地利用面临着一些亟须解决的问题:批而未供土地因历史遗留而情况复杂,供而未用土地处置迫在眉睫,用而未尽土地开发滞后。其原因如下:

1. 规划不符。当前,宁波市快速城市化进程对新一轮城市规划修编提出了新要求,由于建设与规划的不同步,中心城区出现了一些规划覆盖区内性质与规划不符合的情况,也出现了规划未覆盖区域已建设用地情况。部分土地农转用后由于规划调整,造成原地块和项目无法供地,有些地块因规划道路、河流等无法供地。

2. 创新不足。在存量土地盘活利用方面,由于受到传统政策框架和体制机制的惯性影响,总体上缺少创新思维,工作机制创新力不足,习惯性采取延长土地开发期限等措施进行处置,从总体效果来看治标不治本,全区存量土地盘活处置任务艰巨,加快盘活处置迫在眉睫。

3. 效率不高。一方面,随着行政审批制度改革的不断推进,政府部门办事效率大幅提升,但距离高效政府尚有一定的距离,表现在项目办理方面用时较长,项目的前期预审、立项、规划许可、方案设计、论证等均需要一段时间,导致一些实事项目不能按时供地。同时,由于征地拆迁谈判时间长,农转用后征地、拆迁进展缓慢,影响了存量土地供应。另一方面,由于土地使用门槛不高,土地利用程度不高,导致存量土地使用效率不高。

4. 政策不活。现行土地收储出让政策和市区土地出让金分配政策挫伤了基层积极性，影响存量土地盘活利用。由于农用地转用每年报批次数少，下达的用地指标只能当年使用，为避免指标浪费和赶时间，会先行报批一部分不成熟的项目和地块，致使获得批准后却无法及时供地。农转用后政府有大批储备土地，需根据经济社会发展情况有计划地逐年推出和供地。有些地块配套设施不完善，有些因新村建设机制调整等，造成项目供地缓慢。

5. 监管不力。国务院及自然资源部等均对深化改革、严格土地管理出台了严明的政策，明确农用地转用和土地征收批准文件有效期为两年。现实中，由于担心用地指标浪费和经济损失，政府既对存量土地利用前期把关不严，又对开发利用情况监管不力，大多采用延长土地开发期限等措施，对于客观原因造成满两年及以上未能开发建设的，未严格按照规定回收国有建设用地使用权。

6. 引力不够。城市经济的快速发展，需要鄞州产业结构从传统制造业向高端制造业和现代服务业调整，"腾笼换鸟"更需要经济内质的嬗变，但对标深圳等先进地区，鄞州创业创新生态环境的竞争力不够强，招商引资方面对优质大项目的吸引力不足，一些旧工业用地再开发滞后，距离高品质都市核心区尚有差距。

三、鄞州中心城区存量土地挖潜利用的对策和建议

针对中心城区存量土地资源利用效率不高等问题，全区上下需切实提高思想认识，充分认识到土地资源利用问题是关系鄞州未来能否高位发展的全局性战略性问题，坚持土地资源节约集约战略，切实加

强对存量土地开发利用工作的领导，成立存量土地开发利用工作小组，由区主要领导任组长、分管副区长任副组长，牵头抓好中心城区存量土地开发利用工作，积极探索存量土地挖潜利用"八法"，进一步内生拓展城市发展空间，促进经济转型升级，为鄞州城市经济发展提供土地要素保障。

1. 向"理念"要土地。根据中心城区土地资源开发利用现状，鄞州需要树立"改革创新"的理念，将"眼睛向内、挖潜存量"作为今后土地资源开发利用总的指导思想，将存量土地盘活利用作为今后区对镇（街道、园区）经济考核的重要内容，紧盯中心城区35216亩存量土地，充分挖掘存量土地开发利用潜能，高效集约节约开发利用中心城区土地资源，消除城市管理隐患，夯实城市精细化治理基础，大幅度提升城市品质。

2. 向"市场"要土地。在中心城区存量土地开发利用方面，引入市场化机制，按照"政府引导、市场运作"的思路，大部分城市建设项目由市场主体完成。通过市场化机制确定项目实施主体，存量土地通过协议方式由项目实施主体进行开发，项目实施主体制定方案、编制区块规划，政府负责控制产业业态方向、审定规划、编制计划、出台政策。通过企业招商和以企引企的办法，引入符合鄞州未来产业发展方向的企业，提高存量土地利用效率。针对用而未尽低效土地分布集中的特点，建议集中连片开发，采取企业联合开发或者由一家大企业开发，给予其优惠政策，引导企业"精明开发"，发挥土地资源连片开发集群集约效应。

3. 向"规划"要土地。中心城区土地资源开发利用应遵循规划先行的原则，眼光超前，拔高发展站位，借鉴香港、深圳、上海等地土地资源开发利用经验,从宁波未来城市发展考量,组织专家团队,开展中心城区新一轮国土规划修编前瞻性研究,高位谋划中心城区存量土地资源开发利用。结合宁波市新一轮城市规划修编,按照"多规合一"的要求,着眼城市品质提升,把握好两个根本性转变,即土地资源开发由增量空间建设向存量空间优化转变,土地规划内容从块状规划向系统性综合性规划转化,编制鄞州中心城区存量土地开发利用规划,谋划鄞州中心城区存量土地开发利用战略纲领。同时,对于不符合规划的已建设用地,要善于改革创新,积极与规划编制工作对接,并通过收购储备、土地置换、有序退出等多种方式,使不符合开发应用规划的土地逐步合规。

4. 向"政策"要土地。在全面调研的基础上,结合宁波市现有政策,鄞州区应走在前列,认真研究,针对中心城区不同的存量土地,分析原因,制定出台中心城区存量土地资源开发利用政策,深挖中心城区存量土地利用潜力。对于因规划原因无法开发建设且规划中近期不会实施的供而未用土地和一些边角地,由用地单位提出申请,经所在镇(街道、园区)审核同意后,报区职能部门审批后办理临时手续,用作停车场和绿化等。对于供而未用土地也可以按二级市场试点政策,引导进入二级市场实施转让。对于因政策和规划调整或有关批准文件失效等原因,原批准项目难以实施且土地利用现状未改变的批而未供土地,积极运作将其盘活使用。对于用而未尽低效土地,出台相应政策,允许企业自行改造,提高土地容积率,盘活土地资源。加快对不符合城市规划土地的改造步伐,在再开发利用中,对于改变土地用途,要严格按土地公开拍卖方式处理。对于不符合城市规划的土地所有者,在其退出后给予适当奖励,可按照地块档次、地亩和可开发容积率确定一定比例的资金奖励。要结合村级留用地政策的兑现，在规划许可的前提下，允许部分村集体土地建设租赁房，盘活集体土地资源，提高近郊村集体收入。

5. 向"空间"要土地。切实改变土地资源要素投入的粗放模式，从源头上破解土地瓶颈制约，严格落实"亩产论英雄"产业政策，设置项目进入土地门槛，杜绝土地利用效益低的项目落地，优化土地资源要素配置，切实提高土地容积率和使用效率。加大对存量土地的开发利用力度，近期应重点对中河街道东部工业区块、中河街道钢材市场区块、仇毕区块、亨润工业城、前后殷区块、甬江东南岸区块、宁穿路区块进行改造提升，同时进一步提升三江口—钟公庙—长丰—宁丰区块的滨江空间品质。按照下应区块规划的法定动作，加速区块的发展。同时，要加大地下空间开发利用，结合轨道交通建设等，引进地下空间开发项目，立体拓展土地资源可开发空间。

6. 向"审批"要土地。结合"最多跑一次"改革，探索创新"网络审批一体化"，行政审批网络一体化同步进行，国土、规划、市场监管、消防等职能部门要进一步提高办事效率，杜绝各部门互为前置条件等推诿现象，提倡不表态和超审批工作日就是批准的理念，尽量压缩项目办理时间，特别是项目前期预审、立项、规划许可、方案设计、论证等多个环节要尽力优化，营造优良的营商环境，培育长三角创业创新生态高地。要大胆推进改革创新，善于冲破传统土地开发利用范围，高效盘活中心城区存量土地资源，推行珠海地上、地下许可分离的做法，挖掘土地资源潜力。

7. 向"监管"要土地。以改革引领政府职能转变，从关注事前审批向重视事后监管转变，注重对土地资源开发利用项目的监管，结合土地督察迎检工作，重点抓好对供而未用土地的监管，按照《闲置土地处置办法》，加大对闲置土地处置力度，严格按照法律法规执法查处。对于确因客观原因无法开发建设的，且用地单位对政府收购事项协商并达成一致意见的，在签订收购协议后办理国有建设土地收回手续并注销土地证，待供地条件成熟后再办理供地手续。对于批而未用土地满两年及以上的，无偿收回国有建设用地使用权。对于新增建设用地中112宗402亩疑似违法用地和要求举证的29宗1053亩疑似供而未用土地进行整治，通过加大监管力度，盘活中心城区存量土地。同时，建立存量土地开发利用信息库，及时发布更新信息，加强土地开发利用社会监管。

8.向"执行"要土地。根据鄞州中心城区存量土地开发利用现状，制定未来三至五年中心城区存量土地开发利用工作远期目标和年度工作计划，将批而未供土地开发利用、供而未用土地处置、低效用地再开发，分解责任到区各职能部门和各个镇（街道、园区），落细落实各个单位工作职责，定期或不定期对中心城区存量土地开发利用工作进行督查，加大存量土地拆迁利用工作力度，对于虚拟包装项目、拆迁清零等不同情况，区别对待，由区领导出面加强工作协调，加大工作力度；对政府工作原因造成久拖不决的土地开发利用项目，要制定研究对策限时解决，区别化、创新化推进中心城区存量土地开发落实。

（2018年6月）

关于宁波云龙综合交通枢纽建设可行性的咨询报告

一座交通枢纽，激活一座城市；一个交通中心，成就新的增长极。古往今来，交通，尤其是综合交通枢纽建设对城市发展的支持和引领作用是不言而喻的。宁波城市建设经历 70 年的"蝶变"，从"沿江"走向"滨海"，从"团状发展"到"带状发展"，再从"组团发展"扩展到"都市区、都市圈发展"，使宁波逐步从一个不起眼的三江商埠小城迈向现代化国际港口名城，跻身万亿 GDP 俱乐部。总书记在浙江工作期间，对宁波城市提出"以更高标准、更大气魄、更高品质"的要求。作为长三角城市群的主要组成部分、"一带一路"倡议的海上战略支点城市和长江经济带的"龙眼"，宁波正积极参与长三角高质量一体化和浙江"四大战略"建设，迫切需要以前瞻性谋划和布局综合交通枢纽，来拓展城市空间、完善城市功能、提升城市品质。

云龙综合交通枢纽，位于宁波东部新城、南部新城、东钱湖旅游度假区中间。枢纽的建设将极大地改变宁波现有交通格局，为宁波城市的东拓、东钱湖的开发建设提供必要的交通基础设施支撑，并辐射

带动宁波都市圈发展，与上海都市圈、长三角城市群高效衔接，对全面融入区域一体化发展战略产生重要作用！

一、云龙综合交通枢纽建设的重要意义

当今世界格局风云变化，区域竞争日趋激烈，城市发展不进则退。宁波以港口立市，以工业强市，经过40年改革开放，成为长三角南翼经济中心。在全面融入长三角一体化、唱响杭甬"双城记"、构筑甬台舟经济圈、推动高质量发展的重要时期，宁波综合交通体系建设将成为支撑城市发展的关键。

（一）是完善对外通道，融入区域重大战略的需要

宁波是"一带一路"倡议、长江经济带战略、长三角一体化战略、浙江省大湾区战略等重大发展战略的重要节点城市。为积极抢抓重大战略发展机遇，更好融入大区域高质量一体化发展，宁波亟须完善对外高速通道，积极打造宁波至大湾区城市"1小时交通圈"，宁波至长三角主要城市"2小时交通圈"，以及宁波至京津冀、珠三角等区域主要城市"5小时交通圈"，推进对外交通的互联互通。

宁波地处长三角南翼，是海上通道的重要门户，是沿海发展带、沪宁合杭甬发展带的交汇点，宁波都市圈是长三角地区五大都市圈之一。以宁波为中心，加快对外高速通道规划建设，对加快宁波融入重大战略、提高综合实力发挥、打造重要节点城市至关重要。向北通过已有的杭州湾跨海大桥、沿海高速公路，规划中的嘉甬铁路、沪甬城际铁路，加强与上海、江苏联系和合作；向西通过已有的杭甬铁路专

线、萧甬铁路、杭甬高速、甬金高速，规划中的金甬铁路、杭甬高速复线，加强与杭州、金华等区域的合作，与杭州唱好"双城记"，与金华共建义甬舟大通道；向南通过已有的甬台温高铁、沿海高速，规划中的甬温高速铁路、甬台温沿海高速复线，提升宁波的向南辐射力，串起甬台温经济带；向东通过已有的甬舟高速公路，规划中的甬舟铁路，推动甬舟同城互动发展。

随着经济社会的发展和交通运输技术的进步，轨道交通正在成为区域一体化发展下交通运输的重要方式。全国"八纵八横"高速铁路网正在形成，区域城际高铁网加快完善，铁路客运在综合交通运输体系中的作用日渐突显。长三角区域发展规划提出，重点构建以轨道交通为主的综合交通网络，不断完善长三角城际铁路网，打造"零距离换乘，无缝化衔接"的综合客运枢纽。在加强对外通道建设的同时，完善以现代铁路枢纽为核心的综合交通枢纽布局，增强宁波城市功能区与重要通道的衔接，以此提高宁波的辐射带动作用显得尤为迫切和重要。

专栏一：宁波铁路客运发展迅速

自2013年杭甬客专开通以来，高铁的快速发展带动铁路客运量节节攀升，2013年至2018年间，宁波铁路客运量年均增长15%，到2018年宁波全市铁路客运量达到5745万人次，占总客运量的52%。铁路运输成为中远距离出行的首位方式，在多种运输方式中，铁路运输的地位日益突出。

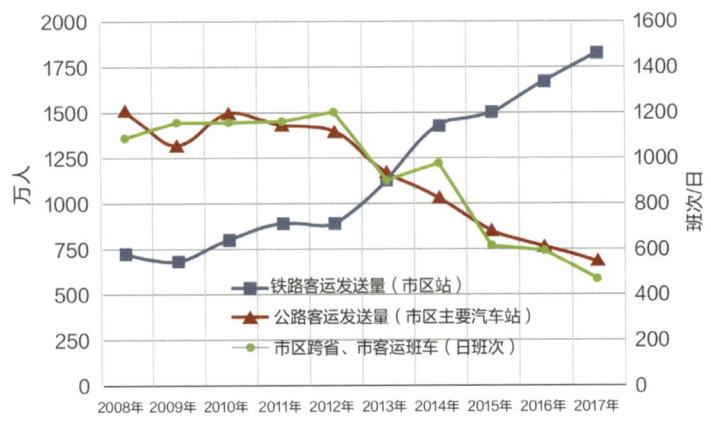

图1 宁波中心城区铁路、公路客运量变化情况

（二）是强化城市功能，提升都市圈辐射力的需要

在国家大战略的背景下，宁波在今后的一段时期内具有建设"开放创新宜居的全球门户城市"和辐射、带动周边城市的双重责任。拉开城市框架，从"拥江"走向"揽湖""滨海"发展，是宁波提升城市功能，增强辐射能级，建设宁波都市圈的必然路径，因而推进"揽湖"发展具有承上启下的战略意义。

从宁波城市发展的趋势看，东部新城和南部新城已经成功建设成为宁波新的政治文化中心和商业中心，甬江科创大走廊正在加快打造形成，与其毗邻的东钱湖区域自然资源优势和区位优势凸显。高水平建设"钱湖新区"，对集聚高端服务业，与东部、南部新城形成有效互补，三者联动再造城市空间，完善城市功能，形成城市发展新板块，引领带动城市向东向南拓展，进一步提高城市辐射能级，加快"拥江、揽湖、滨海"布局，推进宁波都市圈发展有良好作用。因此，在东钱湖区域规划设立一个综合交通枢纽，加强与城市核心区域连接互动，增强对外辐射带动，具有其战略意义。

（三）是发挥枢纽带动，服务重大项目建设的需要

"钱湖新区"建设步伐加快，以东钱湖为核心的东钱湖经济圈正在形成，规划建设的大型综合商业体、文化产业综合体、特色小镇等重大项目相继铺开，快速交通路网逐步形成，轨道交通接入东钱湖核心区域，随着宁波国际会展中心指挥部的成立，国际会展中心项目将落户东钱湖区域，为打造"东方财智之湖"提供了核心元素。从历史经验和国内外建设案例来看，重大交通枢纽的建设能够快速积聚人气，推动人才、物资、资金、信息的汇聚，从而加速推动新区的开发建设。云龙镇作为东钱湖旅游度假区门户，临近东部新城、南部新城和象山港区，现有的铁路站点、高速公路出入口与未来规划的金甬铁路、甬舟铁路、城际铁路和城市轨道等相匹配，综合交通优势明显。规划建设云龙综合交通枢纽，将极大改善"钱湖新区"的交通条件，提升区域对高端要素的集聚能力，可有效推动具有国际会展会议、文化创意、智创经济、旅游度假等特色功能的重大项目建设，形成区域开发、城市功能优化和综合交通体系完善之间的互动共振，助力东钱湖成为世界级文化湖区。

专栏二："触媒"理论

城市触媒是一种城市设计的观念和方法。新元素的进入，以一项开发激发和引导后续更多的开发。这种促生的效应可以是建筑的，进而是经济的、社会的，甚至是法律的、政治的反应。新元素（触媒）将作用于与其邻近的城市构成元素，改变现有元素

的外在条件或内在属性,并带动其后续发展。当原有的元素被改变或新的元素被吸引过来后,原始的"触媒点"与新元素一起共振、整合,进而形成更大规模的城市触媒点,影响到更大的城市区域,最终产生一种城市开发的联动反应。

以高铁客运站区建设为契机,通过综合开发的手段,引发一系列城市建设与开发,其中包括交通换乘枢纽开发、商业开发、公共服务业开发、住宅开发、商务办公开发,以及城市空间地上地下一体化开发、城市中心再开发、历史地区保护开发、城市广场与绿地开发等,从而达到城市功能集聚效应。

(四)是优化交通体系,推进交通强市发展的需要

建设浙江省都市圈高能级平台,打造城市新发展极,需要建立在现代综合交通体系基础上。从围绕港口发展的集疏运体系建设,到构建宁波都市圈、融入长三角一体化发展的现代综合交通体系建设,宁波的交通路网和枢纽节点布局建设不断优化。综合交通枢纽是高速对外交通通道与便捷内部交通网络连接的重要节点,是现代综合交通体系建设的重要环节。在宁波加快以轨道交通为主的对外通道建设过程中,要科学合理布局综合交通枢纽站点,促进形成干支结合、立体衔接、互联互通、便捷高效的综合交通体系。云龙综合交通枢纽的建设,将会推动宁波中心城区东南部区域交通网络建设和完善,增强区域交通服务综合能力,促进宁波现代综合交通体系的不断优化,提升综合交通产业的发展,加快"交通强国"示范城市的创建,其战略意义十分明显。

二、铁路枢纽规划经验借鉴

解读国内其他城市铁路枢纽总图，研究路网构成、枢纽定位、交通衔接和发展趋势等，为宁波规划铁路枢纽提供有益借鉴。

（一）国内其他城市铁路枢纽体系有关情况

1. 上海铁路枢纽

上海铁路枢纽是东部沿海地区最大的枢纽站，既是京沪线和沪杭线的终点，又是我国远洋航运和沿海南北航线的中心，客流量和货运量极大，现有铁路站点包括上海虹桥站、上海站、上海南站等，规划建设中的有上海东站。

上海虹桥站坐落于上海城市西侧，紧邻上海虹桥国际机场，于2010年7月1日建成投运，总占地面积超过130公顷，总建筑面积约44万平方米，设16台30线。上海虹桥站北端引接京沪高速铁路、沪汉蓉高速铁路，南端与沪昆高速铁路接轨，虹桥站主要负责长距离高速铁路客运作业，是上海虹桥综合交通枢纽的组成部分，是华东地区最重要、规模最大的铁路客运枢纽。虹桥综合交通枢纽将航空、高速铁路、磁悬浮、地铁等交通方式有机结合，形成枢纽都市区，是城市交通建设上的一大创新，成为上海构建世界级国际大都市的重要一环。上海站、上海南站位于城中心、城南，分别衔接沪昆铁路、沪宁城际铁路和沪杭铁路、京沪铁路、金山铁路等，主要负责中短距离城际铁路的客运作业。规划中的上海东站位于上海浦东祝桥镇，距离市中心近50千米，充分拉开城市框架，打造"临港新城"，并与浦东机场、城市轨道等集合，形成新一代的世界级交通枢纽。

2. 南京铁路枢纽

南京是全国重要的综合交通枢纽和中国东部重要的中心城市。按照总图规划，南京铁路枢纽将形成"两环、四跨、十五线、五个重要客站"的环形放射状格局。"五个重要客站"是指南京站、南京南站、南京北站、仙林站及禄口空铁联运枢纽。

南京南站是对南京南向发展起决定性作用的关键枢纽站，也是南京城市发展战略中的重要工程。南京南站于1991年即提出了建站设想，布局位于城市南部市郊。全国高速铁路网规划中，南京力主南线和全线高架方案，并最终得到铁道部的认可。2011年南京南站建成投运，占地近70公顷，总建筑面积约46万平方米，设15台28线。其充分开发的地下空间，完善的公共服务配套设施，快进快出的大交通格局，真正实现零距离换乘的设计理念领先全国。南京南站建成投用后，极大提升了南京在铁路网中的枢纽地位，衔接京沪高速铁路、沪汉蓉高速铁路、宁杭高速铁路等主要高铁干线，成为中国"八纵八横"高速铁路格局中南北、中西干线的重要交汇点，带动南京从"长三角终点城市"向"泛长三角'1小时都市圈'中点城市"的跨越。南京南站所辖其他各站与南京南站分工明确，主要承担了京沪线、沪汉蓉线、宁杭线的高速列车停靠，以及宁安、宁合和部分沪宁城际线列车停靠；南京站主要承担沪宁城际线列车和普速列车停靠，规划中的南京北站和仙林站主要服务部分城际客运和通过列车。

以南京南站为中心，汇集铁路客运、长途汽车、城市轨道交通、公交车等各种交通所形成的综合交通枢纽，在南京城市向南发展中起到了战略性作用。自2013年起，南京高铁枢纽经济区南站核心区已形成100多万平方米面积的商务商贸城市综合体，与新街口CBD、河西新城 CBD、江北新区中心形成呼应格局，汇集商务商贸、软件和信息服务、文化创意等产业，发展成为枢纽型商务和区域总部经济功能区。

3. 杭州铁路枢纽

杭州是全国 19 个综合铁路枢纽之一，规划"一纵""一横"两条高速铁路通道在此交会，分别为京沪通道和沪昆通道。根据总体规划，杭州规划建设"一轴两翼"的大型放射型铁路枢纽，形成杭州站、杭州东站、杭州西站、杭州南站、萧山机场站和江东站 6 个枢纽客运站。

杭州东站位于杭州的城东，始建于 1992 年，2013 年经改建后投入运营，总用地面积 40 公顷，总建筑面积 100 万平方米，设 15 台 30 线，预留磁悬浮 3 台 4 线。杭州东站是沪昆高铁和沪昆铁路的中间站，同时也是宁杭甬高铁、商合杭高铁、杭黄高铁、萧甬铁路、宣杭铁路的始发终到站，承担了杭州绝大部分高铁动车组列车，主要对接北京、上海、南京、长沙、南昌、贵阳、昆明等城市。东站枢纽启动后形成了四通八达的交通，杭州至长三角主要城市实现"1 小时交通圈"，同时带动了杭州城东新城崛起。杭州站地处市中心，主要对接杭州与上海、南京以及省内主要城市之间的城际铁路。规划建设的杭州西站将主要对接上海、武汉、合肥、温州等城市，主要承担杭州东西方向高铁客流。杭州南站经改造后重新启用，将衔接杭黄、杭长、沪昆等高速铁路，承担通过性列车停靠，并设有连接线至杭州萧山机场，将成为杭州城市南部现代化综合交通枢纽。规划中的江东站定位是承担沪甬杭、杭绍台两条铁路到发，对接上海、宁波、温州等城市。萧山机场站规划定位是空铁联运高铁站，主要承担机场通过性列车。

图 2　杭州市铁路枢纽示意图

（二）经验借鉴

1. 向外谋划新的综合交通枢纽

随着中国高铁跨越式发展和区域一体化进程加快推进，高铁干线、都市圈城际线路、市郊轨道网加密布局。为了更好地适应铁路高速运行特点和要求，实现城市铁路枢纽与高速铁路线更加顺畅地对接，大部分城市在城郊布局主要铁路客站，衔接国家高速铁路网，最大程度发挥高速铁路运输的优势。上海虹桥综合交通枢纽、南京铁路南站、杭州铁路东站等都是典型的代表。宁波市可结合自身区位条件，充分借鉴他市铁路枢纽建设经验，向外拓展建设新枢纽。

表 1　中国主要高铁枢纽站区位与城市地铁规划

高铁枢纽	城市轨道数（含规划、在建）	枢纽位置	与市中心距离（千米）
西安北站	3	城郊	13

续表

高铁枢纽	城市轨道数（含规划、在建）	枢纽位置	与市中心距离（千米）
杭州东站	2	城郊	8
上海虹桥站	2	城郊	15
广州南站	4	城郊	18
南京南站	4	城郊	10
北京南站	2	市区	5
武汉站	2	城郊	12
长沙南站	3	城郊	9

2. 紧密结合枢纽建设与城市发展

在谋划新的综合交通枢纽建设的同时，不仅要考虑铁路线路走向和场站基础，更为重要的是要与城市总体规划相统一。通过综合交通枢纽的建设，拓展城市地理空间，拉宽城市发展框架，带动一片城区的发展，全面促进区域一体化进程。上海虹桥综合交通枢纽的建设是其中的典型。

3. 合理划分多个交通枢纽站功能

对城市枢纽各站点的功能应予以合理分工，充分考虑城市内部衔接的便利、对外联系的顺畅，衔接各方向高铁线、城际线和普速线，符合现代城市和综合交通体系发展的要求。如上海虹桥站直接对接京沪、沪昆两大铁路干线，新建上海东站对接沪通线、北沿江高铁线，上海南站对接金山方向城际线。南京的5个重要客站和杭州的6个枢纽客运站，既分别对接不同方向的铁路线，又相互联系、互为支持，构成有机的城市铁路枢纽体系。

4.科学打造综合交通枢纽空间

综合交通枢纽以布局有序、衔接顺畅为原则，实现高铁、城市轨道、快速路和航空等交通的"零距离换乘，无缝化衔接"，统筹兼顾，互联互通，并将综合交通枢纽与周边的城市开发紧密结合，形成新的城市功能集聚区。

三、云龙综合交通枢纽建设可行性分析

（一）宁波铁路网运行状况和规划情况

宁波是我国东部地区铁路网的重要枢纽，近年来，宁波铁路枢纽体系建设持续加快，全面提升了综合交通枢纽国际地位。与此同时，铁路新线的引入和客运量的变化，对综合交通枢纽提出了更高的要求。

1.当前宁波铁路枢纽现状

宁波铁路枢纽位于既有萧甬线、杭甬客专与甬台温铁路交会处，距杭州枢纽约150千米，向西经浙赣线可通往中南、西南、华南等地；向北经华东一通道、二通道可通往华北、东北及中原腹地，现在主要办理地方客货运业务及部分通过客车业务。宁波中心城区铁路客运站为宁波站，大市范围内还有庄桥、余姚、余姚北、奉化、宁海等客运站。

2.宁波铁路网规划情况

根据《长江三角洲城市群发展规划》《浙江省中长期铁路网规划修编》《宁波铁路枢纽总图规划》《宁波市"十三五"综合交通发展规划》，宁波加快构建开放高效的高速铁路网、城际铁路网、支线网和市郊轨道网，全力提升宁波铁路枢纽城市地位。

（1）对外通道建设。宁波将建设形成五个方向的对外通道（杭州、

温州、金华、舟山、上海），衔接七条线路（既有萧甬线、甬台温线、杭甬客专，将建金甬铁路、甬舟铁路、嘉甬高铁，规划甬温高铁），同时预留杭甬城际铁路、甬台温城际铁路、沪甬城际铁路通道。

（2）运量需求预测。按照《宁波铁路枢纽规划（2016—2030年）》的运量预测来看，我市铁路客运量呈快速增长态势，预测到2030年、2040年，宁波地区旅客发送量分别为3800万人、6800万人，办理客车对数分别为242对/日、443对/日，其中始发客车分别为119对/日、260对/日。既有宁波站在2030年已经无法承担办理全部始发终到及通过客车。

表2 宁波铁路客运量预测

预测时间	旅客发送量（万人）	办理客车数（对/日）	始发客车数（对/日）
2030年	3800	242	119
2040年	6800	443	260

（3）枢纽体系规划情况。按照中国铁路总公司《关于宁波铁路枢纽规划（2016—2030年）的批复》（铁总发改函〔2018〕213号），随着金甬舟铁路和沿海高铁（跨杭州湾）等铁路的逐步建设，宁波枢纽的客运量将发生变化，将对铁路枢纽体系做相应的调整，在宁波站基础上，加快规划建设宁波西站，形成一主（宁波枢纽）二辅（宁波西枢纽、舟山枢纽）客站格局，规划预留宁波东站办理普客作业条件。

3.枢纽内存在的主要问题

（1）部分控制区段能力紧张。随着铁路客运量增加，宁波枢纽内宁波站到庄桥站和宁波东站两个区段将成为运行短板。庄桥至宁波站目前开行客车102对（其中动车组87对，普客15对），为缓解运力紧张状况,增建三、四线轨道线项目已列入年度计划,预计2022年完成。随着金甬舟铁路和沿海高铁引入枢纽,宁波至宁波东段线路压力增大,但受空间制约无法增建。

(2)现有客站扩建空间极为有限。既有宁波站已改造完成（8台16线规模,站房面积5万平方米）,且没有再扩建的可能。既有宁波东站已形成一定规模（3台9线,含3条正线,对侧客车整备所设12条整备线兼存车线,站房面积3950平方米）,可扩空间难以满足金甬铁路、甬舟铁路、沿海高铁（跨杭州湾）、甬温高铁等线路引入后的远期客运需求。

(3)枢纽内动车运用设施建设滞后。目前宁波枢纽内没有动车所,宁波站开行的始发终到动车组配属全部由对方动车段所担当,只在宁波东客整所设置了7条动车组/普速客车存车线,极大制约了开行始发终到动车组。邱隘动车所已列入年度计划,但建设需要时日,且从远期看,随着铁路网特别是客运专线的不断完善,新的动车所亦需研究规划。

(4)宁波东站重启面临难题。重启宁波东站功能,经过适当改建,可在金甬铁路、甬舟铁路、嘉甬高铁接入枢纽体系的情况下,一定程度上疏解宁波站运营压力。但宁波东站地处核心区,重启东站也会面临一些问题。一是部分线路受影响,金甬舟铁路的通过客车若在宁波东站办理客运业务,势必造成折角运输的局面,旅客需要调换朝向,影响旅途体验,同时,列车进出将会切割甬台温铁路,既影响车站功能,又占用宁波东站温州端区间能力。二是改扩建空间有限,宁波东站站房较为简陋,空间狭小,站房和站前广场扩建难度大,项目建设维稳压力较大。三是客流疏散功能受到制约,周边区域交通流量大、负荷重,道路拥堵情况严重。

(二)建设云龙客站可行性分析

以《宁波铁路规划总图》为本,着眼宁波铁路网运行现状和存在问题,结合国内先进城市铁路路网及站点建设经验,谋划一个既符合现代铁路运行要求,又与区域发展紧密结合,同时与周边交通有效链接的综合枢纽是十分必要的。随着高铁干线、都市圈城际线路、市郊轨道网加密布局,特别是金甬铁路、甬舟铁路、嘉甬高铁、甬温高铁等线路的引入,在既有宁波站、规划宁波西站基础上,综合考虑宁波东站的调整,在东南区域谋划建设云龙新客站的时机与条件均已具备。

1. 云龙站的现实基础

既有云龙站位于鄞州区云龙镇,在鄞州区版图上处于"腹"部居中位置,东邻东钱湖旅游度假区,南依横溪镇,西连姜山镇,北与鄞州新城区接壤。云龙站包夹于绕城高速公路与象山港大桥接线高速公路之间,绕城高速设有云龙出口,交通便捷。云龙站现为甬台温铁路越行站,同时也是宁波枢纽北环线与甬台温铁路联轨站,车站现有4条到发线(含正线)。规划的轨道交通7号、8号线以及象山城际铁路均通过云龙。根据甬舟铁路和金甬铁路工可报告,两条铁路均在云龙站开通客运功能。

2. 设立云龙客站条件分析

考虑到云龙独特的地理位置和交通特征,开设云龙客站有一定的基础条件,需要进一步分析论证设站的合理性与可行性。

(1)能够拓展城市空间。宁波市城区三面环山、一面临海,建设用地紧张,发展空间受限。我市总规要求,城市在完善东部的基础上,适度向南发展，如客运站设置于鄞奉片区，将打造城市新的发展极，加快我市东南片区的开发建设步伐，顺势拉开城市发展框架。

（2）能够保障建设用地。云龙站位处城郊地带，地形开阔，征地政策落地难度较小，用地保障较好，根据云龙站初步规划设想，有足够的空间建设4台10线和10000平方米的站房，并具备较好的配套设施建设条件，使云龙站具备开行始发终到客车的能力。

（3）能够盘活空间资源。云龙站建成投运后，可承接宁波东站功能，释放东站所处都市核心区块的空间价值和周边区域发展活力，可获得收益用于平衡云龙站建设的资金需求。同时，可提升东钱湖区域土地开发价值，促进区域开发建设。

（4）能够有效集散客流。云龙站与宁波站相距较远，位于鄞东南片区有利位置，辐射腹地广阔，周边规划多年，轨道交通线路，集散条件较好。与现东站相比，有利于客站独立发挥作用加强中心城区东南外围客流的吸引力，可有效避免中心城区交通拥堵现象，进一步激发铁路出行需求。

（5）能够改善运输组织方式。建设云龙站，与宁波站按南到南开、北到北开方案分工，能有效减少温州、金华方向始发终到客车的走行距离，解决启用宁波东站时舟山方向与金华、温州方向的通过客车的折角问题，从根本上缓解双线能力紧张的核心问题。

建设云龙客站有以下问题需要考虑。车站及配套设施均需新建，两座运营的高速公路桥梁需改建，有一定实施难度。云龙站改建相比宁波东站改建工程投资较大，如何用空间资源开发收益以平衡成本还需探讨。

综上，云龙客站具有较好的建设基础、布局条件、比较优势和发展前景。建设云龙客站,与宁波站按南北分向开行,从根本上解决了宁波铁路枢纽体系的瓶颈问题。其战略价值还体现在多方面,如拉开城市框架、带动城市东南区域发展、推进宁波都市圈建设、更好融入长三角一体化发展等。建议建设云龙客站作为宁波东南区域铁路枢纽,并将原东站功能移至云龙站。

3. 云龙客站功能定位和主要客站分工建议

云龙客站按照枢纽站规划建设,具备始发站功能,承接宁波东站功能。云龙客站以衔接中短途城际线路为主,引接甬台温铁路、金甬铁路、甬舟铁路等,主要办理舟山、金华及温州方向动车始发终到客车,办理舟山至金华以及甬台温铁路温州至杭州和嘉兴(上海)方向通过客车,远期具备直接对接沪甬城际的条件。

2030 年,形成宁波站、云龙站"一主一副"格局。在宁波铁路枢纽引入萧甬铁路、杭甬客专、甬台温铁路、金甬铁路、甬舟铁路、嘉甬铁路情况下,形成宁波站(主客站)、云龙站"一主一副"铁路枢纽客运系统客站布局。与宁波站按南到南开、北到北开分工,云龙站主要办理枢纽普客车始发终到作业,舟山、金华及温州方向动车始发终到作业,舟山至金华及以远、甬台温铁路温州至杭州和嘉兴(上海)方向通过客车的作业。并通过联络线,办理象山市域铁路(部分)客车的始发终到作业。预测云龙站客流 1030 万人。宁波站主要办理杭甬客专所有始发终到和通过作业,部分沪甬高铁始发终到作业,舟山方向与杭州、上海方向全部通过作业。

2040 年,形成宁波站、云龙站、宁波西站"一主二副"格局。在宁波铁路枢纽引入萧甬铁路、杭甬客专、甬台温铁路、金甬铁路、甬舟铁路、嘉甬铁路、甬温高速(及沪甬城际)情况下,并通过云龙连接线与宁波西站相接，宁波站（主客站）、云龙站、宁波西站形成"一主二副"铁路枢纽客运系统客站布局，三站实现分工有序、互通有无、线路错落有致。云龙站主要办理枢纽普客车始发终到作业，舟山、金华及温州方向动车始发终到作业，舟山至金华及以远、甬台温铁路温州至杭州和嘉兴（上海）方向通过客车的作业。办理象山市域铁路（部分）客车的始发终到作业。预测云龙站客流1350万人。宁波站主要办理杭甬客专所有始发终到和通过作业，部分沪甬高铁始发终到作业，舟山方向与杭州、上海方向全部通过作业。宁波西站主要办理大部分沿海高铁始发终到作业，大部分上海方向与温州方向间通过作业。

（三）云龙综合交通枢纽方案设想

综合交通枢纽建设对城市发展和综合交通体系打造具有重大战略意义。在建设启动铁路云龙客站基础上，优化交通网路，健全交通组织形式，整合交通资源，汇聚铁路、轨道交通、高速公路、城市快速路等多种交通方式，谋划打造以铁路站点为中心的云龙综合交通枢纽。

1.云龙客站周边交通基础

云龙镇邻近东钱湖，西接鄞南新城，北连东部新城，南达奉化、象山。云龙镇距离东部新城核心区约9千米，距离鄞州新城约6千米，距离三江口约11千米。东钱湖的战略定位从"城畔湖"变为"城中湖"，云龙作为下应、东钱湖的连接点，将起到至关重要的纽带作用，云龙被列为鄞州六大重要交通廊道之首。

云龙镇南有东起东钱湖西至34省道的甬金高速明州连接线，北有东起宁波东部新城西至宁波机场的鄞州大道和福庆路。在云龙镇中心2

城乡建设篇 ◎

千米范围内,宁波绕城高速、甬台温高速复线相交织,畅通宁波主城内外,绕城高速设有云龙出口,交通便捷。云龙客站东邻运达路,南邻云莫路,西邻鄞横线,北邻福庆南路,与两条高速公路对接联系。

规划中的鄞州大道快速路西起秋实路,东至云龙互通,全长约15千米。鄞州大道快速路是宁波市"四横五纵九联"快速路系统的重要组成部分,是城市"拥江揽湖滨海"发展战略的排头兵。依托此快速路,云龙镇与临空经济区、鄞州中心区、东钱湖、奉化片区等区域联系进一步紧密,融合发展进一步加快。

在建轨道交通4号线由江北慈城至东钱湖旅游度假区,横贯宁波中心城区,连接慈城、东钱湖两大规划新城,设钱湖大道站,距云龙镇中心仅约2千米,4号线预计2020年通车。规划中的轨道交通7号

宁波轨道交通7号线云龙站施工现场

线南起鄞州区横溪站，经过东钱湖、东部新城、三江口和镇海新城等重点区域，北至镇海区贵安路站，7号线在云龙站设站，无缝对接综合交通枢纽。规划中的轨道交通8号线起自江北，一路向南跨姚江后进入海曙，跨奉化江进入长丰区域，再往东到达鄞州云龙，一期工程（下应站—江北大道站）拟纳入宁波轨道交通第三轮建设规划。

规划中的宁波至象山城际铁路（S4线）是宁波都市圈城际铁路网的重要组成部分，该线路全长80.5千米，共设车站13座，从钱湖大道轨道交通站点引出，经过横溪、塘溪，跨海到达象山城区，拟在云龙设站，目前方案仍处于前期研究阶段。在象山城际铁路规划中包含宁波至春晓及梅山城际铁路支线，该交通线路能实现象山县、东部滨海组团至宁波市中心城区1小时快速交通出行。规划中的K2线是北部连接往余姚方向的市域铁路，南部连接往象山、滨海新城方向的市域铁路。以上城际铁路开通运营后，云龙综合交通枢纽的辐射能力将进一步增强。

2. 云龙综合交通枢纽功能定位

云龙作为宁波东南门户，周边道路配套齐全，现有交通设施条件较好，规划中的城市快速路、轨道交通、城际铁路汇聚云龙，将极大提升宁波东南部区域综合交通发展优势，也为打造云龙综合交通枢纽提供了良好契机。

云龙综合交通枢纽以铁路云龙客站为依托，新建综合客运中心或搬迁鄞州客运中心，按照无缝对接要求，集合长途汽车站，公交枢纽，城乡客运（市域公交），绕城高速，甬台温高速复线，轨道交通7号线、8号线，市域城际S4线、K2线，出租车和社会停车场等交通运输方式，为公铁客流提供集疏运服务，同时兼顾旅游集散功能。

云龙综合交通枢纽主要服务于东部新城、南部新城、"钱湖新区"

以及梅山新区、鄞州滨海新区等广泛区域，接纳象山和金华、舟山、台州方向周边地区客流。

四、研究结论和云龙枢纽发展建议

（一）研究结论

1. 建设云龙综合交通枢纽具有重大意义。有助于优化宁波对外交通，落实国家、省市重大发展战略，全面融入区域一体化发展。有助于形成城市新增长极，提升宁波都市圈辐射能力。有助于推进重大项目建设，加快东钱湖区域开发建设。有助于完善内外交通互联互通，形成交通强市模板。

2. 建设云龙综合交通枢纽具备一定优势。发展空间保障强，建设区域适宜建设大型交通枢纽，征地拆迁成本低，空间发展潜力大。交通集散条件优，实现铁路与高速公路、城市快速路、城市轨道交通无缝衔接。经济社会效益好，枢纽联通金甬、甬舟、甬台温铁路，有稳定的客货源；带动东钱湖区域开发；承接宁波东站功能，盘活宁波东站周边土地。

3. 建设云龙综合交通枢纽面临关键时机。新一轮城市总规修编正在进行，"十四五"规划即将启动，东钱湖区域开发建设加速推进，金甬、甬舟铁路已经开工建设，必须抢抓云龙综合交通枢纽规划与建设关键期。

4. 打造云龙综合交通枢纽成为宁波城区东南部综合交通枢纽。云龙客站承接宁波东站功能，与宁波站、宁波西站形成"一主二副"的城市铁路枢纽格局，打造以云龙客站为中心的综合交通枢纽，重点服务于东部新城、南部新城、"钱湖新区"以及梅山新区、鄞州滨海新区等区域。

（二）下一步工作建议

当前，设立云龙综合交通枢纽正处在关键时点上，特别是在金甬、甬舟铁路规划建设当口，重要性和紧迫性不言而喻，必须高度重视，加快相关前期工作的推进。

1.加快促进各方积极沟通形成共识

在宁波交通强市发展理念的统一带动下，各方积极沟通，形成推进综合交通互联互通的发展共识。

（1）形成综合交通枢纽发展定位共识，紧抓金甬、甬舟铁路规划建设的窗口期，着力推进云龙客站与两条铁路同谋划、同推进、同建设。以先扩建客站、再谋划枢纽为理念，在合理扩建云龙铁路客运站基础上，逐步将发展受限制的宁波东站功能迁移到云龙站。预留综合枢纽建设空间，与城市轨道交通、快速路建设协同，逐步形成主要面向东南部交通通道的中心城区东南区域综合交通枢纽。

（2）形成区域共建共享协同共识，以综合交通建设为契机，形成鄞州东部、东钱湖区域和象山港区域协同发展组团，共同推进保护性开发建设，合理利用良好生态环境，打造中心城区东南部发展极，通过云龙枢纽的建设完善东南部门户。

（3）形成多方参与共同推进共识，科学空间规划，合理组织项目开发建设要素，统筹铁路建设、公路建设、海运建设、基础设施建设、功能区建设等建设项目相关方，吸引社会资本参与，形成政府主导、地方协同、企业参与的协同开发体系。

2. 加快推动云龙枢纽纳入主要规划

抓住《宁波市城市总体规划》修编的重大机遇，以甬舟、金甬铁路建设推进为契机，加快云龙枢纽建设的前期研究工作，推动《宁波铁路枢纽总图规划》的适时调整，把云龙枢纽建设作为宁波城市发展的战略支点，纳入宁波国民经济和社会发展第十四个五年期规划，以及"十四五"综合交通规划中。同时，要协调好东钱湖周边区域关系，调整区域建设规划，保证云龙枢纽建设的用地空间及与周边区域衔接的科学性和合理性。围绕云龙综合交通枢纽的建设，有序开展宁波中心城东南片交通路网优化的规划工作。

3. 加快开展云龙枢纽项目前期论证

对改建方案、配套设施、客源客流、交通衔接等充分开展前期论证，科学有序推进云龙综合交通枢纽研究和规划。

（1）明确云龙站改建方案。研究制定站点原位改建方案，明确改建规模、配套设施建设、建设范围和工程投资等内容。综合考虑对宁波东站的替代效应，统筹设计项目融资方案。结合宁波站、宁波西站建设与功能分工，统筹考虑动车运用所、客车整备所等建设方案。针对当前云龙站站坪较短（约2.4千米路基）的条件限制，需考虑局部改建绕城高速公路（G1501）和甬台温复线高速公路（S19），并争取上海铁路局和高速公路管理部门的支持。

（2）合理分配客源和运力。云龙站主要定位于服务宁波市东南部区域，接纳金华、舟山、台州方向周边地区客流，随着都市圈一体化发展和义甬舟开放大通道加快建设，依托甬台温高铁、甬台温铁路、金甬铁路、甬舟铁路、象山城际等线路引入和运行，始发终到及通过客车数量均有较大增加，舟山、金华、台州、温州方向客运量将呈快速增长之势。通过宁波西站至云龙联络线，云龙站远期具备接入嘉甬高铁的条件，研究谋划沪甬城际铁路（二通道）直接对接上海，上海、嘉兴方向客流也可接纳。根据枢纽定位，合理引导客源和配置运力，实现宁波西站、宁波站和云龙站的协调。

（3）统筹衔接城市交通。云龙站未来作为综合交通枢纽，需充分对接联系城市交通与对外交通。要在枢纽规划研究中划定综合交通影响区域，特别是以站点为中心2千米范围内的区域，需要密切衔接周边道路，确保通达；有序衔接城市轨道交通，与轨道交通7号线、8号线实现无缝接驳；统筹考虑综合交通枢纽与空间开发、产业互动等因素的相互作用。

（4）考虑云龙站命名调整。从功能上看，云龙站建成投运后，承接了宁波东站功能；从地理位置上看，与规划中的宁波西站分别位于宁波站东南、西南两侧；从宁波枢纽体系上看，站点命名体现宁波铁路枢纽整体形象，调整命名有助于打造城市综合交通名片。建议取消现有宁波东站，将云龙站改名为宁波东站。

4.加快推进部门间沟通及建议采纳

就云龙枢纽建设可行性与其他铁路站点功能提升，建议与市、区县（市）发改、交通等相关部门、铁路指挥部和铁路建设决策部门加强沟通，针对本研究开展与各部门、单位的工作座谈与实地调研，了解我市综合交通规划具体情况，环东钱湖经济带交通项目等重大项目建设推进情况，宁波东站搬迁设想及存在的主要问题，听取各部门、单位对建设云龙综合交通枢纽的意见。

附件：建设云龙综合交通枢纽的不同意见

（2019年4月）

附件：

建设云龙综合交通枢纽的不同意见

课题组在文本编制过程中，收集了关于建设云龙综合交通枢纽的不同意见，主要有以下问题。

一、已有宁波站和宁波东站，不需要再改建云龙站。

二、云龙站已经作为甬舟、金甬铁路通过站，没必要开通始发功能。

三、从宁波全大市来看，东南部铁路枢纽的选址。

四、云龙站与宁波站、宁波西站的关系。

五、相比改建云龙站，重启宁波东站更为便利。

六、云龙站没必要现在建，可以以后再考虑。

七、有没有必要在云龙站基础上打造综合交通枢纽。

八、建设云龙综合交通枢纽，客流客源能否保障。

九、市各部门和铁路总公司对于建设云龙综合交通枢纽的态度。

对不同意见进行梳理，就重点问题展开分析和论证。

一、关于设立云龙客站与重启宁波东站比较问题

有观点认为，根据《宁波枢纽总图规划》，宁波东站可以重启成为中心城区铁路客运辅站，没有必要设立云龙客站。

本文认为，从城市发展角度看，在东南区域设立新客站，是拓展城市空间的需要，能够塑造城市新地标，拉开城市框架，拓宽城市空间，带动新客站周边发展。从技术角度看，重启宁波东站和设立云龙客站各有利弊，下面加以分析。

（一）重启宁波东站建设条件分析

有利条件：一是具有一定规模，含3台9线，含3条正线，对侧客车整备所设12条整备线兼存车线，站房面积3950平方米，如重启运作，能满足一定时期的客运需求。二是配套设施已启动建设，新建邱隘动车运用所可为宁波东站配套使用。

不利条件：一是改扩建空间不够，位于宁波核心区，空间狭小，站房和站前广场扩建难度大，存在征迁维稳压力。二是站点空间布局略显局促。既有宁波东站与宁波站间距过近，直线距离仅5千米左右，产生客流交叉重复问题。三是客流疏散功能受到制约。

（二）云龙客站建设条件分析

有利条件：一是发展空间保障强，建设区域适宜建设大型交通枢纽，征地拆迁成本低，空间发展潜力大。二是交通集散条件优，实现铁路与高速公路、城市快速路、城市轨道交通无缝对接。三是经济社会效益好，枢纽联通金甬、甬舟、甬台温铁路，有稳定的客货源；带动东钱湖区域开发；承接宁波东站功能，盘活宁波东站周边土地。

不利条件：一是车站及配套设施均需新建。二是改建工程投资大，经测算，相比东站改建多13.2亿元。三是车站改建复杂，且需改建两座运营的高速公路桥梁，实施难度较大。

（三）方案比选

综合来看，两种方案各有利弊，从当前来看，宁波东站相对基础好，更具基本条件和现实优势，从长远来看，考虑到拉开城市框架，带动城市东南区域发展，更好对接长三角一体化战略的需要，云龙客站更具潜力。重启宁波东站无法解决根源性问题，而云龙客站与宁波站分工，按南到南开、北到北开方案，从根本上缓解宁波站的扩展受限、铁路枢纽双线能力（宁波站—宁波东站）紧张的核心问题。建议设立云龙客站作为宁波东南区域铁路枢纽，具备始发终到能力，并将原宁波东站功能移至云龙客站。

二、关于东南区域客站选址问题

有观点认为，在宁波东站外移的情况下，除云龙客站外，还有其他选择。

本文认为，从技术角度出发，在东南区域设立云龙客站是最佳选择，下面加以分析。[1]

根据宁波东站外移的功能，外移车站应能卡住甬温和甬金线的客流，且其配套动车所能兼顾宁波站始发终到动车组使用。承担外移功能的车站与相邻站的间距应满足列车运行组织和铁路生产力布局要求，站坪主要部分应位于路基地段并需满足布置一定规模车场的长度，主要站坪纵断面不应大于1‰，咽喉区纵断面不应大于4‰。尽量减少既有线改建工程量。

宁波枢纽中目前办理客运的庄桥站位于既有的客运主通道萧甬铁路和杭甬客专上，从年度客流方向看，主要办理上海和杭州方向的客流，不能卡住甬温线和甬金线的客流，所以庄桥站不能承担宁波东站外移的客运功能。同样，枢纽内其他支线（如北仑、镇海、白沙支线）和北环线上的车站均不能同时卡住西向和南向的客流，这些车站也不能承担宁波东站外移的客运功能。

根据枢纽总图规划及外移车站所应具备的基本条件分析，外移车站有三大方案：云龙站方案、奉化站方案和甬温线新设站（奉化和云龙

---

[1] 结论和数据摘自铁四院《宁波铁路枢纽既有宁波东站职能外移专题研究》

站间）方案。

云龙站方案：云龙站距离宁波站和城区均较近，地理位置较好，交通便利。但可用站坪长度（基本为2.4千米的路基）较短，车站改扩建较困难，且车站改扩建影响两端上跨的甬台温复线高速公路和宁波绕城高速公路。

奉化站方案：奉化站离宁波站约37千米，远离城市中心，不利于吸引客流，且配套动车所不能兼顾宁波站使用。

甬温线新设站方案：根据甬台温铁路既有平纵断面资料，云龙至奉化段线路长度20.85千米，其中桥梁长度12.44千米，路基长度8.41千米。路基段为K24+400—K26+300以及K27+300至K30+700段，其他为桥梁地段。K27+300至K30+700段距离奉化站仅约3千米，站间距太小，新设客站意义不大。而K24+400—K26+300段与相邻站间距较为合适，通过调整K21+800—K26+550段纵断面可满足设站站坪技术条件要求，但受杨四岙不良地质体影响，金甬铁路需绕避而无法与甬台温铁路并行，导致金甬铁路无法引入新客站。且本站址地处山区，远离城区，不利于吸引客流。

综上所述，云龙站方案为外移客站较为理想的站址方案。

三、关于云龙客站建设时序问题

有观点认为，当前宁波铁路枢纽体系运行较为顺畅，宁波站当前运营尚未饱和，且有较大余量，云龙客站没必要现在建，可以以后再考虑。

本文认为，设立云龙客站必须抢抓当下，原因如下。

一是与当前重要铁路线路相统一。云龙客站的建设与金甬、甬舟铁路站点布局直接相关，设立云龙客站应与两条铁路共同谋划，共同推进，同期建设，同期运行，这就必须抢抓金甬、甬舟铁路规划建设窗口期，对宁波铁路枢纽体系的格局进行优化调整。如错过当前重要契机，近期在宁波站或宁波东站安排金甬、甬舟铁路始发终到，宁波铁路枢纽宁波站—宁波东站双线能力紧张、折角运输问题将日益突出，以后调整的难度和代价将会放大数倍。二是与当前重要规划谋划相结合。新一轮城市总规修编正在进行，"十四五"规划以及综合交通等专项规划即将启动，这就必须抢抓规划调整关键期。三是与当前重要区域建设相结合。东钱湖区域开发建设加速推进，必须抢抓发展热力期。

四、关于云龙客站和宁波站、宁波西站的关系问题

有观点认为，当前已有宁波站，规划建设宁波西站，宁波铁路枢纽体系已经较为完善，对如设立云龙客站，三者将形成怎样的格局存在疑问。

本文认为，宁波站是宁波城区铁路客运中心站，规划中的宁波西站将在中远期衔接南北向国家沿海高铁，云龙客站作为宁波东南区域客运站，引接甬台温、金甬、甬舟铁路等，三站分工有序、互通有无、线路错落有致，实现宁波对外高速通道与对内便捷交通高效衔接的优化。

具体来看，2030年，形成宁波站、云龙站"一主一副"格局。2040年，形成宁波站、云龙站、宁波西站"一主二副"格局。云龙客站引接甬台温、金甬、甬舟铁路等，远期可衔接沪甬城际专线，主要办理枢纽普客车始发终到作业，舟山、金华及温州方向动车始发终到作业，舟山至金华及以远、甬台温铁路温州至杭州和嘉兴（上海）方向通过客车作业，办理象山市域铁路（部分）客车的始发终到作业。宁波站主要办理杭甬客专所有始发终到和通过作业，部分沪甬高铁始

发终到作业，舟山方向与杭州、上海方向全部通过作业。宁波西站主要办理大部分沿海高铁始发终到作业，大部分上海方向与温州方向间通过作业。

五、关于云龙客站和云龙综合交通枢纽问题

有观点认为，云龙客站立足于铁路枢纽站点，是否有必要谋划打造综合交通枢纽。

本文认为，在云龙客站基础上，设立云龙综合交通枢纽是有条件、有意义的。下面加以分析。

从建设条件看，云龙作为宁波东南门户，周边道路配套齐全，现有交通设施条件较好，云龙客站周边有轨道交通7号线、8号线和城市快轨（至象山、余姚），临近正在建设的轨道交通4号线，绕城高速设有云龙出口，与城市快速道路有较好的衔接条件，这些将极大提升宁波东南部区域综合交通发展优势，也为打造云龙综合交通枢纽提供了良好契机。可以说，围绕打造综合交通枢纽的目标，云龙客站是核心环节，其余条件已基本具备。

从发展价值看，综合交通枢纽建设对城市发展和综合交通体系打造具有重大战略意义。以铁路云龙客站为中心，新建综合客运中心或搬迁鄞州客运中心，按照无缝对接的要求，引接轨道交通7号线、8号线，市域城际S4线、K2线等，集合绕城高速、甬台温高速、公路运输，打造云龙综合交通枢纽，为东部新城、南部新城、"钱湖新区"以及梅山新区、鄞州滨海新区等区域提供公铁集疏运服务，意义深远。

关于高质量推进鄞州现代综合交通体系建设的咨询报告

交通联系千家万户，关系国计民生。习近平总书记指出，"交通基础设施建设具有很强的先导作用""'要想富，先修路'永不过时"。习近平总书记的这些重要论述，阐明了交通运输在经济社会发展中的基础性、先导性、战略性和服务性的功能属性，凸显了交通运输"先行官"的历史定位。近年来，我区全力推进以"满意交通"为中心的交通强区建设，至2020年底，全区公路总里程1020.4千米，区内共有铁路3条37千米，建成运营轨道交通57.5千米，全年货物运输量6210万吨，客运周转量37647万人千米，交通运输综合服务能力居省市前列。今年年初，区委召开高水平交通强区建设大会，着手编制鄞州综合交通规划（2020—2035），掀起了新一轮交通建设热潮。近期，区咨询委聚焦现代综合交通体系建设，先后深入有关部门、镇街进行调研，组织召开了专题座谈会，现形成《关于高质量推进鄞州现代综合交通体系建设的咨询报告》，供区委区政府决策参考。

一、确立发展理念

今年是鄞州建设社会主义现代化先行区的第一年,作为宁波都市核心区,我们要立足新发展阶段,确立新发展理念,加快构建交通新发展格局。

(一)深化"区域发展交通先行"理念

纵观宁波、鄞州发展史,就是一部交通先行的历史。20世纪80年代,宁波港作为"泱泱东方大港",奠定了宁波作为改革开放先行城市的发展根基。21世纪初,杭州湾跨海大桥建成投运,便捷了宁波接轨上海,掀起了宁波新一轮发展高潮。20世纪90年代末至21世纪初,鄞县大道、鄞州大道相继贯通,直接带动了鄞州经济的腾飞。而近年来城市轨道交通的建设运营,更是推动了鄞州都市化进程、经济转型升级和居民生活方式变革。在全域城市化的背景下,鄞州要实现新一轮高位发展,务必要继续秉持交通先行的理念,规划布局前卫的综合交通体系,为社会主义现代化先行区建设夯实基础。

(二)深化"跳出交通抓交通"理念

交通建设与城市发展、区块开发、民生改善、乡村振兴等方面都休戚相关,是满足人民群众对美好生活新向往的重要载体,每年"两会"期间,人大代表、政协委员提出建议、提案最多的就是交通建设问题。作为经济社会高质量发展的"牛鼻子"工程,要从优化供给侧结构性改革的高度,狠抓大项目、大投资,将交通建设看作构建新发展格局的必备过程,通过打通交通大动脉,畅通交通大循环,达到开通一条道路，带动一地发展，富裕一方百姓的目的。

（三）深化"大交通"理念

现代综合交通体系建设是事关全区经济社会发展的一项系统性工程，涉及发改、财政、自然资源和规划、交通、住建、城管、交警、鄞城、鄞工等众多部门，内容涉及铁路、高速公路、码头、城市快速通道、乡村道路、轨道交通、交通产业等诸多领域，囊括综合交通网络体系、运输服务体系、绿色平安智慧体系、交通产业发展体系、交通行业治理体系等，这不是一个部门或几个部门的事情，而是需要全区统筹协调，从大交通的战略高度出发，集众智聚众力，形成现代综合交通"一盘棋"的格局。

二、优化交通路网

对接宁波未来城市发展战略，按照东扩南延、西联北通、外接内畅的总体思路，优化交通路网结构，建设安全、便捷、高效、绿色、经济的现代化综合交通运输体系。

（一）注重城区通畅

建设鄞州大道、福庆路、通途路、世纪大道、东外环路等一批快速路网，使鄞州城区形成"三纵（东外环路、福庆路、世纪大道）三横（鄞州大道、环城南路、通途路）"城市快速路体系；实施城市主干道路交叉口立交化改造工程，对新建的城市主干道路交叉口原则上采用立交或半立交方案，已建的城市主干道路要通过整合、优化，尽可能改造成半立交，以增强主干道路的通行能力；优化城市次干道，对居住人口集聚、交通拥挤、路网偏密区域，实行单行线运行，以减轻部分地段的拥堵现象；打通断头路，对一些长期影响群众出行的断头路，要集中精力，坚决打通。

（二）注重城乡通达

按照全域城市化的方向谋划城乡交通，启动五乡南北大道建设；加快实施宝瞻公路复线项目；推进广德湖路南延项目；加快十大精品线改造提升工程等，实现城乡交通快速通达。

（三）注重内外通联

向东实施南外环路东延项目对接北仑，向南建设203省道项目连

鄞州大道—福庆路（东钱湖段）快速主线一期通车

接奉化，向西实施庆元大道及首南路、四明路西延项目连接海曙，向北实施世纪大道快速路改建项目对接镇海等，畅通鄞州向外通道。

（四）注重规划衔接

按照前瞻性、一体化、先行性的方针，注重与省市综合交通规划有机衔接，服务国家和省市重大发展战略。按照多规合一的原则，将综合交通规划与国土空间规划、未来城市发展规划等不同部门的规划一体化综合考虑，注重各规划之间的有机融合，避免各自为政，杜绝冲撞矛盾现象。

三、打造交通枢纽

发挥现代综合交通枢纽的特殊功能作用，尽全力争取一批交通枢纽布局、落户鄞州，带动鄞州经济腾飞。

（一）争取高铁枢纽

紧紧抓住宁波高铁建设方案调整机遇，积极向上争取通过苏嘉甬高铁走东线方案，将高铁枢纽布局在五乡西片区。这一方案离中心城区最近，位于东部新城拓展区，处在今后城市发展轴上，城市人口覆盖最大，便于 TOD 开发运行，带动周边快速形成宁波高铁新城。如果因各方面条件限制，东线方案未通过批准，次优方案是争取高铁枢纽落户姜山区域，这一区域经济发达，发展腹地大，人口居住密集，可以最大限度带动宁波南部新城的快速发展。

（二）建设地铁枢纽

在地铁交汇处尽可能打造地铁枢纽，辐射带动周边地段发展。重点优化建设樱花公园枢纽（1号线与3号线交汇处）、云龙东钱湖枢纽（4号线、7号线与8号线交汇处）、南部商务区枢纽（3号线与8号线交汇处）、鄞县大道区政府枢纽（3号线与5号线交汇处）、鄞县大道高教园区枢纽（4号线与5号线交汇处）、邱隘明湖枢纽（1号线与7号线交汇处）等。注重地铁与公交接驳，建设P+R换乘停车场，依托地铁枢纽推动江东老城、东部新城、南部新城、钱湖新城及周边地段集约集聚发展。

（三）优化高速枢纽

鄞州现有高速出入口11个，但没有高速枢纽，建议适时将宁波东高速出入口部分功能外延至姜山北地块，并将拟在广德湖路新布局的高速出入口并入，建设宁波南综合高速枢纽；积极优化朝阳、东钱湖、五乡、姜山等高速出入口，适时关闭杭甬高速大朱家出入口。

（四）谋划海运枢纽

建议在滨海经济开发区谋划建设万吨级货运码头枢纽，为临港工业配套服务。同时，在咸祥横山码头至鹰龙山一带谋划建设邮轮码头，开发文旅产品项目。

四、把握建设时序

坚持先急后缓、先主后次，保重点、保在建的原则，编制项目库，确定近、中、远期工作目标,重点解决好连而不畅、邻而不接等问题,有序推进综合交通项目建设。

(一)近期亟需项目

城区内重点抓好"二纵(世纪大道南延、盛莫路拓宽改造)二横(百丈路东延、日丽路东延)"等项目建设,方便城市通联。城区外,加快改建S215省道东钱湖段,以交通先行支持东钱湖区域发展;加快实施203省道项目,便捷鄞南姜山片区与奉化通勤;加快实施南外环东延至北仑项目,减轻329国道压力;启动五乡南北大道建设,带动五乡片区开发建设等。

(二)前期启动项目

谋划建设福明路、南外环高架东向南通道,方便东部新城至南部新城高架通行。全面提升沿奉化江、甬江东岸的滨江南北路、江东南北路、甬江大道,建成亮丽的沿江风情线;改造提升嵩江路等项目,方便城市居民出行。

(三)超前谋划项目

从宁波建设滨海大都市的战略高度出发,顺应城市东扩发展趋向,前瞻性谋划轨道交通至滨海项目,研究谋划东钱湖至大嵩湖海路项目,提升都市核心区与滨海区块交通联动水平。前瞻性谋划甬台温高速提升项目和杭甬高速城区段改造城市快速路项目,优化城区通行。

五、推进前期征迁

交通建设是典型的线性工程，做好前期工作特别重要，特别是土地要素制约越来越大，已经成为发展的新常态，亟须加大工作力度，重点抓好前期征迁工作，做好综合交通项目建设用地保障。

（一）拆迁清零

针对长期存在的因为拆迁问题导致交通建设项目久拖不决的问题，对在建和近期实施的交通建设项目进行全面摸底排查，全面推行阳光拆迁，扎实推进道路沿线的拆迁清零，确保在建项目和近期实施项目土地要素的及时有效供给。

（二）用地报批

交通作为经济发展的先导工程，尤其是项目建设经常涉及农保地、永久保护农田、粮控区农田，土地供给必须要超前谋划，做好规划预留，提前报批市、区协调处理，与相关职能部门做好对接，排除各种制约因素，办理好土地审批相关手续，尽快将土地转化为建设用地，确保交通项目建设土地资源要素的有效供给。

（三）压实责任

针对土地要素供给的瓶颈制约问题，重点加强对鄞州综合交通体系建设的考核督查，将土地要素资源供给情况列入专项考核督查内容，列出制约交通在建项目和近期实施项目的土地供应问题清单，结合全域土地综合整治，督促相关部门和镇街逐条逐项进行落实，有效解决

疏港高速塘溪枢纽施工现场

相关历史遗留难题,保障交通项目正常进行。

六、破解融资难题

交通建设投资巨大,应全面统筹财政预算内外、市区镇街、存量增量等方方面面的财力,集中力量办大事。

(一)财政资金争取

加大与市发改、财政、交通、住建、自然资源与规划等相关部门对接联系,尽可能争取市级重大交通项目落户鄞州,尽可能争取鄞州交通项目列入市项目库,积极争取上级财政资金支持鄞州综合交通体系建设。区镇（街）两级财政要千方百计安排交通项目资金，保障鄞州现代综合交通体系建设。

（二）依法适度举债

根据鄞州地方经济实力和未来发展预期，在风险可控范围内，依法适度实施项目举债，募集社会资本。积极开展交通、城建等部门与世界银行、国家开发银行等政策性金融机构的合作，积极争取低息长期贷款。进一步盘活国有资产，把优质国有资产注入平台公司，提升平台公司资产质量与融资能力，提升其为政府承担交通项目建设的功能。

（三）重点项目包装

以综合交通枢纽和交通站点建设为中心，推行 TOD 开发模式，争取建设一批交通综合体和高铁新城，推出一批综合交通重点项目，通过 PPP 模式吸引社会资本参与。同时，加强对交通建设项目的招投标控制价审核和竣工决算审计，严格控制项目造价成本，提高财政资金绩效。

七、完善体制机制

深度融入国家省市发展战略，按照"一年一突破、五年大变化、十年新格局"的总体要求，不断优化交通建设管理体制机制。

（一）探索综合智治

深化"综合智治""交通为民"的理念，准确识变、科学应变、主动求变，探索现代交通综合智治，畅通人流物流经济流。优化交通路口治理，在科学论证的基础上合理减少红绿灯，清晰红绿灯数字提示系统，优化道路标识设计体系；有条件的主干道路口设置右转弯车道；有条件的城市主干道路口实行上跨下穿，进一步便捷交通畅行。提升城市道路能级，按照现代交通理念，对城区老旧道路进行优化升级，提高道路通行效率。进一步优化道路组织体系，严格实行客货分流。以数字化加强交通项目建设质量监管，把百年大计质量为本、提高优质交通产品的理念贯穿到交通建设各个环节，推动交通高质量发展。

（二）实施数字赋能

适应数字化改革趋势，运用5G+、大数据、人工智能等新技术新成果，对全区交通体系进行数字化赋能，建设全区交通运输体系的信息网络，推动智慧交通体系建设，推动城市智慧出行。依托宁波鄞州城市大脑，推动大数据中心、交通、交警、城管等多部门联动合作，实现交通跨部门跨区域数据共享应用，建设现代综合交通大数据中心体系，全面提升鄞州交通运输大数据科学研判分析和决策判断水平。

（三）理顺体制机制

针对交通涉及行业部门多、工作统筹合力不足的问题，按照政府主导、交通主抓、住建主建的工作思路，完善现代交通决策、建设、管理、监督工作体系，进一步理顺现代交通体制机制。重点理顺交通与鄞通的关系，建议鄞通由交通部门主管，业务对交通部门负责，破解鄞通与交通两张皮、职能隶属关系不明的难题。处理好住建与交通

的关系,全区综合交通体系建设应由交通部门牵头,建议成立鄞州现代综合交通联席会议制度,成立工作专班,办公室设置在区交通局,按照区综合交通规划部署,定期举行工作会议,统筹全区交通建设体系性问题,实现全区现代综合交通建设"一盘棋"工作格局。

(2021年5月)

关于鄞州交通发展中存在的相关瓶颈与建议

综合交通是城市战略的重要组成部分,在经济社会发展中具有基础性、先导性和服务性的功能属性,是鄞州建设"现代化滨海大都市中央活力区、高品质共同富裕的首善之区"的基础。当下市、区两级国土空间总体规划正在编制,作为宁波城市发展的中场核心,鄞州区面临交通发展新的机遇与调整,亟须强化对交通系统的战略思考、自我评估与挖掘,以守护城市长远价值,满足人民群众对美好生活的向往。

一、现状与问题

近年来,鄞州交通加快发展,特别是轨道交通的强力带动,与海曙、北仑、奉化等区域实现"轨道可达",区域交通外延内联呈立体化态势,已基本形成"十一横、十一纵"方格网式的框架性干路网格局,核心区内主干路网基本打通,路网体系相对完善,道路建设由"粗犷式"向"精细化"转变,实现了从以交通为主的"城市道路"到以人居环境为重的"品质街区"的升华，城市品格显著提升，发展能级不断增强。且河网水系交错密集，其中鄞州公园、院士公园、生态公园构成了三大新城慢行样板，甬江公园、滨江绿道形成了典型特色滨水休闲带，铸就了"蓝绿交织"的城市公共生态格局。因历史遗留及客观因素，鄞州交通目前存在以下问题：

1. 对外交通枢纽标准低。鄞州区现有宁波东站、汽车东站及鄞州客运总站3个交通枢纽，其中宁波东站、汽车东站建设较早，均为临时站，对外交通疏解能力有限。区内高速与城市快速路尚未形成全互通疏解网络，高速以双向四车道为主，通行能力已不能满足需求。且缺失综合性交通枢纽。

2. 组团间融合度不足。目前杭甬、沈海、绕城三条高速及甬台温、萧甬两条铁路贯穿鄞州，严重分割中心城区，造成道路建设周期较长，严重影响区域一体化发展。南部新城与原江东片、东部新城、东钱湖之间通道仍较为单一，交通压力相对较大。城镇之间路网主要为通道型，部分道路建设较早，已不能满足城镇之间交通需求。

3. 公交服务能力有限。目前鄞州区轨道交通已通车5条线，在建3条线，轨道交通建设尚未完全成网。轨道交通覆盖率南北不平衡，鄞州北部区域相对较高，鄞州南部区域相对较低。常规公交网络与轨道换乘效率低，"最后一千米"问题亟待解决。

二、对策与建议

（一）谋划"一城多枢纽"新格局，实现城乡通达

积极对接宁波西站枢纽项目建设，积极谋划建设鄞州综合交通枢

纽，满足人民群众的交通出行需求。

1. 谋划东部新城商务综合枢纽。建设新东站同时保留利用老宁波东站，定位为商务型枢纽，主要面向长三角城际商务客流，支撑核心城区城市发展。该枢纽位于甬舟、沪甬及杭甬城际大道交汇处，枢纽系统接驳主要采用"轨道+快速公交"形式，与城市快速公交融为一体，实现交通衔接地下空间互联互通。

2. 谋划建设云龙综合交通枢纽。在铁路云龙站基础上，新建综合客运中心，谋划打造云龙综合交通枢纽，通过汇聚铁路、轨道交通、高速公路、城市快速路等交通方式，服务于东部新城、南部新城、钱湖新区以及梅山新区、鄞州滨海新区等区域。

3. 谋划建设宁波南综合高速枢纽。建议建设宁波南综合高速枢纽，拟将在广德湖路新布局的高速出入口并入，对接周边城市快速路、轨道交通、城乡公交等资源，方便宁波南姜山、首南乃至奉化方桥等区块居民出行。

（二）谋划基础设施优化融合，实现内外通联

1. 加快实施城市快速路项目。加快建设一批快速路网项目，构建"四纵四横两联"（四横：通途路、环城南路、鄞州大道、鄞城大道—S310省道。四纵：机场路、广德湖路、世纪大道、东外环。两联：宝瞻公路、沿海中线）的快速路网体系，实现鄞州对外快速通达。

2. 优化利用好高速公路进出口。结合宁波南综合高速枢纽建设，适时关闭杭甬高速大朱家出口，积极优化朝阳、东钱湖、五乡、姜山等高速出入口，将宁波东高速出入口部分功能外延至姜山北地块，缓解交通节点拥堵。

3. 加快推进轨道交通项目建设。加快轨道交通6、7、8号线项目建设，尽快形成鄞州轨道交通网。加快推进宁波至象山城际铁路工程项目，实现鄞州与象山、北仑、镇海等区域快速互联互通。

（三）谋划公共交通小循环加密，实现城区通畅

1. 全面落实公交优先。在积极推进轨道交通规划建设的基础上，引入中运量公交系统，构建功能完善、层次清晰的常规公交线网，强化公交场站和公交专用道系统建设，新建44米以上的无红绿灯公交道路，构筑以轨道交通和中运量公交为骨干，常规公交为主体，出租车为补充，公共自行车、单车、小遛等为延伸的多模式、一体化的公共交通体系，打造低碳、绿色、具有国际水平的公交都市。

2. 打通出行"最后一千米"。在新一轮轨道交通规划建设中，对接西枢纽，加密首南、下应区域轨道线网。轨道站点与周边地块一体化设计，强化站点与地块之间的无缝衔接，周边住宅、商业预留道口至站点。结合轨道站点，完善地下过街，平面过街改为立体过街，减少交叉口交通影响，保障行人过街安全。轨道站点区域无缝接驳，完善常规公交、自行车的接驳，提高公交出行便捷性。

（2022年9月）

关于以数字化改革推进共同富裕标杆区建设的建议

当前，浙江被赋予高质量发展建设共同富裕示范区的重大政治责任。6月中旬，《浙江高质量发展建设共同富裕示范区实施方案（2021—2025年）》《宁波高质量发展建设共同富裕先行市行动计划（2021—2025年）》相继公布，描绘了浙江省、宁波市未来五年高质量建设共同富裕美好社会的基本图景。作为浙江省、宁波市发展的排头兵，鄞州区如何负冀前行，跑在最前列，建设具有江南韵味和鄞州特色的高质量发展共同富裕标杆区，值得关注与期盼。鄞州区起点高、基础好、改革成果丰硕，其中经济发展、乡村振兴、城市建设、城乡差距、富裕程度等指标在全市、全省、全国位居前列，建议在此基础上以数字化改革为抓手，全面推进共同富裕标杆区建设，形成与数字变革时代相适应的生产方式、生活方式、治理方式，推动鄞州区在生产力、生产关系等各个方面的高质量发展。

一是把共富乡村作为共同富裕标杆区建设的重点，以"新基建"为抓手进一步推进"数字鄞州"建设。虽然鄞州城乡一体化水平较高，

但城乡市政基础设施建设存在总量不高、标准不高等问题，尤其是一些偏远镇、城乡接合部甚至街道在道路基础设施、生活环境、生态治理等方面存在短板，与宁波建设现代化滨海大都市目标不相匹配，公共服务等与群众需求也有一定差距。为此，应把数字化改革作为我区推进共同富裕标杆区建设的"船"和"桥"，聚焦重大任务，顶层设计一批应用场景、一体化智能化公共数据平台等制度性创新成果应用，以此带动更深层次的全方位变革，推进我区新型城镇化建设与乡村振兴，缩小城乡区域发展差距。同时重点支持基础条件好、数字化建设有优势的镇（街道）为共同富裕的领头雁，打造高品质精致城区，锻造精品城市腹地。通过率先探路，有效破解现代化进程遇到的难题，突出鄞州的先行性、先进性与示范性，展现现代化滨海大都市中心城区的气质和魅力。

二是构建市场有效、政府有为、企业有劲的共同富裕体制机制，以"新技术"大力推进民营经济数字化发展。我区民营企业数量多，但研发投入和研发产出处于较低水平（2020年全区研发费用占营业收入比重仅为2.7%），低端产业虽然实现了产业聚集但没有核心竞争力。企业在数字化改革方面投入滞后，数字经济扶持方式多以资金资助为主，缺少市场介入、企业合作和产业链对接上的资源支持。数字化赋能推广目前仅局限于龙头领军企业，而大量中小企业数字化发展的积极性不高，推广速度慢。为此，须抢抓浙江打造全球数字变革高地的机遇，瞄准世界高新技术发展方向和各类高附加值产业，全面梳理数字经济系统建设思路，打造"新智造""数字贸易""数字航运""未来产业"等标志性应用场景，培育数字化核心产业，提升企业创新的原动力，同时加快推进产业领域全方位、全链条提升改造，全力推进我区"浙江省数字经济创新发展试验区"建设。

三是围绕加快推进人的全生命周期发展,以"新场景"谋划推出一批群众有感的数字化典型场景应用。目前,我区的数字社会系统,特别是覆盖城乡的政策集成、动态管理的重大场景应用尚在开发中,个性化、定制化的优质公共服务共享机制还未在不同群体、城乡间普及应用。为此,在提升5G商用、人工智能、大数据等新一代数字技术的普惠功能上,需创设多样化的身边"未来场景",推动各类数字化应用门户界面和服务端口"看得清、找得到、用得来",如打造数字化的新型教育共同体、医共体、帮共体,开发民呼必应"百姓说事"应用场景,构建"诉求一键报、微事村社办、小事镇街办、难事联动办"的全域协同工作模式,通过数字赋能,推进我区更高水平的"善育、优学、健康、颐养、安居、保障、温暖"等民生品牌建设,推动全民共享数字红利。

四是紧盯跑在共同富裕示范区建设最前列的目标,以"新思路"实施好共同富裕标杆区建设的推进举措。《宁波高质量发展建设共同富裕先行市行动计划(2021—2025年)》已制定好下阶段的"路线图",明确18项重点行动、19项标志性工程。市委要求按照"每年有新突破、5年有大进展、15年基本建成"的安排创造一大批具有宁波辨识度的共同富裕重大标志性成果,鄞州作为排头兵,为全省建设示范区、全国实现共同富裕的进程提供更多范例。为此需实施好《鄞州高质量发展建设共同富裕标杆区行动方案(2021—2025)》,"快、准、细、实"打好"五富共创"高质量发展的组合拳,推出一批标志性成果。一是问需精准。切准我区改革发展的重大需求点,通过数智平台收集民情、民意,自动生成民意热力图、热度榜和趋势预警分析,政府利用分析结果动态调整年度任务和月度清单，确保每件民生实事办好办实。二是多跨场景推进改革加速。如聚焦城镇管理、矛盾纠纷、生态环境、综合执法、市场监管等方面的跨领域、跨部门、跨层级集成改革，实现一体化智能化办理、处置。多跨场景可从简单的产品供给拓展到"未来社区"建设等热点问题，让共同富裕的重大改革难题看得见，真实可感。三是重点突破。数字化应用不是表面化的信息化建设和场景应用开发，而是找准最迫切的改革突破口，迅速取得更多有示范性和影响力的样板。如浙江已陆续发布"浙江公平在线""浙食链""浙苗链""浙江知识产权在线"等一批数字化改革成果，从体制机制维度激发各领域发展活力。

（2021 年 9 月）

关于发展农村集体经济建设共同富裕标杆区的建议

推进农村集体产权制度改革、发展壮大农村集体经济，是实现乡村振兴战略，走好共同富裕之路的必然要求。鄞州区在高质量建设共同富裕标杆区的过程中更加需要维护农民合法权益、增加农民收入，探索农村集体经济新的实现形式和运行机制，培育农业农村发展新业态、新功能，尽可能让村民的钱包真正"鼓起来"，不断解放和发展农村社会生产力，促进农业发展、农民富裕、农村繁荣，为推进城乡协调发展、巩固农民农村共同富裕提供重要支撑和保障。

一、以"地"生钱，盘活资源经济

一是鼓励村集体流转或利用机动地、荒地和村庄整治、宅基地复垦等结余的土地及其他可利用的集体所有资源，发展优质高效农业等。二是积极推进城乡建设用地增减挂钩，置换出的建设用地指标优先安排用于农村各类经营项目，制定增减挂钩结余指标交易管理办法，规

范结余指标交易,土地增值收益返回村集体。三是用好用足 2020 年 1 号文件中"新编县乡级国土空间规划应安排不少于 10% 的建设用地指标,重点保障乡村产业发展用地。省级制定土地利用年度计划时,应安排至少 5% 新增建设用地指标保障乡村重点产业和项目用地"这一政策,鼓励集体经济组织在符合土地利用总体规划的前提下,依法使用集体建设用地自办或者以土地使用权入股、联营等方式与其他单位、个人共同创办企业,让农民与集体经济组织更多分享土地增值带来的收益。

二、以"权"生钱,创新交易方式

农村集体产权制度改革,确权是基础,赋权活权是关键。一是政府要依据产权要素性质、流转范围和交易需要,健全市场交易规则,完善运行机制,积极引导各类农村集体产权入场交易,加强产权流转交易服务和监督管理。以简化流程、优化服务为目标,积极探索实践交易方式,完善确权登记、信息发布、交易办理、抵押融资等一系列工作体系。二是建立完善微信公众号和网上竞价系统,实现交易信息网上浏览、交易规则网上学习、报名竞价线上操作、交易结果网上公布等,学习余姚市农村产权"超市",象山县"微拍"交易等经验做法。三是继续组织实施好赋予农民的对集体资产股份占有、收益、有偿退出及继承权等权能的改革,探索农民有偿退出集体资产股份的条件和程序。

三、以"房"生钱,发展物业、民宿经济

一是开发利用集体经营性建设等土地,建设物业项目,盘活闲置资产,发展物业经济。支持通过异地兴建、联村共建等多种形式增加资产和物业收入,拓展村集体经济发展空间。二是通过深挖乡村特色价值,撬动城乡资源有效对接、双向流动,吸引工商资本积极投入乡村建设,大力发展乡村旅游、文化创意等新业态,积极推进闲置农房激活利用,带动周边民宿、餐饮经济。三是在激活利用过程中,要坚持农民主体地位,充分发挥市场作用,加快形成多主体参与激活利用的良好局面。有条件的村集体,也可以对闲置农房进行统一收储、规划、招商、委托交易,形成规模效应。

四、以"业"生钱,着眼服务经济

鄞州区要坚持因村制宜,探索多渠道、多业态、多元化的农村集体经济发展模式。一是在产业发展上,优先布局现代特色农业,着重发展物业租赁经济,服务配套经济,乡村旅游经济等新产业、新业态,使集体经济发展体现经营业态多元的特性。二是在地区发展上,充分发挥比较优势,城郊区发展好物业租赁经济、服务配套经济,农业区发展好现代特色农业,自然风景区积极探索"农旅结合、农文结合、农商结合",立足自身优势,找寻集体经济发展壮大的最优解。三是要把村集体的各类资源(如集体林场、土地、水塘等)作为与企业和能人合作的条件,出台更多更加符合农村实际的优惠政策,引进龙头企业,通过发展农村电商、冷链物流、乡村旅游等新业态,带动更多能

人和企业投资农村，聚集人气，发展产业，带动村集体经济发展。

五、以"钱"生钱，扩大金融支持

一是鼓励和引导金融资金加大投入，形成多方投入合力。加强银政合作，推动地方政府出台信用担保、风险补偿、财政贴息等措施，多方面撬动金融资金。加快研究出台集体资产股份抵押担保办法，赋予集体土地、集体经济组织股权等资产抵押担保功能，进一步发挥农业政策性金融的作用。二是可探索设立共同富裕村级集体经济发展基金。探索强村带弱村、村企联手共建、政府定点帮扶等多种形式，实现多元化经营。三是规范发挥资本市场融资功能，推进农村信用体系建设，把村级集体经济组织纳入评级授信范围，对符合条件的村级集体经济组织项目在信贷支持上给予计划优先、利率优惠。

六、以"人"生钱，优化人才培养

一是注重培养管理和技术人才，加强基层组织体系建设，实现"村组织+"的多元经营体制。在完善现有农村集体经济经营体制的基础上，安排一批涉农专业的大学毕业生到公益性岗位，就业于基层，服务于农村。抽调一批具有开拓能力的县区乡镇涉农干部，充实到农村集体经济组织的经营管理队伍中。加强新型职业农民队伍培训，提高集体经济发展能力。二是依托鄞州区大专院校集聚的优势，建设农村集体经济人才培训基地，加大农村集体经济人才培养力度。鼓励和引导外出务工人员返乡创业，树立"服务家乡、发展自身"的理念。

三是探索推广经营班子年薪制、风险抵押金制以及外聘职业经理人、独立董事等经营管理机制，有条件的村可根据农民意愿探索股权激励机制，激发经营者对发展集体经济的积极性。

（2022年1月）

关于实施乡村振兴战略先行建设近郊村租赁房的建议

党的十九大提出实施乡村振兴战略,巩固和完善农村基本经营制度,深化农村土地制度改革和深化农村集体产权制度改革,壮大农村集体经济。2018年3月9日,国家发改委印发了《关于实施2018年推进新型城镇化建设重点任务的通知》,明确指出深化城乡土地制度改革。调整优化村庄用地布局,深入推进低效用地再开发,探索开展闲置土地处置试点。深化利用农村集体经营性建设用地,建设租赁住房试点,推动建立多主体供应、多渠道保障、租购并举的住房制度。根据国家发展战略和相关政策精神,鄞州实施乡村振兴战略时可以结合自身实际,利用鄞州众多的近郊优势,积极先行先试,在近郊村建设租赁房。

一、现实意义

在近郊村建设租赁房,一是建设美丽乡村的有效载体。通过统一建设租赁房,对租房居民统一管理,可以杜绝以往租房市场的零散化、碎片化和脏、乱、差现象，解决租房住户的管理难题，有利于营造美丽乡村干净清爽的生活环境。二是发展村集体经济的有效途径。能够盘活集体闲置土地，对其进行集约高效利用，为农村集体经济发展造血，增加当地农民的集体收入。三是落实租购并举住房制度的有效探索。能有效改善目前鄞州由政府提供公租房的单一现状，有利于减轻政府财政负担，激活房屋租赁市场，落实购租并举政策，稳定房地产市场。四是留住人才的有效举措。近郊村租赁房房租价格相对较低，能降低生活成本，有利于新鄞州人安心干事创业。五是盘活存量土地资源解决村级留用地的有效办法。能盘活大量低效、闲置集体建设用地，是破解村级留用地落实难的切实有效办法。

总而言之，在近郊村建设租赁房是实施乡村振兴战略的一条现实可行之策，应大力推行落实。

二、工作建议

（一）科学规划建设

建议近郊各镇（街道）以数个地理位置临近的行政村（社区）为单位，对各个村（社区）的集体建设用地进行统筹，选择与中心城区交通便利的地段，调剂地理位置相对偏远村和山区村的土地资源到该地段统筹建设，房型面积以经济适用小户型为主，适宜新参加工作的人员租住，既有较高的房租性价比，又能形成租房市场的积聚效应。

（二）注重生活配套

以建设商品房的理念建设公租房，注重完善租赁房规划建设的相

关配套，如在租赁房集聚地周边设置公交站点，引入超市，配套幼儿园、菜市场、公共自行车站点及社区卫生服务中心，提供求医、子女就学、出行等各种生活便利。

（三）规范有序管理

建议由所在地镇（街道）负责，制订相关管理制度，在租赁房集聚地统一引入物业，对租赁房出租实施市场化运作、规范化管理，做到公开、透明、监管到位。

（四）引入社会资本

对于经济实力相对不足的村，引入社会资本参与租赁房建设，租赁房产权归集体所有，社会资本享有租赁房收益权，双方按照一定的比例约定分成，约定相应的社会资本退出机制，解决租赁房建设资金问题。

（五）强化监督整治

在近郊村集中发展公租房市场的同时，结合"三改一拆"，加强对所在区域的监督，发现有违章搭建、私自租房的一律拆除，重拳出击，对擅自改变厂房用途为租赁房的强行取缔，杜绝租赁房市场的乱象，营造安全、舒适、便捷的新鄞州人生活环境。

（2018 年 3 月）

关于进一步推进全区老旧住宅小区微改造的建议

老旧小区凝结着城市的记忆，承载着居民的情怀。随着时间的推移，老旧住宅小区基础设施老化、配套设施不全、物业管理水平低下等问题普遍存在，难以满足城市发展和居民生活水平提升的需要。随着宁波市被列入全国15个老旧住宅小区改造试点城市，进一步推进鄞州老旧住宅小区微改造已迫在眉睫。

一、老旧住宅小区微改造及其意义

老旧住宅小区微改造是指将老旧住宅小区整治改造作为头等的民生大计，秉持共建共享、共治共管、共同缔造的原则，坚持目标导向、问题导向、实效导向，根据群众的意愿和期盼，对老旧住宅小区实施微整治、微更新、微改造，重点对老旧住宅小区建筑物本体、市政配套设施和其他配套设施进行适度改造提升，对车乱停、车棚住人、卫生死角、破旧物品处理等环境问题进行整治，通过对老旧住宅小区因

地制宜改造，实现城市有机更新。

老旧住宅小区微改造解决民生难题。老旧住宅小区微改造重点解决小区设备设施老化、绿化缺失、安全隐患、停车位不足、车辆乱停放、卫生死角多、外墙风化褪色、雨污管道堵塞等群众关切的热点民生难题。

老旧住宅小区微改造发挥群众作用。老旧小区微改造不实行"一刀切"模式的强制改造，而是以群众为主体，根据小区特点，实行群众点单的"菜单式"改造模式，确立"共谋、共建、共管、共评、共享"的共同缔造理念，激发居民的主动性，使居民群众成为改造主体。

老旧住宅小区微改造涵养城市文明。老旧住宅小区微改造摒弃了大拆大建的改造模式，通过用"绣花式"功夫微改造，实现了"老屋新生"，美化了城市环境，保护了城市文化，传承了城市文明，让城市留下记忆，让居民群众记住乡愁，涵养了城市文明。

二、进一步推进老旧住宅小区微改造的建议

鄞州老旧住宅小区量大面广，全区 2000 年之前建造的老旧住宅小区（含 2004 年前建造的拆迁安置小区），共计建筑面积 800 多万平方米，居全市老三区之最。对老旧住宅小区进行综合改造耗资巨大，加上鄞州老旧住宅小区情况复杂，经不起大拆大建的折腾，实行微改造是一条切实可行的途径。对此，特提出以下几点建议。

一是强化组织领导。老旧住宅小区微改造涉及发改、财政、住建、规划、综合执法、民政、环保、审计、交警、消防等部门，以及所在镇、街道，应建立以区主要领导任组长的老旧住宅小区微改造领导小

组,进行总体指导部署,并成立老旧住宅小区微改造办公室,牵头协调具体工作,并将老旧住宅小区微改造列入政府民生实事工程,予以全力推进。

二是注重规划统筹。对雨污合流管网、停车位、绿化、垃圾集中堆放点等进行重新规划设计,实现雨污分流,增加停车位,提升绿化水平,完善消防设施。并与环境综合整治、五水共治、创卫、垃圾分类等工作有机结合,整合资金、资源,提高使用效率,避免重复建设。要健全老旧小区微改造整体制度设计,简化优化改造涉及的立项、招投标等环节工作流程和操作规范,提升改造效率。

三是分步推进实施。由于老旧住宅小区微改造量大面广,需要制订工作计划,一步一个脚印分步推进。要按照"实施一批、谋划一批、储备一批"的原则,纳入城市更新年度计划。在此基础上,实行菜单化管理、项目化组织、定制化改造,提升管理水平,根据不同小区的特点制定改造方案,实现垃圾分类、"僵尸车"整治、有序化停车、植绿护绿、污水零直排改造等不同改造项目类别之间的逐步推进。

四是规范物业管理。社区物业管理是老旧住宅小区微改造长效机制的关键。在街道、社区和居民层面,对于基础条件较好的小区和经过微改造可以达到引入规范化管理水平的小区,要积极引入规范化的物业管理。对于条件较差,无物管或物管已经退出的小区,有业委会的,可以采取所在社区和小区业委会共同参与的管理模式。对于未选聘物业服务企业且无法选举产生业委会的老旧小区,可以采取准物业管理模式,并逐步在居民适应现代化物业管理模式后,过渡到标准化物业管理。对于零散居民点,可以按照就近合并的方式,由街道、社区提供社区托底物业服务。引导业主做好后续维护管养工作,从根本

上巩固微改造工作成果。

五是加大社会宣传。老旧住宅小区微改造强调"共同缔造"理念，不仅要求政府和居民个人共同出资，而且微改造项目"改不改""改什么""怎么改"均由居民确定，尤其需要调动群众的积极性，争取群众最大限度的支持和理解。因此，老旧住宅小区微改造需要加大宣传力度，采取更加多样适用的形式，深入细致地做好宣传工作，积极引导群众参与决策、监督和改造，营造良好社会氛围。

（2018年12月）

社会建设篇

SHEHUI JIANSHE PIAN

关于提升区域软实力
强化"首善之区"硬支撑的咨询报告

　　城市软实力泛指一个城市文化、制度和管理等各种非物质要素的总体合力，是城市经济社会高质量健康发展的重要支撑。习近平总书记在党的二十大报告中特别强调，要不断提升国家文化软实力和中华文化影响力。提高国家文化软实力，关系"两个一百年"奋斗目标和中华民族伟大复兴中国梦的实现。新一届区委在第十五次党代会上提出要建设现代化滨海大都市首善之区的战略目标。我们理解，首善之区建设应该包括硬实力建设和软实力建设两个方面，必须在党建保障基础上"软硬兼施"，既要抓硬实力，也要抓软实力，两手抓、两手都要硬。区政府咨询委聚焦城市软实力提升，在认真学习党的二十大报告基础上，先后召开了宣传文化、社会民生、政法善治、镇街道等相关20多个单位参加的专题座谈会，并邀请专家委员进行研讨，形成了《关于提升区域软实力　强化"首善之区"硬支撑的咨询报告》，供区委区政府决策参考。

一、重要意义

当今世界，软实力越来越成为一个国家、一个地区、一座城市综合实力的重要标识。面对百年未有之大变局，鄞州作为宁波都市核心区，必须要在持续增强硬实力的同时全面提升软实力，对标先行方位，着眼名城强区，锻造"硬核力量"，努力成为更高水平改革开放先行区、高质量发展建设共同富裕标杆区。

（一）形势发展的客观需要

党的二十大报告明确提出建设中国式现代化。中国式现代化是中国共产党领导的、适合中国特色、符合中国国情的现代化，是物质文明和精神文明相协调的现代化，是共同富裕的现代化，需要硬实力，更需要软实力。从 20 世纪八九十年代至今，鄞州紧紧抓住了工业化、城市化两大战略机遇，勇于改革创新，经济跻身全国一流强区最前列，鄞州也从"有县无城"蝶变为宁波都市核心区，并形成了"敢为、求实、争先"和"大义当先、开放在先、敢为争先、实干率先"的城市特质。新形势下更需要进一步厚植城市品格，全面提升城市软实力，为现代化滨海大都市首善之区建设注入强大的精神动力。

（二）区域竞争的必然选择

现在各地均在加快城市软实力建设步伐，将其作为提升城市综合实力的动力之源。上海浦东被国家授权变通适用国家法律法规，借制度创新争创软实力发展新优势。深圳宝安区制定了"前海战略"，通过主抓软实力建设，实施互联网＋公共服务等一批重点项目，城市人才吸引力持续增强。市内北仑、慈溪等地均从产业龙头的城市早期版本向更注重软实力的城市升级版本跨越。区域竞争不进则退，鄞州必须加快提升城市软实力，强化现代化发展硬支撑。

（三）"首善之区"的应有之义

"首善之区"本意是全域奋力争先和创优，各方面成为最好模范。其本身就全面涵盖硬实力和软实力，在首善领域方面，从经济建设的争先到政治建设、文化建设、社会建设、生态文明建设、党的建设等方方面面；在首善要素方面，从土地、产业、资金的创新供给到突出人才、服务的全方位最优服务保障；在首善生态方面，从过去的突出产业生态到现在的创业生态、创新生态、服务生态、自然生态等多元生态融合共生，这些都构成了软实力提升的必然要求。

二、发展现状

鄞州人文荟萃，底蕴深厚，城市软实力与经济建设同步发力，已经成为新时代鄞州跨越发展的鲜明底色。现如今鄞州综合实力连续6年名列全国百强区榜单第4，连续3年跻身中国最具幸福感城区之列，是助力宁波蝉联全国文明城市六连冠的核心城区，社会治理和高质量发展水平双双位居百强县前10，勇夺平安浙江建设"平安金鼎"，奥运冠军数量列全国县级单位第二。

（一）优势

1. 人居环境全市领先。高起点推动新一轮城市发展，拉开"一核四城六空间"框架，协同推进东部新城、南部新城、钱湖新城、蓝海新城这四城建设，中心城区面积达117平方千米。成功创建"省基本无违建区"，在全省率先完成覆盖全域的城镇社区建设专项规划，13个社区列入省未来社区试点创建项目名单。实施"精特亮"工程，高标准打造湖光山色"绿水青山"实践线等精品线路、特色街区等亮点工程。建成东部生态走廊、鄞州公园、院士公园等公园绿地，创建"席地而坐"城市会客厅、建设"最美上学路"、整治提升桥下空间，城市首位度、区域影响力不断提升，人居环境更加舒适宜人。

2. 公共服务全省一流。推出一系列便民惠民利民新举措，群众的幸福感和获得感更加充实、更有保障。成功创建为首批国家公共文化服务体系示范区，城乡一体"品质生活文化圈"加快形成。全民健身公共服务体系不断完善，入选首批省体育现代化区。义务教育优质均衡，学前教育普惠共享，成人教育特色多元，是全国首批社区教育示范区和省首批示范学习型城市，获评省教育基本现代化区。强化疫情防控和公共卫生服务，医卫人员数量占比名列全省前茅，鄞州人民医院建成全市首家区县（市）三甲医院。社会保障全面覆盖，就业形势稳中向好，打造了"鄞领养老""鄞领健康"等民生金名片，机构、社会、居家"三位一体"养老服务体系基本建成。

3. 营商环境全省前列。着力构建"热带雨林"创新生态，出台"人才新政22条"，打造区域引才共同体，创新推出"万有鄞力"人才品牌，成功入选全国"双创"示范基地，李克强总理广交会上连线鄞州企业家并莅临鄞州考察，点赞鄞州创新企业和创业环境。注重知识产权保护，获中国知识产权领域最具影响力县域第一名。深化"放管服"及投资项目审批制度改革，探索政务服务"一网通办"，营商环境综合评估位列全省第三。

4.社会治理全国先进。着眼社会治理现代化,构建了集综合性治理、适应性治理、探索性治理、融合敏捷治理等新理念于一体的"一核四治五共"全域治理体系。成立鄞和社会协同治理研究院,建成全省最大社会组织创新园,入围全国乡村治理体系建设首批试点,获评省级社会治理和服务创新实验区,社区便民服务中心服务规范成为国家标准。探索大综合一体化改革,在云龙镇、福明街道试点并在全区推广。建设民主法治示范村,开展多元普法,广泛发动群众参与基层治理。

虽然鄞州在区域软实力方面拥有较好的基础,但对照现代化滨海大都市首善之区的高标准严要求,区域软实力建设依然任重道远。

(二)劣势

1.区域影响力不大。全区缺失有明显标识度、美誉度和知名度的城市口号、主题歌,城市特色主题形象不明,城市徽标和城市形象代言缺位,城市 Logo 未能及时更新;文化地标影响力、标志性、涵养性不够,没有一个能够叫得响、打得出的城市名片,"海丝""宋韵""商乡"文化内涵挖掘不够,国内外很多人至今不知道"鄞州"二字。

2.城市竞争力不强。和深圳南山、广州天河、杭州余杭等区相比,鄞州城市竞争力略显不足,依然属于成长中的现代化都市新区。在教育、医疗、文化、就业等方面,群众第一选择依然是沪杭。交通区位不占优势,现代化交通体系建设任重道远。且市民文明素养有待提升。企业品牌文化积淀不深,经济结构方面,传统产业依旧占主体,产业能级不高。与全省经济第一区相匹配的城市品位格调有待提高。

3. 人才吸引力不足。作为改革开放先行区，鄞州对高端资源吸引力不足，世界 500 强、新经济头部企业及独角兽企业等落户鄞州的寥寥无几；鄞州提供给人才及其配偶子女的就业、就学、就医等配套服务难以跟上，与余杭等地相比，对人才的吸引力不强，特别国内各个领域顶尖人才缺乏，2021 年新增就业大学生中硕士以上学历占比仅 5.4%。

4. 工作统筹力不够。软实力建设牵涉诸多部门和镇（街道），需要凝聚工作合力形成"一盘棋"，但实际工作中缺乏统筹，没有成立相应的工作专班等专门机构牵头协调，部门之间缺少联动协作，工作中存在各自为政的状况，组织保障相对乏力。

上述瓶颈在建设现代化滨海大都市首善之区进程中需要加以改进和提升。

三、目标定位

根据上述分析，结合现阶段经济社会发展需要，考虑与国内外先行区对标竞争，鄞州软实力建设应立足新时代，构建新格局，再铸发展新优势。

（一）指导思想

高举中国特色社会主义伟大旗帜，以党的二十大精神为指导，深入贯彻落实习近平总书记系列重要讲话精神，深刻领悟"两个确立"的决定性意义，增强"四个意识"，坚定"四个自信"，做到"两个维护"，科学把握新发展阶段，深入贯彻新发展理念，服务构建新发展格局，以提升城市能级和核心竞争力为战略牵引，以培育和践行社会主义核心价值观为根本任务，弘扬"开放、创新、务实、争先"的城市品格，不断增强鄞州凝聚力、吸引力、创造力、影响力、竞争力，全面提升鄞州城市软实力，为建设现代化滨海大都市首善之区提供强大源动力。

（二）目标定位

坚持面向国际、面向未来、面向现代化，立足鄞州基本区情，契合城市自身发展需求，秉持传统与现代交融、开放与传承兼备、文化与创意交织、文明与活力并蓄的原则，把鄞州打造成为深具"江南韵味、现代气派"的"首善之区"，全面展现现代化滨海大都市新风貌的重要窗口。

1. 创建全国文明典范城市标杆区，让核心价值引领未来。聚焦精神共富，走在深入践行社会主义核心价值观前列，以数字化改革推动全域精神文明创建，建成全国文明典范城市标杆区，使城市精神品格不断彰显新的光彩。

2. 争创公共文化服务现代化先行区，让文化魅力竞相绽放。培育一批本土文艺名家，创作一批文艺精品，充分挖掘弘扬海丝文化、宋韵文化、商乡文化、佛教文化等地域特色文化，传承延续历史文脉，提档升级公共文化服务体系，丰富群众精神文化生活。

3. 唱响中国最具幸福感城区，让公共服务品质彰显。深化以人民为中心的理念，优化公共资源配套布局，让基础教育、卫生健康、就业和社会保障等公共服务体系日臻完善，建设高品质15分钟公共服务圈，使群众幸福感、获得感、满足感进一步增强。

4. 构建高效能基层治理平安区，让善治名片更加闪亮。社会主义

法治理念深入人心，凸显鄞州善治特色，自治、法治、德治、智治互动融合，以网格化和高效化为导向，加强基层治理创新，构建新时代综合治理体系。

5.打造"鄞智未来"人才强区，让天下英才近悦远来。充分尊重人才的首创精神，集成推出系列政策举措，提质人才创新发展生态，打造工作体系优、发展平台优、城市品质优、产才融合优的人才强区和创新强区。

四、对策举措

全面提升鄞州城市软实力，是改革开放先行区社会主义建设的生动实践，必须旗帜鲜明讲政治。在此基础上，打造具有鲜明标识的城市软实力特质，形成既讲政治守规矩又显生机活力，既有先行风范又有特色神韵，既生活和美又善治有序，既赓续传承又奔向未来的干事创业热土、幸福生活家园生动场景。

（一）着力弘扬核心价值观，打造"最有礼"城区

核心价值观是文化软实力的灵魂。鄞州必须以社会主义核心价值观为引领，大力弘扬民族精神和时代精神，大力弘扬城市品格，不断提升"遵纪守法、文明有礼、干事创业"的市民文明素养，展现"最有礼"城区新风貌。

1.赓续红色精神谱系。坚持用中国共产党的精神谱系教育人、感染人、激励人，让革命的崇高精神薪火相传。持续深入开展中国共产党党史、社会主义发展史、改革开放史，尤其是二十大精神系列主题

宣传教育。充分利用好鄞州革命老区红色资源，开展丰富多彩的爱国主义教育实践活动，教育引导广大干部群众不忘初心、牢记使命，传承发扬好红色传统。利用好系列博物馆、美术馆等展出或陈列的改革开放生动场景，宣扬鄞州改革开放的伟大成就，引导人们深切感悟党的创新理论的实践力量、真理力量，增进对中国特色社会主义理论的价值认同，增强奋力攀高进位、共筑中国梦的自豪感和责任感。

2. 弘扬城市特质品格。在开放创新的全球化大背景下，鄞州要在新时代勇立潮头、奋勇争先，必须要增强与国内外先进强区对话的志气和勇气，综合调研访谈广大干部群众的意见。"敢为、求实、争先"的鄞州精神需要与时俱进，而近年提炼的"大义当先、开放在先、敢为争先、实干率先"的"四先精神"，既失之宽泛，又不便记忆。适应新时代新形势，立足鄞州的文化积淀，我们认为"开放、创新、务实、争先"应该成为新时代鄞州的城市品格，以充分激发广大干部群众的精气神，自觉做抢先的标兵、争先的模范、创先的榜样。

3. 培育现代公民素养。聚焦精神共富，以人的现代化为核心，大力推动社会主义核心价值观落地、落小、落细，全域全时全民开展群众性精神文明创建活动，突出培育新时代公民精神，塑造新时代市民新形象。实施人文素养提升、文明好习惯养成、文明诚信实践等系列文明典范创建提升行动，推动社会文明与现代化先行同步。开展新时代文明实践志愿服务活动，搭建新时代文明实践云平台，打造文明智治之区。深入实施公民道德建设工程，开展公民思想道德素质提升、道德模范引领、家教家风示范系列行动，让社会文明新风尚更加鲜明。共建人人参与软实力建设的生动局面，形成人人都是鄞州形象代言人的浓郁氛围。

（二）着力提升文化建设品位，打造"最有味"城区

建设现代化滨海大都市"首善之区"，必须大力提升文化软实力，瞄定国家公共文化服务先行区目标，坚持做强本土文化、吸收外来文化、探索未来文化，在发展实践中打响"鄞州文化"品牌，在文化开放交融中绽放海丝、宋韵、商乡等地域文化独特的神韵魅力，展现"最有味"城区新风貌。

1.做优文化服务。以海纳百川的胸怀推进鄞州与先行地区文化的交流互融，营造包容开放的文化环境，引进高端文化人才、产品和服务。创建公共文化服务现代化先行区，通过实施公共文化创新工程，整合多方资源，组建艺术机构联盟，注重市、区、镇（街道）、村（社区）多级文化场馆联动，做优公共文化服务供给。依托宁波文化广场、国家会展中心、国际会议中心、宁波博物馆等一批文化阵地设施，建设更高水准的文化地标集群。办好宁波国际服装节、东钱湖马拉松、东亚宋韵文化周、王应麟读书节等系列节展赛事活动，策划推出"商之乡"商贸文化节，推动海内外优秀文化产品来鄞州展演演出，建设高雅和乐的鄞州"文化会客厅"。深化公共文化产品数字赋能，培育具有鄞州味的数字文化品牌。

2.做强文化精品。实施文艺精品工程，聚焦时代主题和鄞州现代化建设生动实践，在文学、电影、电视、美术、群众文化、网络文艺等领域推出更多"鄞州制作""鄞州原创""鄞州出品"的精品之作，推动开发更多演绎鄞州故事、传播鄞州能量、镌刻鄞州印迹的文化精品。尊重文化原创、培育文化新人，探索激活社会力量参与文化精品创作机制，发动社会力量对文化精品创作进行支持，培育一批具有家国情怀、世界眼光的鄞州本土文化人才，柔性引进使用一批名家大师，

让更多的人才在鄞州实现艺术梦想，建设鄞州文化高地。大力推动数字文化产业化、文化产业数字化，加快文化创意与旅游、体育、商务、科技等产业融合发展，发展更多有竞争力的文化企业，满足人们获得更多交互娱乐、智慧文旅、数字文博、虚拟现实等文娱新体验。培育高能级文旅体消费综合体，实施一批文旅体重大项目。

3. 做好文脉传承。以珍爱之心、尊崇之心善待历史文化遗存，立足鄞州文化优势、资源禀赋、历史风貌，加强对历史建筑、风貌街区、文化遗址、工业遗迹等的保护利用，探索传统历史文化的现代版打开方式。推进宋韵文化品牌工程，依托"海丝宋韵起源地""明州宋风源流地"等优势，解码"宋韵文化基因"，提炼宋韵文化地标性文化元素和代表性人物故事，加强宋韵文化国际传播。实施千年文脉传承工程，弘扬传承王应麟三字经蒙学文化、沙孟海书画文化、马友友小提琴文化等，办好大师公开课等精品文化活动，打造独具鄞州特色的文化名片。加强历史文化遗存保护，保护名村名镇文化资源，保护传统美术、技艺和曲艺等非物质文化，加快朱金漆木雕、骨木镶嵌、金银彩绣等非遗衍生品开发，留存鄞州历史文化乡愁记忆。

（三）着力改善社会民生，打造"最宜居"城区

人民对美好生活的向往就是我们奋斗的动力和目标，区域软实力建设必须把人摆在首位，为天南海北新老鄞州人提供优质的公共服务，让越来越多的人才选择鄞州、留在鄞州、爱上鄞州、宣传鄞州，展现活力四射的"最宜居"城区新风貌。

1. 构建面向未来生活的城市空间。结合市、区两级新一轮国土空间规划的编制和全域土地整治，前瞻性优化城市空间布局，引领未来

鄞州公园

城市生活。东部新城建设要充分发挥优势,增加人气、商气、文气,辐射带动周边地区。南部新城建设要着力提升品质,引进新经济、新业态和新模式,提档升级南部新城产业,建设优雅、宜居、有品的都市生活圈。钱湖新城要加快发展,结合"拥江揽湖滨海"战略实施,加快打造人文之湖、创智之湖、生态之湖、百姓之湖。鄞南区块重点建设田园城市,保护优美自然生态,建设集产业功能、城市功能与人文功能于一体的发展新空间。滨海片区重点建设蓝海新城,走产城融合、产城联动道路,建设滨海产城融合示范区。以五乡镇为主包括邱隘、东钱湖和东吴镇部分区域的城东新区,重点发展高端制造业,建设高端智造新城。与此同时,要结合自然禀赋,重点打造沿江时尚旅游带、沿湖宋韵文化带、沿山佛教文化旅游带、沿路商贸消费旅游带、沿田田园风光旅游带、沿海滨海风情旅游带等精特亮旅游线。

2. 打造满足品质生活的服务体系。着眼于满足人们对多元多样多层次生活的需求,提供高质量均衡优惠的公共教育、医疗、养老、体育、就业、社会保障等公共服务,建设15分钟公共生活圈。争创全国义务教育优质均衡发展区和学前教育普及普惠区,建设城乡义务教育共同体和教育集团鄞州模式,促进区域教育优质均衡发展。加快卫生健康事业高质量发展,加强医疗卫生基础设施、医疗卫生人才队伍及重点特色学科建设,深化医共体建设,提升基层医疗服务能力。建立健全区、镇(街道)、村(社区)三级联动的卫生应急体系,提高公共卫生应急处置能力。擦亮"甬上乐业·最美就鄞"就业服务品牌金名片,构建共富型高质量就业维稳体系,保护劳动者合法权益。建设具有较大影响力的国际消费中心,建设区域性、区块性、社区性三级消费体系,让鄞州成为长三角消费新高地和购物天堂。

3. 塑造富有都市魅力的城市形象。以"鄞州元素"为核心,在既有城市形象品牌基础上,设计城市LOGO徽标,提炼一个体现鄞州独特内涵的城市形象视觉符号体系,塑造一个能够涵盖历史人文个性、地理空间特征、未来发展战略、城市发展理念、文化活动价值、旅游营销主题等城市子系统的鄞州城市形象主题品牌。建设鄞州城市形象资源共享平台,在产业、投资、创新、智慧、城市建设、文化旅游、会展节庆、对外营销等领域,推广应用城市主题品牌。积极开展"鄞州文化走出去",通过友好交流、文化走亲等多种途径,加强对外联谊合作,鼓励方方面面力量对外宣传推介鄞州城市形象。挖掘"鄞州实践"题材,用群众身边的故事、熟悉的元素,阐释解读鄞州城市精神品格,传播展示鄞州城市文明形象。

(四)着力优化创新创业生态,打造"最宜业"城区

科技是第一生产力、人才是第一资源、创新是第一动力。鄞州区必须适应新经济变革的趋势,坚持创新在发展全局中的核心地位,深入推进人才强区、创新强区战略,放大"热带雨林"生态效应,培育更多想创造、能创造、善创造的市场主体,展现具有澎湃活力的"最宜业"城区新风貌。

1.升级有利于人才创业创新的发展平台。擦亮国家"双创"示范基地名片,加强城南智创大走廊的开发建设,推进与甬江科创区"廊区融合",主动融入沪杭甬一体化等国家级、省、市重大战略,持续提升综合平台的牵引带动效果。对宁波院士中心、微电子创新产业园、鄞州大学生创业园等各级人才科创平台实施"赛马引才"、差异化激励,引导平台发挥引才"主战场"作用。继续引进高能级科研院所,加强与在甬高校和科研机构的产教合作,做大做强"区域引才共同体"。此外,鼓励龙头企业建设行业型平台,支持重点企业打造民营人才创业园。引导有条件的企业建设高水平人才平台及研发机构,提升企业创新能力和创新发展加速度。

2.构建有利于人才创业创新的政策体系。深入实施"智鄞未来"行动方案,聚焦主导优势产业、重点龙头企业,链式推进双招双引,集聚一批鄞州产业亟需的人才科技项目。坚持问题需求导向、人才满意导向,建立政策工具箱,面向顶尖、领军、特优、青年人才等重点群体、领域实施特殊政策及支持,重塑人才培养引进使用政策体系。此外,建立健全人才评价体系,编制更加开放、更具颗粒度、更注重贡献产出的人才分类目录,打破制约创新的束缚,构建高质量发展的"人才矩阵"。

3.营造有利于人才创业创新的环境氛围。做深做细人才"五优五

遇"服务，以数字化为牵引，建立"一码一库一卡"人才服务体系，实现各类服务"一码集成、无感享受"，让高层次人才乐享生活。同时，探索成立区级人才发展集团，设立人才发展基金，与金融、律所、会计、知识产权等专业化市场机构达成战略合作，设立开拓者学堂、创业精英训练营等，为人才创业提供专业化扶持、补充市场化力量。此外，深入开展"弘扬爱国奋斗精神、建功立业新时代"活动，深化"英才鄞领"工程，激励人才爱党报国、敬业奉献，让城市时时处处涌动创新激情。

（五）着力构建现代治理体系，打造"最和谐"城区

坚持系统理念，推动治理手段、治理模式、治理理念创新，构建经济治理、社会治理、城市治理统筹协调的综合治理体系，展现高效、专业、精细、智慧的"最和谐"城区新风貌。

1.建设更高标准的平安鄞州。着力推进全面依法治区，彰显法治的固本长效治理作用。争创国家级法治示范区，深化数字化网格化法治应用，立足城市管理、综合执法、市场监管、安全生产、安全隐患等城市治理重点领域，通过流程再造和应用提效，跨部门、跨领域、跨层级实现监管、执法、服务"一件事集成办"；探索政法一体化办案，争取每一起司法案件都能让群众够感受到公平正义；推行"大综合一体化"行政执法，梳理镇街执法事项清单，落实人员下沉，强化执法工作成效；积极推进普法工作，建设民主法治示范村，树立"四治融合"鄞州标杆，构建高质量依法治理新格局。

2.打造治理典范的德治鄞州。深化社会治理共同体理念，突出人人参与、人人尽责、人人共享的社会治理共同体建设，通过家庭、社

区（村）和新兴共同体三管齐下，实现鄞州善治长治。在基础的共同生活体方面，发挥家庭作为社会基层治理细胞的功能，通过文明家庭建设、优良家风传承等主题实践活动，努力使家庭成为发展进步和谐稳定的基点。在传统的社会生活体方面，强调社区（村）应发挥基层基础作用，一手抓文明实践，订立社区文明公约，推广契约式治理，建设社区居民自治服务站，发动多方力量参与社区治理；一手抓载体变革，创新基层一表通应用场景，推出掌上治社数字治理模式，打通多个部门，涵盖多个领域，推进社区治理创新提效。在新兴的生活共同体方面，实施网络生态"瞭望哨"工程，做大做强"178"网络柔性治理工作品牌，营造清朗有序的网络环境，培育网络空间共同体，建设鄞州网络治理高地。

3. 探索综合治理的法治鄞州。积极提升能够与国内外直接对话对接的经济治理、城市治理、生态治理等综合治理能力，眼睛向外、功夫向内，重视自身改革，以推进鄞州高水平改革开放为载体，积极主动推进鄞州与海内外的规则、标准、制度、管理等的开放对接，积极主动熟悉、对接、参与国际标准和规则的制定实施。持续打造国际化、市场化、法治化营商环境，全面优化透明便捷政务服务，把鄞州建设成为贸易投资便利、行政效率高效、服务管理规范、法治体系完备的国内外一流强区。进一步打响宁波国际服装节、全国"双创"周、世界数字经济大会、宁波高层次人才洽谈会、中国网络文化节、中东欧博览会等品牌，争取国家及省市重大科技配套项目落户鄞州，为促进国内外开放合作贡献鄞州力量。

五、推进建议

提升城市软实力是一项复杂的系统工程。必须做好宏观架构，统筹谋划，调动方方面面资源，充分激发各类主体的活力和创造力，全力以赴整体推进，形成全社会关注参与软实力提升的强大合力。

（一）加强组织领导

建议成立"首善之区"软实力领导小组和工作专班，由区委主要领导任组长，区委、区政府分管领导任副组长，成员由相关部门主要负责人组成。工作专班下设办公室，由宣传部部长任办公室主任，负责处理日常工作。专班及其办公室的主要职责是统筹全区软实力提升工作，制定出台各项政策措施，协调解决软实力提升中出现的突出问题。

（二）制定工作方案

建议把软实力提升作为下一阶段学习贯彻二十大精神的重要抓手，适时出台软实力建设决议决定，制定软实力提升三年行动计划，形成软实力提升专项行动具体路线图和施工图，明确各相关部门及镇街工作任务分配、项目实施等，制订工作计划表，签订任务书，确保软实力提升行动稳步扎实推进。

（三）完善指标体系

建议紧扣区软实力提升重点要点和短板长板，结合各部门工作实际，制定完善鄞州软实力提升指标体系，量化细化指标体系到每一个部门及镇（街道），严密有序推进软实力提升工作。

（四）强化督查考核

建议将软实力提升工作纳入党委、政府年度目标管理考核范围，定期进行专项督查，并与干部考察使用相结合。同时，由区财政拨出专款用于软实力提升工作，发挥财政资金四两拨千斤的作用，引导社会力量参与，保障软实力建设经费。

（五）营造宣传氛围

建议策划推出鄞州城市软实力专项宣传，结合上海进博会、广交会、中东欧博览会等重大活动平台，深入开展鄞州城市形象品牌宣介，提升鄞州城市形象的知名度和美誉度。强化城市软实力内宣、外宣和网宣的统筹，充分发挥融媒传播优势，开展全媒体、矩阵式、多声部、多维度、精准化新闻宣传，展示鄞州良好城市形象。

（2022 年 10 月）

关于构建"三位一体"治理模式提升社区物业管理水平的咨询报告

社区物业管理是城市居民天天有感的民生大事,是社区治理的重中之重,是党在城市执政的根基,事关群众的生活品质,事关城市的基层治理,事关社会的和谐稳定。区政府咨询委聚焦社区物业管理,先后调研走访了部分城市街道、相关职能部门、社区、业委会及物业服务企业,并组织相关职能部门和物业服务企业代表进行了专题座谈,形成了《关于构建"三位一体"治理模式 提升社区物业管理水平的咨询报告》。

一、现状及问题

(一)现状

截至 2017 年,鄞州区共有住宅小区 426 个,管理面积 4584 万平方米,业委会覆盖率 40%。其中 12 个街道中有住宅小区 353 个,小区面积 3930 万平方米,居住人口约 85 万人,1998 年以前老小区 62 个,

1998年以后小区291个（商品房小区232个，拆迁安置小区51个，保障房项目8个）。经过多年的探索和实践，鄞州社区物业管理取得了一定成效，但也存在着一些亟须创新破解的问题。

（二）问题

一是重视程度不够。区、街道两级未能对小区物业管理的重要性形成共识，未能将小区物业管理放到应有的高度，没有同重视"三改一拆""五水共治""垃圾分类"一样重视小区物业管理。区、街道两级均未将小区物业管理纳入目标考核，工作投入不够，住建、民政等相关职能部门和街道工作力量配备不强，经费投入有限。

二是体制机制不顺。社区物业管理依然处于探索阶段，社区居委会、业委会、物业服务企业三者职责不清，基层社区党委（支部）统筹引领作用不强，社区居委会指导监督乏力，业委会运作不规范，物业服务水平普遍不高，不少小区出现社区居委会、业委会、物业服务企业"三驾马车"各自为政的现象。

三是物业职责不清。物业服务内容边界不清，一些政府职能范围内如违章搭建整治、群租房治理、牛皮癣整顿、畜禽养殖管理等相关问题也交由物业，但物业力量有限。居民对物业企业服务内容知晓度不高，造成居民对物业服务企业的误解，甚至出现对抗情绪。

四是资金保障不力。政府每年投入资金额度不足。业委会偏重物业用房出租经营、小区工程维修、停车费收取等工作，轻视物业费收取，以为委托物业公司就万事大吉。物业维修资金不足，加上物业收费标准多年未调整，物业费收缴率不高，从39%到95%不等，导致物业服务企业难以为继，服务质量下降，形成物业服务企业收费难和服务差的恶性循环。

五是法律法规不全。法律法规多为宏观指导性意见，缺少具体操作性地方法规，社区居委会、物业服务企业和业委会职权没有明确的法律法规界定；部门综合执法进小区缺位；业委会既无法人资格，又无独立财务账户，处于监管真空状态，甚至出现如中河街道个别小区业委会委员经济犯罪的现象。

六是居民满意度不高。调研中发现，居民对物业管理满意度普遍偏低，对违规装修、环境卫生、违章搭建、宠物饲养、安全管理、毁绿种菜等有很大看法，直接拉低了居民对文明城市创建的满意度，成为城市管理的一个严重短板。

二、构建模式

党的十九大报告指出，要加强社会治理制度建设，完善党委领导、政府负责、社会协同、公众参与、法治保障的社会治理体系，提高社会治理社会化、法治化、智能化、专业化水平。作为社区治理的一项重要内容，物业管理要根据党的十九大精神，创新体制机制，充分发挥基层党委（支部）的统领作用，统筹方方面面的资源，引领社区物业管理工作，正视现状，把脉规律，对症下药，构建德治、法治、自治相结合的社区治理共同体。我们认为要做好物业管理，至关重要的是要处理好社区居委会、业委会、物业服务企业三者之间的关系，即构建"党委统领、社区主导、业主主体、企业主责"的物业管理模式，在明确各自职责和定位的基础上，切实增强物业管理的内生动力。

一是基层党委（支部）要发挥统领作用。探索建立小区业主大会支部做法，充分发挥基层党组织的战斗堡垒作用，对社区物业管理工作进行统筹，党员干部在社区物业服务管理中发挥模范带头作用，把党组织的服务管理延伸到物业管理的每个末梢，实现党委（支部）统领下的社区主导、居民主体和企业主责良性互动。基层党委（支部）要强化对业委会选举的领导，严把业委会人选关，不断提高其政治素质和业务水平。

二是社区居委会是物业管理的主导。社区居委会要在物业管理的重要事项中发挥指导和监督作用，整合利用各类政策、资源和资金，统筹指导物业服务居民项目。建议社区居委会干部以小区公共用房业主的身份，参与业委会日常运营工作。建议社区居委会牵头，定期举行社区居委会、业委会、物业服务企业三方联席会议，研究物业管理工作。

三是业委会是物业管理的主体。业委会是小区业主大会的执行机构，代表全体业主行使监督权和管理权，维护小区全体业主利益。根据《物业管理条例》，在物业管理中代表业主与物业服务企业签订服务合同，监督和协助物业服务企业履行合同，对业主代表大会报告物业管理实施情况。建议业委会实行人员专职和兼职结合机制；实行秘书长制度，由秘书长主持业委会日常工作；探索赋予业委会法人资格。

四是物业服务企业承担物业管理的主责。作为物业管理的具体操作者，物业服务企业由小区业主通过招投标选聘产生，按照物业服务合同约定为全体业主提供物业服务，如对小区房屋及配套的设备设施和相关场地进行维修、养护、管理，做好小区内环境卫生和相关秩序工作，为小区居民提供相应的便民服务，等等。

建议根据商品房小区、拆迁安置小区、老旧小区等不同类型的小区，选择有条件的小区进行试点，在总结经验的基础上向全区推广，有效提升全区物业管理水平。

三、治理重点

当前，"五水共治""三改一拆""垃圾分类""厕所革命"其长效机制的源头是小区物业管理，要发挥党委（支部）统领下的"三位一体"体制新优势，针对社区物业管理的痛点难点，建议开展小区物业管理"百日攻坚行动"，重点解决好一批物业管理难题，树立社区物业管理新形象。

一是破解物业收费难题。针对很多小区物业费收缴率不到40%的

东郊街道海悦社区"民情直通路"

现象，探索业委会收费主体回归，由业委会委托物业服务企业收费改为业委会直接收费，制定物业收费管理办法，党员干部带头缴纳物业费，对于不上缴物业费的业主，通过新媒体等多种途径进行曝光，屡次不交物业费的通过司法途径解决。

二是破解环境卫生难题。针对小区内普遍存在的宠物饲养、牛皮癣、乱堆放、毁绿种菜、无证经营、垃圾不分类等环境卫生难题，社区居委会要落实工作责任制，实施文明创建活动，联络综合执法部门进行查处，业委会和物业服务企业要全力配合，共同维护好公共秩序，建立小区环境卫生管理长效机制。

三是破解出租房管理难题。针对出租房特别是群租房乱象，进行社区居委会、业委会和物业服务企业联动，定期对小区内出租房进行摸底排查，发现违法情形，及时进行劝阻，联络公安、住建、消防等职能部门依法查处。运用新媒体工具，搭建出租房屋管理平台，实行出租房屋违法行为举报奖励制度，掌握出租房屋相关动态，营造安全有序的居住环境。

四是破解车辆停放难题。针对小区停车难问题，物业服务企业要结合实际情况，和业委会做好对接，在公安部门指导下科学划分停车位，合理制定物业管理区域内的行车路线，做好小区内车辆停放秩序维护工作。对于小区内破坏消防设施、占用消防通道、乱停车等违法违规行为，物业服务企业劝阻无效后，联络公安部门介入处理。

五是破解安全管理难题。针对居民对小区安全服务的迫切需要，物业服务企业要做好小区内人防、物防、技防等安全管理工作，定期对小区内消防设施和监控设备进行全面排查，及时更新坏损设备。物业服务业企业要做好电梯运行安全管理，推广电梯安全综合保险，由保险公司负责对电梯进行定期保养服务,由区财政对维保费用进行补助。社区居委会、业委会和物业服务企业联合,组织居民志愿者开展小区动态巡查,营造全面参与的安全管理氛围。

六是破解房屋装修管理难题。针对越发普遍的违法装修现象,物业企业要切实做好房屋装修备案、日常巡查等工作,及时告知业主关于房屋装修的禁止行为和注意事项;发现存在违法情形的,立即进行劝阻,及时报告社区居委会和相关职能部门。社区居委会和业委会联动,加强小区内房屋装修安全管理宣传教育和督促检查,配合执法部门执法。

四、保障举措

社区"三位一体"物业管理新体制着眼于增强小区物业管理的内生动力,但离不开外部合力支持,根据商品房小区、拆迁安置小区、老旧小区等不同情况,需要政府、部门、街道、居民、社会等共同努力,铸就物业服务管理新合力,实现物业服务管理上档次、上水平。

一是区政府层面:突出统筹协调。建议成立区物业管理工作领导小组,由区长兼任领导小组组长,分管副区长为副组长,各相关职能部门为成员单位,领导小组办公室设在住建局,由区住建局局长兼任办公室主任,强化对全区物业管理的监督领导和综合协调。对街道强化社会治理考核,将小区物业管理纳入目标管理考核体系,对各相关职能部门和街道进行考核,通过考核驱动小区物业管理工作,实现街道加快转型。鉴于社区物业管理具有一定的公益性,建议由区财政出资,设立鄞州区物业服务补助(奖励)专项资金,用于物业服务企业诚信经营奖励、物业服务企业品质提升奖励、最低收入困难家庭物业服务费补贴等。尽早关注老旧小区维修，建议设立房屋维修专项基金，资金来源于两个方面，一方面政府从土地出让金、"五水共治"专项资金和保障房资金中划拨，另一方面业主交纳，用于落实老旧小区房屋维修，筑牢安居安全阀。针对物业管理和业委会工作特殊性，每年组织社区、物业和业委会工作人员专题培训班，划定法律框架和底线，引导小区物业依法科学管理。

二是部门层面：注重职能强化。住建局做好对物业服务企业的监督管理工作，实行积分考核机制和退出机制，扶持物业龙头企业，引导物业服务企业做大做强。民政局履行好社工队伍建设职能，采取一系列稳定社工队伍的举措，如提高社工队伍待遇，提升社工队伍素质。发改局牵头，制定不同类型住宅小区星级物业服务收费基准价和浮动幅度，定期公布不同类型住宅小区年度物业收费指导价，形成"服务和价格对等"的物业费市场化机制。开展物业管理综合执法进社区，由城管、公安、市场监管、规划、国土、住建等部门组成小区物业管理综合执法组，对小区安全管理、违章搭建、违规停车、无证经营等违法违规行为进行查处，建立案件快速查处机制，推进小区物业管理法治化。

三是街道层面：强化属地管理。街道层面要强化物业管理体系建设，建议由专职副书记分管小区物业管理，统筹街道物业管理工作。借鉴上海等地的城市管理经验，成立物业管理办公室，配备专职工作人员，专门负责小区物业管理工作。统一由街道代理小区业委会财务，每年进行财务审计，从源头上进行监控，确保小区物业管理规范有序。要像重视村民委员会换届选举一样重视业委会换届选举，把好业委会的成立及换届关口。

四是居民层面：增强全民参与意识。物业管理离不开全民的参与和支持，引导社区居民自觉缴纳物业费，主动参加业主大会，全面参与对物业服务管理的监督，组织居民以"老娘舅"身份参与物业纠纷调解，形成权利与义务对等的居民物业管理主人翁意识。探索居民践行《宁波市文明行为促进条例》承诺制，组织丰富多彩的志愿服务活动，设立小区红黑榜，对各种不文明行为进行曝光，引导居民养成文明的生活习惯，提高居民文明素养，建设文明和谐精神家园。

五是社会层面：建立社会诚信机制。加强社会舆论监督，定期对全区各小区物业管理进行考核，并在媒体进行公示，督促激励其做好小区物业管理工作。进一步加强小区物业管理信用监管，结合即将出台的《宁波市物业服务企业和项目经理信用信息管理办法》，定期公布物业服务企业和项目负责人信用评价结果，在物业项目招投标、政府补贴奖励资金发放时予以运用。对于业主欠缴物业费，经律师函告以后仍拒不缴纳的纳入市公共信用平台，记入公共信用档案。建议区里将业委会及业委会委员、物业服务企业及负责人的信用信息统一纳入管理，对失信行为进行惩戒，由法院强制执行，增加失信成本，建立物业管理社会诚信机制。

（2018年8月）

关于体系化推进工业土地全域治理的咨询报告

开展工业用地全域综合治理是深入贯彻落实省委省政府决策部署的实际行动，对于推动土地资源集约节约利用，优化工业土地空间布局，提高实体经济发展质量意义重大。当前，全球新一轮科技革命和产业变革向纵深发展，制造业的内容、形态、方式正面临深刻变革。作为全省制造业强区和宁波市创建国家制造业高质量发展示范区的重要一极，在新格局重塑的特殊节点上，鄞州主动担当作为，积极开展工业土地全域治理，创建制造业高质量发展体制机制创新试验区，这是推进全区制造业系统性重构、创新型变革的重要举措，更是一项牵一发而动全身的系统性工程，必须予以体系化推进，努力把工业土地全域治理的过程转化成推进工业升级、动能转换、跨越发展的过程。区政府咨询委在深入分析研究的基础上，提出如下建议，供区委区政府决策参考。

一、布局：要集中连片

根据全省关于工业园区整规的要求，按照未来制造业发展走向，结合鄞州制造业发展基础和现状布局，建议开展工业土地全域治理工作，应以规划为引领，强化集中连片布局，着力改变低、小、散、乱布局现状，可按照"一带、一区、一园、一廊、多节点"进行谋划布局。

一带：即鄞南智造产业带。姜山、云龙、横溪历来是鄞州工业重镇，建议以姜山鄞州工业园区为龙头，与云龙、横溪两镇工业地块连点成线布局，根据区域产业特点，重点谋划智能家电、新材料、电子信息、高端设备制造等新兴产业，配套发展跨境电商、物流等外贸服务业，实现鄞南姜山、云龙、横溪三镇工业相向融合发展，待条件成熟时可考虑统一纳入鄞州工业园区范围，进一步拓展经济发展空间，打造工贸一体、产业融合、品牌凸显的鄞南智造产业门户区。

一区：即城东高新科创产业集聚区。五乡、东吴、邱隘区域毗邻高新区和东部新城，科创资源密集，工业基础扎实，建议以宁波中车产业基地为基础，整合五乡金童山区块和东吴邻近区域，建成城东高新科创产业集聚区，重点发展轨道交通、超级电容、高端汽配、高端装备产业，同时在金童山区块谋划发展高新科创产业，配套发展生产性服务业，建设科技含量高、相关产业链完整、功能互补的城东高科技产业集聚区。

一园：即滨海生态工业园。依托鄞州经济技术开发区，整合瞻岐、咸祥、塘溪部分工业用地，利用临海资源优势，积极承接东部新城、南部新城产业转移，加强与北仑春晓一带联动发展，走产城融合道路，引进和发展海洋装备制造、精密机械、新能源、新材料、海洋旅游、生物医药等主导产业,大力发展海洋经济、智能经济、绿色经济、旅游经济,打造成为宁波海洋经济的高端平台。

一廊:即东外滩甬江科创大走廊。依托甬江科创大走廊建设,在甬江东南岸宁波财富中心、和丰创意广场、波波城附近拆迁地块一带,以数字经济为方向,重点发展工业设计、工业研发、工业互联网、工业实验室、工业博物馆等工业科创研发产业,大力发展现代生产性服务业,通过搭建工业研发设计公共平台,组织实施一批科技创新公关项目,争取阿里巴巴相关项目落户东外滩区块,通过大项目带动,形成具有宁波特色、在长三角地区具有影响力的研发科创平台。

多节点:首南、下应、潘火、东吴等多个工业社区。立足镇街转型发展现状,整合原有工业区块,集成集约布局首南街道工业园、下应智慧产业园、潘火投创中心、东吴镇工业园等工业节点,形成点状的都市工业社区布局。按照高端化、智能化、轻资产、数字化、环保型的要求,加快提升都市工业社区的集约用地水平和产业集聚度,加快都市工业社区与周边公共设施建设的配套对接,培育特色优势产业,建设具有未来产业优势的创新型科技型都市工业社区。

二、政策:要精准下药

在新型工业化、新型城市化背景下,工业用地全域治理的地位和作用不亚于旧村改造新村建设,是一项全局性、创新型工作,困难多、矛盾大、情况复杂,必须整体考量,以"1+X"政策体系推动制造业高质量发展。

"1"就是总体实施方案:与新一轮国土空间规划编修对接,突破原有思维局限，借鉴学习外地先进经验，以体制机制改革创新为手段，以土地全域治理提升为突破口，明确制造业高质量发展体制机制创新试验区的指导思想、基本原则、工作目标、主要任务、推进举措、组织保障等，为试验区建设确定基本框架。

"X"为具体政策：根据总体方案，逐条逐项细化各项政策，重点在土地、财政、税费、金融、人才、项目、产业链等方面下功夫，并积极争取上级政策支持，具体有：

规划区内工业产业用地准入政策。按照产业发展方向，建立工业项目产业导向目录，对新进工业项目实行鼓励类、限制类、禁止类分类准入政策。

规划区外工业用地分类处置政策。根据工业用地分布现状，对不同发展方向的工业用地，系统性出台退出、保留、提升、转型等分类处置操作政策。

工业用地二级市场交易政策。坚持以规划为引领，严格业态把控，充分发挥市场配置资源的决定性作用，用市场手段配置工业土地资源，并通过先征后返（奖）的办法，适当降低交易税费，盘活一批工业闲置未用和低效利用土地。

工业用地产出考核政策。深入推进"亩均论英雄"改革，完善以亩均效益为核心的考核管理机制，将亩均效益评价范围覆盖全部工业企业，将亩均效益评价与用地、用水、用电、碳排放、排污等挂钩，倒逼企业改革，有序淘汰不符合产业发展要求的低小散企业。

重点企业培育和重大项目引进落地政策。突出主导产业、高新技术产业，对现有列入"154"千百亿级产业目录的重点企业和引进的大型央企、国企、外企、民企、独角兽企业、瞪羚企业，进一步加大激

云裳谷

励力度。

引进创新人才和技术人才政策。对于企业引进高水平专家和创业团队，联合实施核心技术攻关并落地产业化的，给予相应的配套资金支持；对于引进和培育产业核心技术专业人才的，引进高技能人才、专业技术人才和青年大学生达到一定人数的，给予企业一定的引才奖励。

三、利益：要统筹兼顾

开展工业用地全域治理，要厘清政府、市场和社会的边界，统筹兼顾各方利益，着眼于以共享共赢模式推进实体经济发展。

政府：要着眼于长远目标和公共效益。从经济高质量发展的长远目标出发，突出社会公共效益，坚持可持续发展，坚持共享共赢原则，坚持放水养鱼、让利于民、让利于社会，发挥好各个方面力量的作用。通过工业用地综合治理这一抓手，实现生产力的跨越式发展。

企业：要着眼于激发企业发展生产和转型升级的内生动力。要充分运用各种手段，将外部推动工业用地全域治理的强制力，转化成企业自身改造升级的内在动力，变"要我改"为"我要改"。要注意保护企业合法权益，对低效工业区块改造提升过程中涉及的企业股权重组、产权转让等税费收益给予支持，对低效工业区块改造土地财政收入实行闭环运作，建立以"工改工"为导向的转移支付机制，确保改造区块土地财政收入返还制造业企业。

村社：要着眼于保障分配收益。规范村级集体工业用地和村级留用地租售行为，解决好历史遗留问题，切实保障村社收益。同时，在条件成熟时，试行推进村社用地统建统租统管政策，不断提高产出和管理水平。

社会：要着眼于调动社会资本投入先进制造业的积极性。充分发挥好社会资本投资先进制造业带来的引导资金作用，大力做好招商引资文章，千方百计引进一批大型国企、央企和国内外制造业高端品牌企业落户鄞州，引进制造业高端项目，提升鄞州制造业品质。

四、推进：要分类指导

要深入细致地开展全区制造业专项调查，在摸清全区制造业底数、厘清各类企业具体情况的基础上，有针对性地进行分类指导。建议实行退出、保留、提升、转型"四个一批"办法，体系化推进工作实施。

退出一批：对于产能过剩、产业层级低的高污染、高排放、高耗能

"三高"项目以及无产出的僵尸企业,要坚决予以退出,为下一步引进发展优质工业项目腾挪发展空间。

保留一批:对于一批符合未来产业发展方向,符合"高新尖""专精特"导向,但尚处于生长状态的新兴制造业项目予以保留。

提升一批:抓住当前产业链、供应链加速重构的契机,特别是疫情后数字经济的腾飞机遇,以数字化转型、智能化升级为产业赋能、赋值、赋智,加速全产业链重构,尽快实现传统产业的全面升级。

转型一批:大力发展金融服务、现代物流、研发设计、技术服务、软件和信息技术服务等生产性服务业,培育一批领军企业,以生产性服务业推动产业结构优化升级。重点发展在线新经济,发展医疗健康、工业互联网、人工智能、5G商用、区块链、物联网、在线消费等产业,全面推进"互联网+",培育经济新业态,抢夺数字经济发展先机。

五、领导:要强化合力

开展工业土地全域治理,需要纵横联动,凝聚多方力量,建议从决策、执行、监督、考核四个方面着手,强化工作合力。

在决策方面:成立领导小组,搭建市区两级协同推进的工作机制,由区委书记任组长,区委副书记、区长任副组长,指定一名副区级领导专职负责,强化工作决策,突出宏观战略考量。

在执行方面:在全区成立工业用地全域治理提升办公室(简称工治办)的基础上,设立若干职能工作专班,全面负责各项工作,并积极与市级相关工作专班进行对接,争取省市政策支持。制定三年行动计划,全方位打造试验区样本,用三年时间实现全区工业用地全域治理质的飞跃。

在监督方面：重点加强工作监督、社会监督、风险监督和舆论监督。由工作专班督查各镇（街道、园区）具体工作落实，及时发现和解决问题；发挥人大、政协和社会群众监督作用，并开通专门热线，对群众反映的问题及时跟进；发挥纪检、应急管理等部门作用，备好应急处置预案，对工作中的廉政风险、投资风险、社会风险、安全风险等提前预判化解；通过融媒体平台同步立体开辟专栏，全方位跟踪报道，对典型问题进行曝光，形成浓厚的工作氛围。

在考核方面：将全区工业用地全域治理提升、争创制造业高质量发展体制机制创新试验区列入年度目标工作考核，制定工作绩效评估办法，每年对全区工业项目建设、组织实施、统计监测、实际成效等进行系统考评，将考核结果和干部使用等结合起来，以考核驱动工作实施。

（2020年6月）

关于牢记总书记嘱托着力打造清廉建设高地擦亮"首善之区"底色的咨询报告

党的二十大报告强调"坚持不敢腐、不能腐、不想腐一体推进，以零容忍态度反腐惩恶，绝不姑息"。推动党委、政府清廉建设是顺应社会对党的自我革命新愿望、满足群众对正风反腐新期盼、服务亲清政商关系新发展的壮举。鄞州作为全国廉政文化先发地，拥有绵延千年的清廉文脉、赓续百年的清廉文化、独特的红色引擎优势、创新驱动优势、经济支撑优势、清廉先发优势，理应牢记总书记嘱托，着力打造清廉建设高地，激发现代化滨海大都市"首善之区"建设的内生源动力、全域驱动力、智治塑形力，推动党员、干部以清廉的作风赢得口碑，以清廉的形象赢得赞誉，以清廉的品牌赢得民心。

一、习近平总书记对清廉建设的殷殷嘱托

（一）以"正气"驱"邪气"

2002年12月20日，习近平同志在宁波调研时对党员干部的"正

气"提出要求:"各级党组织和广大党员干部要坚决克服官僚主义、形式主义,反对一切脱离实际、浮躁浮夸、急功近利的不良作风。要弘扬艰苦奋斗、勤俭建国的精神,坚决反对铺张浪费、大手大脚的奢侈之风。要坚持宗旨,以民为本,做到权为民所用、情为民所系、利为民所谋。"2006年9月15日,习近平同志在宁波召开区县(市)党政负责人座谈会时强调以"正气"驱"邪气":"在复杂的人际环境下,领导干部一定要一身正气,抵制邪气,慎独自律,对自己的要求要狠一些,自己站得正,也就站得稳,其身正就不怕影子歪,要敢于碰硬。"

(二)以"清正"守"清白"

2003年12月27日,习近平同志在参加宁波市委常委会民主生活会时,叮嘱党员领导干部要做到"四自三慎":"始终牢记鱼与熊掌不能兼得,自觉做到'自重、自省、自警、自励',慎独慎初慎小。"他强调党员干部要既"清"且"亲",走好政商关系阳关大道:"各级干部既要亲商爱商、大力支持非公有制经济的发展,又要做到'君子之交淡如水',慎交朋友,任何情况下都能稳得住心神、管得住身手、抗得住诱惑、经得起考验,以领导干部的良好形象和模范行为影响和带动广大干部群众。"

(三)以"担当"促"担责"

2002年12月20日,习近平同志在宁波调研时叮嘱领导干部"为国担当":"各级领导干部既要身体力行,脚踏实地,又要掌握轻重缓急,把力气真正用到刀刃上,集中力量打歼灭战,亲自抓一些重点工作的落实,以点带面,推动全局。"2004年6月25日,习近平同志在省委常委会上听取宁波工作汇报时强调党员干部"为廉担当":"推进党的作风建设,密切党同人民群众的血肉联系""深入开展反腐败斗争,全面落实党风廉政建设责任制,有效预防和治理腐败现象,以反腐倡廉的实际成果取信于民。"2006年9月15日,习近平同志在宁波召开区县(市)党政负责人座谈会时要求各级干部"为责担当":"有胆有识,有勇有谋,敢于负责,善于负责,敢抓敢管,敢于碰硬""古人就说'为官避事平生耻',还说任其职,尽其责;在其位,谋其政。当工作中出现失误或问题的时候,要敢于承担责任,敢于纠正错误。领导干部要拎着乌纱帽干事,不要捂着乌纱帽当官。"2015年5月,习近平总书记在浙江调研时强调"为民担当":"坚持群众想什么、我们就干什么,既尽力而为又量力而行,多一些雪中送炭,使各项工作都做到愿望和效果相统一。"

二、鄞州打造清廉建设高地应有的标识

(一)"首善之区"政治底色更亮

政治建设是党的根本性建设,强化政治引领是提升清廉建设质量的关键前提,也是推进"首善之区"高质量发展的根本。从城市到乡村、从沿海到山区、从企业到院校,现代化滨海大都市"首善之区"的各级党组织政治领航力、清廉守护力、塑造变革力的方位坐标更加聚焦,服务型、高效型、法治型、清廉型党委政府建设进一步延伸、升级、强化,鄞州干部"领雁效应"、激浊扬清"震慑效应"、依法治区"整体效应"充分释放。鄞州政治生态更加清明,"三不腐一体推

进"群众满意度提升 5—10 个百分点，鄞州全面从严治党的战略性、标志性成果进一步显现，全区清廉建设迈上一个新台阶。

（二）"都市核心"清廉主色更鲜

作为争创全国文明典范城市的都市核心区，首先需要增强各级干部拒腐防变的"免疫力"，力做政治上的明白人、经济上的清白人、作风上的正派人，在提升清廉治理针对性实效性过程中营造"亲""清"政治生态。下一步，成功打造一批清廉样板，清廉单元建设"路线图""时间表""任务书""协奏曲"销账式治理达 100%，清廉鄞州建设高分答卷成功交出，猎狐拍蝇、"四风"纠治、打伞破网纵深推进。清廉建设"五张责任清单"机制有效强化，打造"民呼我督""民诉我为""民怨我解"小切口撬动大治理精品实践案例，涉纪涉腐信访量同比下降 1—5 个百分点。同时，打造一批有浓厚"鄞州味"的区级以上清廉文化阵地，锻造一批有鲜明辨识度的"一镇一品"区级清廉文化精品点，形成一批在全市、全省乃至全国都叫得响的鄞州清廉"金名片"，让清正廉洁融入鄞州人的血脉。

（三）"区域特色"创新本色更明

清廉评价是服务清廉治理的前奏，只有精准的清廉评价，才能降低以往粗放型评价"指挥棒"的负效应，才能为区委清廉决策提供科学依据。适应"县域清廉指数模型"要求，建构《清廉鄞州评价实施办法》，成功推出匹配"八大清廉单元"的《"1+8"鄞州清廉评价细则》，清廉高地从"设计图"变成"实景图"，清廉标准从带着泥土芬芳的"堇邑标准"升级为"省域标准"，清廉体系从具有生产力、竞争

力、推动力的目标工作体系跃升为进度可评估、责任可量化、效果可感知的评估指标落实体系。清廉创新的程度更深、标准更新、品质更优。"清廉鄞州之美"的享誉度、"清廉鄞州之治"的影响力、"清廉鄞州之效"的辐射面显著增强,实现从"特色"到"高地"的跃迁。

三、鄞州打造清廉建设高地的独特优势

(一)红色引擎的优势

鄞州红色历史底蕴厚重,诞生了宁波最早一批农村党支部,产生了闻名远近的"沙氏五杰"、芦浦暴动,建成了红色遗址、红色胜迹、市级党史教育基地55处,打造了朱镜我纪念馆、徐婴烈士纪念馆等红色教育空间20余个。宝贵的红色资源为传播具有"鄞州味"的党的故事、革命的故事、根据地的故事、英雄烈士的故事提供了丰富的养料,让鄞州建设现代化滨海大都市"首善之区"熠熠生辉。这正是鄞州红色引擎燃动先锋力量、赓续红色基因、推进立根铸魂、打造清廉高地的红色根脉优势,也是深化全域清廉建设、激励一代代鄞州人砥砺前行、奋进攀高的精神之源、使命之源、力量之源。

(二)创新驱动的优势

从1949年的"三支半烟囱"到2022年育成81个国家级制造业"单项冠军"与国家级专精特新"小巨人";从没有1所高校到建有4所本科高校和1所具有独立法人资格的中外合作大学;从2000年"敢为、求实、争先"见证鄞州由"初步工业化县"跃成"现代都市核心区"到2021年"大义当先、开放在先、敢为争先、实干率先"成为凝

聚鄞州磅礴力量的精神支柱，"创新先行"始终贯穿鄞州全域智治全过程，既为鄞州深化清廉治理赋能蓄力，又为鄞州在"两个先行"中提供持久推动力。

（三）经济支撑的优势

经济建设与清廉建设密不可分、彼此依存、相互支撑。清廉地域一定是经济发达地域，这是国际共识。打造清廉高地，必须保障清廉文化与亲清经济双"先行"。鄞州经济连续多年进入"全国综合实力百强区"十强，纵是2022上半年深受疫情影响亦能实现全省第一的1290.4亿元地区生产总值。这种经济发展的"富足"，保障了清廉建设经费的"充足"，也是鄞州在建设清廉高地过程中"有能力"消解阻抑性堵点、"有实力"破解失衡性问题、"有潜力"分解冲突性矛盾的坚实物质撑持优势。

（四）清廉先发的优势

鄞州是全国廉政文化先发地。2004年率先成立全国首家廉政文化研究所，率先编纂发行《中国廉政文化丛书》。2014年率先践行《宁波将廉洁教育纳入国民教育体系的实施意见》，编印鄞州本土清廉教材，开发"清廉看"文化景观、"清廉游"清廉元素、"清廉行"公交线、"清廉讲"宣讲小分队，推动政府、社会、学校清廉教育一链式保障。2021年领先发布县域清廉指数模型，并在传诵清风廉润、传递清风廉德、传播清风廉品上下足功夫，汇聚起打造清廉高地的优势。

四、鄞州极力打造清廉建设高地的建议

（一）政治领廉，激发"两个先行"方向引领力

1. 以"红"的政治忠心守好红色根脉。弘扬好红色光荣传统，传承红色基因，设计好"红色套餐"，实施好"红色根脉强基工程"，弘扬好浙东革命精神，活化好甬城红色资源，守护好董邑红色根脉，把习近平总书记对清廉治理的"一贯要求"转化为鄞州"首善之区""两个先行"全面扎根的奋进行动。

2. 以"严"的政治恒心守好清廉图景。坚持"严"的主基调，推进全面从严治区向纵深发展，力求取得更多制度性廉政成果、更大可感性廉勤成效、更优生态性廉洁环境，为推进"两个先行"、加快打造

鄞州区清廉村居馆

"首善之区"提供坚实的政治生态保障。

3.以"为"的政治决心守好先行优势。将驰而不息的党风廉政建设强势转化为全域清廉建设的治理优势、发展强势、先行胜势,打造具有鄞州特色的"清廉标准",为清廉鄞州构筑"硬支撑",为清廉宁波铸就"大引擎",为清廉浙江种好"试验田"。

(二)思想育廉,聚焦"两个先行"内生源动力

1.绘就一张清廉教育图谱。推动全域清廉教育"无盲区"、清廉理念"广辐射",建构1个"清廉鄞州文化资源库",打造一批区级以上清廉教育基地,每2年评选表彰一批区级清廉教育成果,有效跑出清廉教育启廉润心的"加速度"。

2.建构一项清廉教育机制。优化督学、督教、督治立体链条,对《宁波市将廉洁教育纳入国民教育体系的实施意见》特别是每年一定课时的清廉教育规定,至少1年进行1次评估反馈,引导鄞州人坚守清廉本分、清廉初心、清廉梦想。

3.串起一条清廉教育环链。克服"上级考下级""自己评自己"不足,完善"1+8"清廉评价指标体系,提升民间评价等指数在官方评价中的权重,实行评价结果对关涉主体的"落后公告制""权益挂钩制"等体制机制,促进育廉闭合良性循坏。

(三)监督促廉,提升"两个先行"全域驱动力

1.从严一抓到底,干出"鄞州味"。突出鄞州对清廉治理严到位、严到边、严到底的执着追求,及时治理监督中的温差、偏差、落差,确保问题发现得了、调查得清、处置得好,打造1—5个具有浓厚鄞州味的清廉范例，交出辨识鲜明的清廉答卷。

2. 提质一鼓作气，干出"清廉味"。突出抓源头，完善清廉责任共同体；突出治标本，推进"7+N"清廉单元建设；突出干部全周期成长监督，释放"三不腐"同向发力的立体效能；突出"五张责任清单"的动态完善，推进亲清政商关系示范先行。

3. 变革一以贯之，干出"首善味"。创新以自我革命引领社会革命的"开巡答辩"先行、"清风护苗"先行、"基层提质"先行、"精准亮剑"先行。优化"室、组、地、企、校"联动机制，强化"室组联动"监督模式，深化"室组地联合"办案。落细"四个管好"，提升"四项监督"广度、深度、精度，创造清廉目标提高、清廉进度提速、清廉改革提前的窗口图景。

（四）数字赋廉，增强"两个先行"智治塑形力

1. 数字赋能，建成"掌上监控之区"。做大"数据池"，搭建"码上"管理端，以"区→镇乡（街道）→村（社区）"的海量沉淀，为精准监督提供强大数据支撑。做精"预警值"，设置权力运行数字化预警阈值，对"数据池"中的海量数据进行比对、碰撞、组合，及时发现问题，实现清廉治理一网通办、一事联办、多端易办，让群众感受到浓浓"廉能量"。

2. 数字赋权，建成"掌上监督之区"。以百姓码上诉、问题分流办、结果在线馈为流程，设置群众"监督端"，方便群众反映投诉；联动智能识别与人工识别，确保第一时间反馈处理结果，打造监督难度最小化与监督效果最大化的闭环链。

3. 数字赋责，建成"掌上监理之区"。刚性化"履责"，确保数字

鄞州区廉洁文化馆

化配责精准到人到事。智能化"督责",实现对履责超时限、不到位、不及时等行为数字化点对点提醒。苗头化"问责",做到适应履责质量、适用"四种形态"、适时提级处置。客观化"判责",量化源自大数据监测的廉情生态,为深化鄞州清廉治理、打造鄞州清廉高地提供研判依据。

(2022年12月)

关于构建基层治理新格局
纵深推进"清廉鄞州"建设的咨询报告

清廉建设是浙江省委做出的一项重大战略部署，是推进全面从严治党的重要载体，是提升社会治理效能的关键抓手，是"打虎拍蝇"防止系统性腐败与基层腐败的有力手段，是实现高质量发展的重要保障。在迈向实现第二个百年奋斗目标的历史进程中，鄞州区要以习近平新时代中国特色社会主义思想为指导，贯彻省委部署与要求，充分发挥"政治、法治、善治、自治、智治"的整体联动效应，以"五治融合"构建基层治理新格局，纵深推进"清廉鄞州"建设，打造清廉文化建设高地。

一、现状与成绩

近年来，在"清廉浙江"建设背景下，鄞州区以"清廉鄞州"建设为载体，以政治清明、政府清廉、干部清正、文化清朗、社会清和为目标，坚持系统推进、重点突破，全力展现打造新时代清廉建设高地的鄞州担当。

（一）清廉治理清朗有效

坚持高压执法监管，严肃查处了一批严重违纪违法案件，开展供销系统、拆迁拆违、国企金融、教育卫生等重点领域专项整治，2021年共处理各类问题线索648件，立案242件，给予党纪政务处分210人，移送司法机关10人。开展"作风大变革、效能大提升"专项行动，严格落实中央八项规定精神，优化干事创业环境，2021年开展正风肃纪专项行动839次，发现问题486起，处理人员269人。深入整治形式主义、官僚主义，严肃纠正贯彻落实重大决策部署虚空、拖延、不实等突出问题，查处不担当、不作为21起26人。建立了政商交往"三张清单"，推行基层公权力"三清单"运行法，构建了具有鄞州特色的基层公权力规范运行制度和政策体系，鄞州成为首批全国乡村治理体系建设试点单位。

（二）清廉阵地全域覆盖

深入推进镇街、村社、站所等清廉文化阵地建设，形成了一批革命教育类、警示教育类、基层实践类、清廉文化类的教育阵地，并在此基础上串珠成线，打造了"一路清风"廉行路线，已经建成了以塘溪沙氏故居、王安石纪念馆、钱肃乐故居、宁波工人运动纪念馆、庆安会馆、院士公园、芦浦暴动、六月工潮、湾底村、划船社区等为代表的清廉文化教育阵地，并绘制成鄞州廉政文化地图，借助新媒体搬上了手机客户端。同时，深入开展清廉机关、清廉村居、清廉站所、清廉学校、清廉国企、清廉民企、清廉交通、清廉楼宇等重点清廉单元建设,深入打造一批清廉示范单元,探索形成清廉单元建设"510"标准范式,以点带面、全域标准化推进清廉鄞州阵地建设。

(三)清廉文化凸显品牌

发挥鄞州廉政文化发源地优势,深入挖掘鄞州蕴含的清廉元素,以"堇邑清风"品牌为牵引,进一步丰富和提升了廉政文化发源地内涵,建成了清廉文化主题馆——堇邑清风馆。连续两年举办"堇邑清风"微视频征集大赛,通过生动活泼的影像视频浸润廉洁理念;梳理历朝历代百余名在鄞任职或鄞籍官员的清廉故事,出版了《鄞州清官廉史传略》;举办了"清廉三字经"创作大赛,编印清廉知识普及读本;推出了清廉越剧《走马御史》《酒埕口里捞铜钿》等一批具有思想性、艺术性、观赏性的廉洁文化精品,引导广大党员干部牢记初心使命,培育了全社会清正廉洁价值理念。《廉政文化发源地的县域治理之道》获浙江省"基层清廉建设十大创新案例"。

(四)清廉测评率先探索

积极运用智力智库资源,探索发布了县域清廉指数模型,以辖区21个镇街行政区划为单元,按照"政治清明、政府清廉、干部清正、文化清朗、社会清和"五大维度,设立了ABC三级共100项指标,涉及数源部门26家,突出指标设置的客观性、科学性、实用性,将日常数据积累和重点指标考核评价相结合,综合上级党委政府考核评价、党内外民主测评与民生民意等的客观评价,真实反映了各基层单位在不同阶段清廉建设、管党治党、社会评价等方面的客观现状和发展动态,实现了对政治生态客观、动态"画像"。对21个镇街清廉指数进行了测评,并通过报告反馈、预警提醒、考核评价等强化清廉指数评价结果应用,提升全面从严治党的科学化、规范化、精细化水平。

二、短板与问题

对照现代化滨海大都市"首善之区"的高标准,在基层治理推进"清廉鄞州"建设方面依然存在着一些薄弱环节。

(一)基层党组织清廉引领性不够

部分基层组织的凝聚力不够,组织纪律涣散,组织生活会和村民代表大会关于清廉的议题不多,对清廉建设的重要性认知不足;存在"看一看""等一等""不要紧"等懈怠思想与畏难情绪,"主动破题"的决心不够,导致"有效破题"的难度加大、进度拖延;党员的模范引领作用发挥不够充分,一些党员对清廉建设的积极性不够,做群众的尾巴,宗族观念严重,廉洁奉公意识淡薄,主观上认为基层党风廉政建设工作可紧可松,可有可无。

(二)基层清廉治理的系统性不强

在调查中发现,社会普遍认为,清廉建设是纪检监察部门的事,一些清廉单元只是被动参与,尚未形成全区"一盘棋"齐抓共管的格局,"清廉鄞州"建设的整体合力尚未形成;基层部门在贯彻《关于纵深推进清廉鄞州建设的意见》过程中,认识不统一、组织协调不力,与职能部门缺乏交叉点,普遍存在着"单边突进"问题,难以形成整体联动优势;整体推动廉政建设的分工合作机制不完善,特别是跨部门、跨区域、跨行业的协调机制等不健全。

(三) 基层清廉建设的实践性不足

在基层实践过程中,践廉主体相对单一,普遍把基层领导干部作为清廉教育的主要对象,更多采取的是对"一把手"讲廉、教廉、践廉,而针对普通的党员、一般干部和广大群众开展的讲廉、教廉、践廉活动较少,基层的群众、社区、学校以及企业的清廉教育与宣传处于边缘地带;在践廉行动上,突击性工作多而计划性工作少,临时性活动多而长期性工作少,存在"运动式"推广现象。在清廉宣传载体与文化阵地方面,形式多为记录在纸上、贴在墙上、讲在会上,不少基层社区或乡村仅仅悬挂清廉标语,送几场廉政电影或戏剧,很难在基层形成氛围;在清廉内容上,以理论教育式或口语化宣传口号为主,而较少有生动活泼、群众喜闻乐见的素材及形式,缺少亲和力、吸引力、感染力。

(四) 基层清廉监管的融合性不深

在监管实施主体上,一些基层监察站人员普遍年龄偏大、学历较低,存在不会监督、监督不力等问题,组织监督效力不足。在监管技术手段上,基层监管人员多采用传统的监督手段,较少应用数字化、智能化与现代化监督技术与方法,线上与线下数据未能融合贯通,传统与现代监管手段不能有效融合;监督形式以例行工作常规监督为主,党内监督与其他监督有待融合,交叉监督、专项监督等监督方式有待创新。

(五) 基层清廉建设的质效性不高

由于基层党组织的"关键少数"引领性不够,基层治理存在壁垒性制度障碍，践廉行动的方式与形式单一，基层廉政监督主体、手段与技术跟不上时代发展的需要，导致鄞州区基层清廉建设的质效不佳。领导干部违纪违法的现象时有发生、部分机关作风建设有待改进、基层作风问题依然易发多发、清廉建设责任主体有待落实，基层清廉监督闭环有待形成，清廉建设质效有待进一步提升。

三、对策与建议

清廉建设是推进自我革命、引领社会变革的创新实践，是基层社会治理现代化的核心要义。纵深推进清廉鄞州的建设，要充分发挥政治引领、法治保障、善治善为、自觉自为、数字赋能的整体组合优势，构建基层治理新格局，力促鄞州基层治理现代化。

（一）政治引廉，筑牢战斗堡垒

1. 筑牢清廉堡垒。习近平总书记强调："把加强基层党的建设、巩固党的执政基础作为贯穿社会治理和基层建设的一条红线。"基层党组织是实现基层社会治理现代化的根本保证，党建引领是筑牢"清廉战斗堡垒"的灵魂所在。持续整顿软弱涣散的基层党组织，把党支部作为清廉建设的重要载体，高标准推进基层党支部标准化、规范化建设，使基层的每一支部都成为清正廉洁的战斗堡垒，让政治优势、组织优势转化为基层治理优势。

2. 抓住关键少数。基层组织"一把手"是"清廉鄞州"基层治理现代化的引领者、组织者、实施者与示范者。特别是"一肩挑"之后，村书记起着清廉制度决策执行、清廉精神宣传讲解、清廉道德示范引领以及清廉自我践行表率作用。抓"关键少数",严格落实"一岗双责"制,建立村书记"一把手"清廉考评机制,建立村级廉政风险防控机制,做到管好关键人、管到关键处、管住关键事。

3. 构建清廉共同体。建立基层"一把手"审计制度,强化对"一把手"的在任审计与离任审计,让"审计"这把利剑的震慑作用高悬。积极构建基层清廉建设共同体,发挥党员、群众的监督与"防火墙"功能,构建横向到边、纵向到底、左右协调、上下联动的"清廉责任网"。

(二)法治固廉,构筑廉洁屏障

1. 强化基层源头治理。以法固廉、以法保廉,从源头上构建促进

鄞州区英雄烈士纪念馆

清廉建设的制度防御体系。新时代，关于廉政方面的规章制度体系不断完善，清廉建设逐渐制度化，把《民法典》《公职人员政务处分法》《中国共产党廉洁自律准则》《关于加强新时代廉洁文化建设的意见》在基层全面贯彻与落实，让法治的种子在基层生根发芽。加强法律宣传，根据村民学法、知法过程中的盲点、痛点、难点，定期开展"法律进乡村""法律进基层"活动，组织村民进行法律知识学习，让基层干部或者村民进一步明确基础权力的"禁区"与法律边界。

2. 制定小微权力清单。要规范基层用权，明确权力边界，制定小微权力运行清单，特别是村级小微权力运行清单。借鉴宁海小微权利清单"36条"经验，以小微权利清单为中心，把小微权利晒在"阳光"下，厘清权力边界、规范操作流程，建立符合鄞州基层特点、简明高效、操作性强、常态长效的小微权力运行机制。进一步推动基层村务公开，将示权公开情况纳入村干部廉政考核范围，推动实现决策规范化、权力运行透明化。

3. 创新基层监督机制。构建村民自主监督、纪委监委专责监督、社会协同监督的工作格局，在监督基层小微权力上形成内外结合、相辅相成的监督体系。进一步提升基层监察站工作人员的素质与水平，促进基层监察工作人员年轻化、专业化。进一步完善村级权力运行监督机制，构建离任审计监督、穿透式监督、交叉监督、嵌入式监督、抽查式监督等多元监督体系。进一步健全基层"阳光问廉""阳光问政"曝光问题督办机制，充分发挥社会监督作用。

（三）善治润廉，强化诚信治理

1. 总结鄞州德治经验。近年来，鄞州在善治方面已经取得了较为丰富的经验。围绕以德化人、以德育人、以德治人、以德兴村，从一张"道德负面清单"升级为"双清单一机制"模式，建立了一整套道德评议、量化打分、激励褒奖、约束引导等机制，形成了以云龙镇上李家村、东吴镇三塘村、邱隘镇回龙村为代表的"乡村德治"模式。总结其模式经验，树立"德治鄞州"范式，打造鄞州成为德治示范区。

2. 构建诚信考评体系。鄞州应在县域清廉指标体系的基础上，进一步构建德治及善治考评指数体系，开展德治社区、德治单元建设在全区推行；借鉴象山涂茨镇旭拱岙村的"诚信指数"，以"诚信指数"对社区居民或村民的个人品德、配合发展、维护平安和党员干部责任四个大方面进行考评，给每个村民或居民建立"诚信档案"，定期进行考核，根据考核的结果实行公共福利差别化分配，以诚信治理作为"清廉鄞州"建设的特色与亮点，创新打造国家诚信治理示范城区。

3. 完善善治激励机制。加强基层治理诚信体系建设，出台《关于开展鄞州基层信用治理的意见》，建立面向基层的信用评价体系，建立全区统一的公共信用信息服务平台，开展基础德治善治示范引领行动。借鉴山东莱西市"道德银行"的经验模式，将信用数据库进一步量化为道德积分，设立鄞州"道德银行"和"道德基金"，构建"道德银行""道德积分""道德资产"与现实生活消费与信用贷款全面贯通机制，把信用及道德评价作为实施德治的有力杠杆。

（四）以行践廉，实施自我革命

清廉建设是一项系统性工程，不仅仅是纪检监察部门之责，更需要全社会主体的积极践行。

1. 深度开展"清廉社风"行动。以鄞州县域清廉指数模型为牵引，强化清廉指数的结果运用，推动鄞州区级及镇域层面的清廉评价与自我监督，以清廉"体验报告单"为主要指引，实施社会清廉革命，形成社会清廉风气。深入挖掘全区传统文化、历史文化、地域文化和红色文化所蕴含的清廉因子，形成"梳廉脉、编廉文、演廉戏、铺廉路、建廉馆、构廉线"的"六廉并举"整体框架，构筑清廉文化载体，搭建清廉文化传播阵地。

2. 深度开展"清廉村风"行动。在县域清廉指数模型的基础上，构建鄞州"清廉村居"评价指标体系，以"清廉村居"建设推动乡村基层治理的自我监督、自我管理，形成良好的清廉村风氛围。以"清官廉吏、清廉村居、清廉故居、清廉文馆"为主要载体与节点，坚持一镇一主题、一乡一精品、一街一特色、一村一亮点，上下联动、镇

王安石纪念馆

域联合构建"堇邑清风"主题游线,形成集成展示清廉品牌集群,打造"清廉村居"建设样本,引导民众崇廉、思廉、悟廉、讲廉、践廉、传廉。

3.全面开展"清廉家风"行动。在鄞州区基层社区(乡村)定期组织开展家风家教评议活动,设置"德道评议委员会"和"道德监督台",建立家风家教评议档案,探索家风建设长效机制。以家风档案为参考,设置"家风风尚奖",并与道德积分挂钩,推动家风家教评议常态化、规范化,倡导家庭家属助廉促廉。

4.系统开展"清廉民风"行动。重视文化的滋润力,激活传统家风中廉洁元素的活力,发挥传统家风、家训潜移默化的作用,以文化人。强化全过程民主,发挥村民(居民)自治精神,以村民参与、村民自治、村民监督促进基层权利的阳光运行。进一步深化"村民说事"制度,通过"说、议、办、评"四个环节,把谋划权、商定权、评议权、监督权还权于民。

(五)智治促廉,形成集成平台

1.集成共享治理数据。当前,鄞州区在"数字清廉、智慧治理"上取得了一定成绩,建成了"清廉村居馆"和"堇邑清风馆",创新打造了"三清单"智慧监管平台、社区智治云台、基层治理零表通等。从系统运行来看,依然存在着数据孤立、数字更新缓慢等不足。全面统筹清廉单元,强化整体智治、系统智治、全域智治,借鉴象山墙头镇的经验,构建社会治理中心集成平台,即"一中心、四平台",实现治理体系重整、权责重构、资源重配,打造"一站式受理、一条龙服务、一网式跟踪、一体化研判"基层治理应用场景。一体化推进清廉单元综合集成、数据共享,形成高效协同、全域一体的工作格局。

2. 数字赋能智慧监督。统一研发"村民 E 廉通"App,与社会治理中心进行数据衔接,进一步打破时间和地域限制,使"村民说廉""村民倡廉""村民践廉""村民监督"由线下升级为"线上 + 线下"双向互动。借鉴宁海县的经验,探索建立村级"廉情地图",运用 36 条智慧运行系统对村级工程和资产资源利用进行动态监控。借鉴湖南宁远县的经验,利用微信、抖音等网络平台,进行"村账直播",向全社会公开"晒账"。

3. 构建融媒传播方式。强化"互联网 +"思维,深化新媒体阵地建设,不断整合微信、微博、短视频、客户端、报纸等媒体资源,构建"报纸 + 网站 + 新媒体 + 视听产品"融媒体矩阵,全方位、立体化传播清廉文化,立体化打造"堇邑清风"文化品牌。

(2022 年 12 月)

关于加强新时期智库建设的建议

习近平总书记指出中国特色新型智库建设是党委政府科学决策的重要支撑，是区域发展软实力的重要标识，是治理现代化的智力支持。浙江省为深化智库建设，已经建立健全了大成集智工作机制。宁波市召开了新型智库建设会议，建立了智库建设工作例会制度，整合汇聚全市智库资源，用于服务党委政府中心工作和经济社会发展。近期，区政研室牵头，就2022年全区重点调研课题选题工作进行了座谈交流。据统计，2021年间为区委区政府上报决策咨询稿的区级部门有政研室、党校、社科院、发改局和咨询委，区委主要领导批示共27件次，对鄞州高质量发展具有重要的决策参考价值。但对标现代化滨海大都市"首善之区"建设要求，鄞州智库建设还存在着层次不高、资源分散、创新性不强、联动协作机制缺失、咨政作用发挥不明显等问题，亟须强化基层智库自身建设，发挥好智库智力资源优势，形成大成集智合力，对鄞州全局性、前瞻性、战略性课题开展研究。为此，建议如下。

1.明确目标定位。坚持党的领导,以习近平新时代中国特色社会主义思想为指导,把握正确政治方向,建设党委领导下的鄞州智库;坚持科学精神,解放思想,实事求是,建设大胆独立探索的鄞州思想源;坚持围绕中心大局,紧密结合鄞州实际,深入调查研究,积极咨政建言,建设服务党委政府科学决策的鄞州智囊团;坚持改革创新,集聚社会各界智力资源,深化纵横联动合作,建设富有活力的鄞州人才库。

2.建立体系架构。以党委为统领,明确区委主要领导牵头,统筹推进政研室、党校、社科院、发改局、咨询委等部门和高校、社会智库、研究会等协调发展,明确各自功能和职责定位,建设"5+3+X"鄞州地域特色智库智力体系。"5"即政研室、党校、社科院、发改局、咨询委,五个部门为鄞州智库建设重点单位,政研室负责全区发展政策研究制定,为党委政府提供亟需的政策体系研究参考;党校行政学院为理论研究和即期性的咨政参阅;社科院为中期社会科学研究;发改局为全区中长期发展战略性研究,负责全区五年规划及专项规划制定;咨询委为阶段性和短期研究。"3"即高校、研究机构、研究会,利用宁波南高教园区资源,在甬高校、研究机构、美丽乡村研究会、宋韵文化研究会等学术资源,发挥不同研究机构专业研究领域优势,开展专题性研究。"X"为区内外知名专家学者、社会智库、企业等社会领域有研究特长的智库专家,通过借力借智,开拓研究视野,凝聚人才资源。

3.健全工作机制。重点要健全智库联动机制,定期召开区智库联席工作会议,对全区工作重点方向、重点领域和课题研究进行研讨,交流智库建设工作。健全决策部门对接制度,决策部门制定重大政策与智库部门对接,形成意见征询、方案论证、政策解读等智库参与机

制,积极吸纳智库研究成果,发挥智库外脑作用。健全科研人才激励机制,发掘机关企事业单位及企业智力智库人才,摸排一批有政策理论水平并能完成咨政研究的人才,对于在区委区政府科学决策中发挥作用的智库人才给予重用,形成科研人才激励导向和良性循环。

4.深化调查研究。智库建设要大兴调查研究风气,既有先进经验做法的挖掘,又有基层一线实际状况的剖析,更有矛盾风险领域短板弱项的寻找。坚持决策需求导向,关注党委政府重点工作信息动态,精准把脉区委区政府重点决策方向,开展前瞻性调查研究,准确把握科学决策的目标方向和政策基础。积极应用"互联网+"调研,与大数据中心等部门积极互动,用好互联网大数据技术,创新调查研究方法和专业技术支撑,提高政策分析和对策研究的精准性。

5.加强组织保障。建议成立区智库建设工作委员会,由区委主要领导领衔,区相关重点部门和研究机构为成员单位,设立智库建设办公室,由区委政研室负责人兼任办公室主任,专人负责委员会工作事宜,定期召开工作会议,对全区智库建设工作进行总结部署。同时,结合天南海北鄞州人大会及全区人才工作会议召开,引进高端智力资源,并对全区智库建设人才进行表彰,夯实智库建设组织基础。

(2022年7月)

充分利用南高教园区科技人才优势加强区校战略合作的建议

人的因素是区域未来发展的核心因素，人才的竞争是区域发展竞争的核心之所在。而高校作为人才积聚的主阵地对一个区域未来发展至关重要，全国各地已经呈现了争抢高校落地的态势，"北青岛、南深圳"已经成为各地争抢高校资源、加强院地合作的典型模式。鄞州坐拥南高教园区的地理优势。经过十多年的建设发展，南高教园区已拥有6所高校，其中宁波诺丁汉大学、浙江大学宁波理工学院、万里学院拥有16个省级重点学科和3个省级重点实验室，拥有国家级孵化器2家，省级留学人员创业园1家，教授207人，副教授497人，博士990人，在读博士321人。未来5年将引进博士500名，2017年度地方合作项目400余项，发表论文1500余篇，南高教园区的科技人才优势逐步显现。虽然鄞州与南高教园区已开启了合作篇章，但相对其他地区而言合作水平不高。特别是在区域竞争加剧，人才争夺白热化的背景下，鄞州需要进一步转变人才理念，变"外来和尚会念经"为"近水楼台先得月"，加强与南高教园区合作，吸收南高教园区高层次人才来鄞州创业就业，充分发挥南高教园区人才资源优势，推动鄞州经济高质量发展。为此，建议如下。

1. 加强人才智力合作。一是积极吸纳人才。建议在南高教园区开展以"创业在鄞州"为主题的大学生招聘会，吸引南高教园区毕业生留鄞就业创业。实施南高教园区科技助理挂职锻炼制度，在相关职能部门和镇（街道），组织一批高教园区高层次人才挂职局长助理（镇长助理）等，通过挂职，让高教园区人才了解鄞州，为鄞州发展献计献策。开展"百名博士鄞州行"活动和"院士专家企业行"活动，引导高校与鄞州企业互动对接，为鄞州地方发展贡献智慧力量。二是加强校企互动对接。针对鄞州本土制造业多的特点，组织"百家企业进高校"活动。根据企业发展需求，实施"蓝领成才工程"，依托南高教园区科教资源，通过合作办学开展企业职业技能培训、文化培训等，为企业培养技能型人才，提高企业劳动力素质。三是主动邀请专家参与决策。建议吸纳南高教园区专家参与鄞州经济社会发展决策咨询、专项课题研究和重大规划编制，充分调动南高教园区英才的积极性，为鄞州发展出谋划策。

2. 加强产学研合作。建议面向鄞州经济主战场，合作开展校企研发中心、孵化器、重点实验室、院士工作站、科研实训基地和"双创"平台建设，加快提升鄞州与南高教园区产业合作层次。根据鄞州经济主战场需求，优化南高教园区高校学科设置，推动高校进一步打破学科壁垒，培养适应经济发展的复合型人才。建议不定期举办高教成果展示会、推介会等，促进高教园区科技资源与企业技术需求有效对接，联合开展技术攻关，联合进行项目研发，联合申报国家及省市科技攻关项目，实现高教园区与鄞州经济发展双赢。

3. 加强科技成果转化合作。促进南高教园区科技成果转化对接，建议由区政府牵头，成立鄞州南高教园区科技成果转化联络办公室，鼓励高校知识产权有偿转让，形成高校专题成果转化及高校企业良性互动机制。鼓励南高教园区科研团队在鄞州区创办科技型企业，引导南高教园区各类创新型人才以技术转让、技术参股、知识产权加盟等多种形式转化创新成果。鄞州知识产权部门积极做好相关服务，探索以技术服务等多种形式转化创新成果发明专利，推动高校创新成果优先向鄞州企业转化落地。探索建立新技术风险投资基金，建议区政府与高校联合发起，建立有效的投资基金管理机构和投资制度，定期向科研机构征集有意愿的产业化成果，企业与成果发明者共同合作开发形成技术创新联盟，培育鄞州经济新兴增长点。

4. 加强商务培训合作。针对未来鄞州重点发展城市经济的趋势，商务经济将成为未来经济发展的重要引擎，建议在南部商务区建立南高教园区大学生商务实践基地，在南部商务区等开展大学生创业实训工作，重点培育并留下一批商务人才，为鄞州城市经济发展服务。

5. 加强组织机构合作。进一步创新鄞州与南高教园区合作机制，进一步加强对园地合作的组织领导，建议专门成立南高教园区创业创新指导小组，由区主要领导牵头，明确责任牵头单位和实施部门，建立组织协调工作网络，定期召开联席会议，研究鄞州与园区在合作过程中遇到的具体问题，出台人才科技合作目标计划，制定相关政策，安排落实专项资金，提供必要的经费保障，推动鄞州与南高教园区高校签订战略合作协议，为鄞州与南高教园区合作夯实组织基础。

（2018年3月）

关于增强鄞州磁吸力
加快集聚优秀青年人才的建议

习近平总书记指出,青年是整个社会力量中最积极、最有生气的力量。随着区域经济发展和人口老龄化加剧,社会对青年人才的需求更为迫切。鄞州建设共同富裕标杆区,离不开优秀青年人才的有力支撑。近年来鄞州坚持"青年决胜未来"理念,创新专项政策、创设专题活动、创优专有服务,以"万有鄞力"工作品牌为引领,持续保持人才净流入状态。但调研发现,鄞州对"95后"人才吸引力不强,与国内一流强区前列地位不符。

区第十五次党代会强调,要全面实施首善鄞州战略,重点加大人才要素创新供给,让鄞州因人才而精彩、人才因鄞州更出彩。课题组基于对鄞州区 2552 名青年的调研,发现鄞州在集聚青年人才方面还存在短板。

一、现状与短板

一是区域文化青年元素不突出,影响城市对青年人才的吸引力。

青年人才生长于经济增长时代,择业时注重事业发展和"享受生活"相平衡,尤其是"95后"更关注城市的文化环境和文娱产业发展。调研发现,鄞州既缺乏亲和力强、辨识度高的城市标签,又缺少青年人热衷的聚集商圈和时尚网红打卡地,以致区域在青年人群中的影响力和美誉度还不高。用人单位赴外省招聘,有时还会遇到大学毕业生不了解宁波鄞州的窘境。

二是创新创业平台能级不够高,影响高层次青年人才的集聚力。鄞州虽然拥有浙江万里学院、浙大宁波理工学院、宁波诺丁汉大学等有一定特色的普通高校,但支撑青年人才创新创业的高能级平台有限,国家级企业孵化器、国家级众创空间数量十分有限。受此影响,高学历、高技能青年人才留鄞率不高。2021年新增就业大学生中,硕士研究生以上学历占比仅5.4%。抽样调查显示:2552名青年人才中,本科及专科学历占比79.62%(见图1),无专业技术职务占比74.02%。

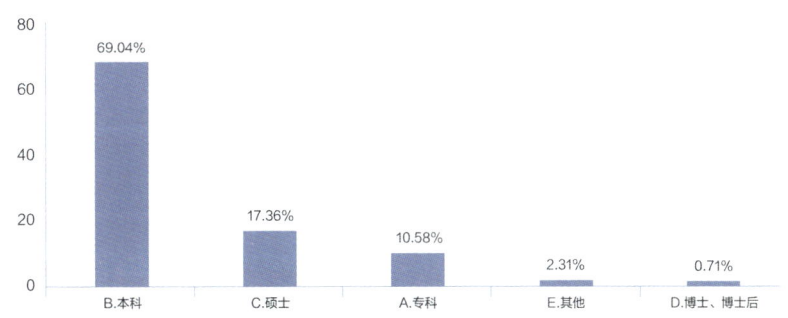

图1 抽样调查青年人才学历结构图

三是数字经济基础相对薄弱,影响相关产业对青年人才的吸纳力。数字经济是推动经济转型升级的重要引擎。鄞州"数字赋能制造业"尚在发力,相关产业领域"引育人才"与"壮大产业"尚未形成良性循环。抽样调查显示:2552名青年人才中,信息技术类人才仅占总数的4.23%（见图2）。与此同时，本土培养的数字化人才却持续流失，近年毕业生的留鄞比例没有达到理想状态。

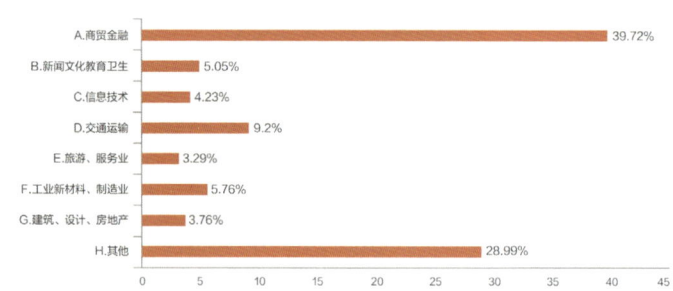

图2 抽样调查青年人才从事行业分布图

四是人才生态比较优势不够明显，影响城市的亲和力。政策支持上：仍有部分企业、青年对鄞州人才政策不太了解；面向制造业一线的青年人才（如高职毕业生）政策支持力度有待加强；让青年人施展才干的平台和机会不够多等（见图3）。生活环境上：鄞州近年房价上涨较快，且公租房、保障性租赁住房供应有限，由此产生青年人才的生活品质难提升、子女入学难解决等系列问题。抽样调查显示：2552名青年人才中，给予鄞州"很重视"青年人才好评的只占20.14%，评价鄞州对青年人才"一般"的占30.49%，评价鄞州对青年人才"不太重视"的占4.19%。

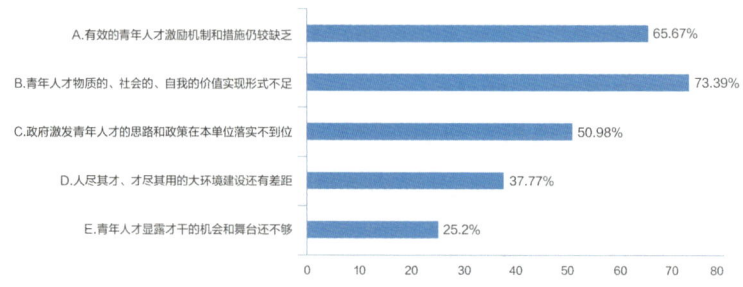

图3 抽样调查鄞州青年人才生态建设相关评价结构图

二、对策与建议

针对上述问题,建议从擦亮"万有鄞力"品牌、打造创业创新载体、构建环境优势等方面持续发力,增强鄞州对青年人才"磁吸力",争取实现"到 2025 年吸引大学生 15 万"目标。

一是擦亮"万有鄞力"品牌,增强对青年人才的人文"磁吸力"。丰富"万有鄞力"的内涵和外延,提炼更有青春活力、更具鄞州特色的城市标签。结合区第十五次党代会提出的建设首善鄞州目标,综合运用抖音、B 站等新媒体平台,打造凸显鄞州人文政策优势、创新创业环境的宣传矩阵,提升鄞州在青年人群中的知名度、美誉度。以协办杭州亚运会为契机,加快打造一批"鄞州文化符号 + 时尚休闲"的城市文化地标、青年聚集商圈、时尚网红打卡地,依托商业综合体、特色街区,培育消费新业态。

二是打造创业创新载体,增强对青年人才的平台"磁吸力"。积极争取中央、省级支持,在鄞建设高水平大学,提升高学历人才培养能力。鼓励在鄞高校紧跟宁波产业转型升级步伐,及时主动调整专业布局、学科设置,培养输送更多专业人才。加快鄞州软件园扩容建设,出台专项政策,培养、储备信息技术专业人才,增强数字经济发展"源动力"。加快面向青年创业者的企业孵化器、众创空间建设,推广青创鄞州等成功经验,建设"园区 + 基层 + 高校 + 企业"全域孵化、管家式青年创业创新服务平台。

三是构建环境比较优势,增强对青年人才的生态"磁吸力"。优化人才政策。以数字化政府建设和鄞州人才发展集团组建为契机,依托浙江创新中心,启动建设线上线下同步的"鄞州人才第一站"。充分借

鄞州职教中心新校区

鉴杭州等地人才政策，整合人才政策资源，实现精准推送，提高人才落地的舒适性和工作适配性。加大面向制造业人才的政策供给，吸引更多技能型青年人才加入"智造鄞州"。优化安居环境。加大面向青年人才的公租房、保障性租赁住房供给力度，加快线上配套租赁平台建设。重视青年人才的情感需求，丰富线上线下社交平台。加强优质教育资源供给，满足青年人才子女入学需求。加强典型宣传。在各领域广泛开展青年人才评选激励活动，提供广阔的展现舞台，吸引更多优秀青年来鄞就业创业。

（2022年7月）

关于我区商务区"党管人才"的建议

一、我区商务区人才管理的特点——以南部商务区为例

截至2018年12月,宁波南部商务区各类人才总量超过3.76万人,占鄞州人才总量的10.35%。预计整个商务区建成后人才总量将超过6万人,年均增长5000人,其中40岁以下占比达到80%以上。他们见识广、思维活跃、年富力强,有较高的专业技能,较广泛的社会联系,有较强的参政议政欲望。这个人才群体有以下四个特点。

一是行业领域的分散性。在入驻企业中,总部经济占0.6%,文化创意占11.4%,信息服务占7.1%,商业贸易占46.2%,其他产业占28.7%,大多数白领来自不同行业,相对而言,人员结构比较分散。

二是职业行为的流动性。商务区集聚的人才群体充满活力,其中30岁以下占46.4%,31—40岁占35.4%,41—50岁占12.0%,51岁以上占6.1%。他们有较高的就业动机,有较强的职业要求与发展空间预期。

三是思想意识的多元性。目前，南部商务区已有省级以上博士后工作站3家，市级以上企业技术创新团队3家，省级企业研究院2家，上市公司8家，带动集聚了一批高层次人才。他们独立性较强，在价值取向、行为特征、活动方式、生活情调等方面与其他阶层有明显的区别，思想意识及个人言行更趋独立性、选择性、多变性。

四是生活方式的多样性。他们把自助旅游、艺术化装修、看电影、休闲消费、公益活动、读EMBA等当作最喜爱的生活方式，需要政府帮助他们拓展社交圈。社会地位和政治参与成为他们一种新的追求，渴望得到更广泛的社会认同和更多的尊重。

二、我区商务区"党管人才"工作的难点

（一）存在"党管人才"认识误区，影响工作力度和效度

一是"党管人才"认识误区。由于长久以"党管干部"的模式对人才进行管理，一些人习惯认为"党管人才"就是"党管干部"体制的延伸，强调条文规范多、重视发挥主体作用少，强调共性多、尊重个性少。在人才的选拔任用上论资排辈，在管理上把人才管住，在人才资源开发上"唯我所有"，在人才标准上"唯高学历论"，有碍于各类优秀人才的成长和发展。

二是商务人才对"党管人才"认识模糊。一些商务白领对政府人才发展战略目标、实施政策、保障基础、监督考核机制等关注较少。在思想上存在误区，认为衡量人才工作的关键主要看引进的资金、项目，其他无关紧要；对商务区人才与商圈文化互动双赢缺乏全面认识。

（二）企业用人导向的"功利性"与"排外性"，影响人才队伍稳定

一是部分企业主心态复杂，甚至存在"金钱至上"的拜金主义思想。有的企业主认为企业组织活动多了，加重企业负担，影响企业经营和发展。

二是部分从业人员抱着"打工仔"心态，工作缺乏敢闯敢拼的精神。这些认识势必导致商务白领阶层认识上的混乱和悲观情绪，影响"党管人才"工作的成效。

（三）企业党建工作要素保障不足，降低人才工作绩效

一是人才教育管理要求高、难度大。一方面是"内容变化多"，必须根据商圈特点、人才思想状况、经营理念及生活需求不断更新；另一方面是"方式变化快"，教育形式、交流方式、沟通方法不能简单灌输，必须结合经济形势、企业发展战略、先进经营理念、个人发展特点等要素，做到灵活、实用。

二是企业专业党建人才缺乏。既熟悉商圈党建工作特点，又了解商务白领个性、工作习性、生活爱好等心理的党务人才缺乏。

三、深化我区商务区"党管人才"的对策建议

（一）拓展组织网络布局

一是开展组织网络梳理。将商务区按照楼宇分成若干网格，明晰商务区人才网络组织架构，建立联络员制度，对商务区人才网络进行梳理，变人才分散为集中，把脉商务区人才布局。

二是实行动态跟踪管理。各联络员及时摸清楼宇人才的数量、分

布和变化,完善充实人才信息库,并提供人才供求信息查询,及时传达楼宇"党管人才"工作的安排、布局与活动,建立审核备案制和目标责任机制,协助组工干部开展"党管人才"工作。

三是完善联席会议制度。听取商务人才对社会管理、企业发展、个人高级需求等方面的建议,充分尊重、保护他们的合法利益、政治信仰、生活方式。

(二)完善人才服务体系

一是创新人才引进模式。创新联络站引进、窗口接待、部门服务、商务区落户的人才服务模式。对符合条件的海内外人才初创企业落户,从创业资金、场地租用、物业管理等方面给予扶持。同时利用商会大厦融资服务优势,为中小微企业融资服务。

二是建设人才交流平台。整合南部商务区各类智库、兴趣小组等资源,建设南商人才交流论坛平台,定期不定期举办各类学术论坛和沙龙,增进人才思想交流碰撞,浓郁创业创新氛围。

三是整合商会组织与项目推介。通过整合项目推介,利用浙洽会、服装节和经济论坛等涉外经贸活动及海外招商推介活动,做好客商邀请、项目洽谈、媒体宣传、参观考察等工作。

(三)创新参政议政模式

一是目光瞄准高素质人才,定向培养。将政治素质与政治阅历丰富,善经营、懂管理,行业影响大、社会威望高的企业精英作为重点培养对象,适时开展分类集中培训。

二是完善建言献策联络制度。在规模较大的企业定期召开信息员联络会议，建有据之言，献务实之策。

三是构建"人才智库"。建设商务区智力智库，推荐各类优秀专业人才担任学会职务、人大代表、政协委员等，为党委政府提供决策参考服务，发挥"人才智囊团"作用。

（四）打造文化精神家园

一是创建"联合会"。遴选有较深专业造诣、较大社会贡献、较强参政议政能力、较大影响的领军人物组建"联合会"，及时了解、掌握思想动态与实际需求，协调处理各方面的关系，做到"平时有人访、成长有人帮、困难有人扶、成就有人颂"。

二是共建"商圈人才之家"。办好相亲节、文化音乐节，建好教育联谊网站，开辟 QQ、微信交友群，利用休闲会客厅，为各类人才提供集文化娱乐和政策咨询于一体的综合服务。

三是发挥党群 E 站服务功能，通过党建刊物合理渗透"党管人才"思想理念，为商区发展注入新鲜元素。

（五）健全责任考核机制

一是健全领导机制。重点对贯彻执行人才工作方针、政策、制度等情况进行督查、信息收集反馈，形成"党管人才"工作督察通报、咨询访问、问责等机制，推进"党管人才"工作有制可依、有章可循。

二是健全协调机制。建立包括工作例会、谈心接待、定期走访、信息反馈、宣传教育、情况通报、人才推荐、经费审查、台账管理、成员提案等制度，提升人才工作决策的科学化和民主化。

三是完善考评机制。建立由政治素质、社会贡献、参政议政、行业影响力等组成的指标考评体系。通过考评，争先创优，营造诚信经营、依法纳税、立足本职、奉献社会、锐意进取、奋发有为的良好工作氛围。

（2019年7月）

关于引导乡贤全面融入发展
助推鄞州建设共同富裕标杆区的建议

鄞州历来名人名贤辈出，鄞籍乡贤是"宁波帮"的杰出代表，为鄞州改革开放和现代化建设做出了重要贡献。区委区政府高度重视乡贤这支队伍，于 2019 年召开了首届天南海北鄞州人发展大会，组织乡贤对话论坛、重大项目合作签约，活动现场共有 19 个重大项目集中签约，总投资 470 亿，项目涉及总部经济、产城融合、基础设施建设、高端装备、智能制造、产业平台等领域。目前，全区各镇街已实现乡贤联谊组织全覆盖，建成了涵盖 3000 多名乡贤的"天南海北鄞州人"信息库。而鄞州正建设共同富裕标杆区，亟须发挥乡贤的力量，引导乡贤全面融入鄞州高质量发展，共同开创鄞州更加美好的明天。

一、乡贤全面融入鄞州发展的瓶颈制约

（一）组织形态仍待健全

当前，鄞州各镇街均组建了乡贤理事会或参事会，但大都层级不

高，高层次乡贤参事会只占区、镇（街道）、村（社区）三级乡贤参事会的1.8%，在党委政府层面还缺乏权威的组织建构，引领乡贤有效融入鄞州全面发展的力度不大、效果不佳，尤其是对二代、三代新乡贤的组织感召力度不够。

（二）激励机制尚待强化

调研发现，各镇街习惯动员乡贤回馈家乡建设，却往往忽视对乡贤的激励；不少政策激励方面的制度设计也需要改进和优化，特别是如何激励户籍在外的新乡贤回鄞州长期安居乐业，还需要进一步突破。在调研中，54%的乡贤反映地方政府相对忽视"文乡贤""德乡贤"及处于成长期的新乡贤，缺少对他们的关爱和激励。

（三）组织关系亟待提升

针对乡贤组织和村民自治组织之间的关系如何准确定位、乡贤以什么样的身份全面融入鄞州发展，尤其是乡贤组织如何更方便地进入官方治理平台等问题，调研发现，近一半的调研地缺乏体制吸纳意识，对乡贤授予荣誉称号时瞻前顾后，推荐担任"两代表一委员"时顾虑重重。

（四）规范约束有待加强

一方面，法律对乡贤组织的性质界定较为模糊，镇（街道）、村（社区）乡贤组织的法人资格难以获得，极大制约了乡贤以组织名义融入地方发展；另一方面，85.6%乡贤组织运行缺乏系统性规范，易致一些人以"乡贤"名义，凭借自身资金优势、人脉资源优势、话语权优势而异化为基层治理负面因素，需引起警惕。

二、乡贤全面融入鄞州发展需"五治"并举

（一）发挥"党建"引领作用，增强"政治"领导力

坚持正确政治方向，加强党的全面领导，抓好顶层设计和组织架构，将乡贤组织纳入党组织领导之下，各镇（街道）党委（党工委）要成立"乡贤工作领导小组"，设立"乡贤工作办公室"，按照"虚拟机构、实体运行"模式，提升乡贤全面融入鄞州发展的整体实效和综合战力，引导乡贤全面融入鄞州发展，推动乡贤在"共同富裕示范区"建设中发挥更多作用。

（二）发挥"制度"固本作用，增强"法治"保障力

坚持法律规范先行，在畅通"最多跑一次"法律服务的基础上，善于运用地方"立法权"，抓紧出台系统完备、科学规范、运行有效的乡贤组织建设行政规范性文件，规范乡贤组织治理边界，细化乡贤组织各项工作制度、议事规范，落细落微乡贤组织全面融入鄞州发展的形式、方法、程序，切实解决乡贤组织全面融入鄞州发展面临的无规可依窘境。

（三）发挥"道德"教化作用，增强"德治"感召力

道德教化是培育鄞州发展内生动力的重要路径，要挖掘乡贤文化的时代价值，寻找乡贤文化的传统根脉，激活乡贤思想道德引领作用，以"乡贤大讲堂"等为载体，通过上党课、讲初心、传经授道、现身说法，助力核心价值传播，厚植德治土壤，为乡贤有效融入鄞州发展提供源源不断的道德滋养。

（四）发挥"社会"组织作用，增强"自治"组织力

要激发乡贤理事会、参事会作为公益性基层社会组织的活力，定期组织评选优秀乡贤和乡贤组织，对造福梓里的乡贤公开褒奖，探索在"两代表一委员"等人事安排中，为做出突出贡献的乡贤留出名额，使其获得政治地位和社会声誉，调动乡贤组织全面融入鄞州发展的积极性、主动性、创造性，使其与基层自治组织建立良好沟通合作机制，弥补相互短板，形成有益补充，凝聚治理合力。

（五）发挥"智慧"协同作用，增加"智治"支撑力

依托区大数据中心建设，集聚全区乡贤优质资源，对全区乡贤进行智慧化管理，全面把脉鄞州乡贤参加基层治理的动态信息，及时进行跟踪反馈，凝聚全区智治力量，增强基层"智治"支撑力。此外，及早评估乡贤"回归"可能导致的"风险"，未雨绸缪积极行动，着力防范化解相关廉政风险。

（2021年8月）

打造特色社区需挖掘特色小巷文化

文化是一个地方的关键特质,一个特色社区应该拥有其特有的小巷文化,包括人文历史、地理资源等特质,涉及历史名人、传说典故、院士专家、暖心故事等题材,针对鄞州社区建设中存在的"千社一面"现象,亟待接上地气,在深挖创新特色小巷文化上下足功夫,铸造社区文化之魂。

一是有针对性地挖掘宣传一批院士名人。鄞州人才辈出,鄞州籍院士已达44人,占全市比例近四成,有德高望重的科技界元老,有执牛耳的科技界领军人物,有活跃在科技一线的中青年科学家。院士资源是鄞州区的智力宝藏,凝聚着城市精神,是社区的骄傲,值得很多社区挖掘发扬。同时,鄞州有很多在外工作的杰出人才甚至是国际名人,如《天南海北鄞州人》专栏收集采访到的世界大提琴家马友友、"风云四号"总设计师董瑶海等,这些名人是鄞州特有的资源,可以用艺术的形式再现他们的事迹,擦亮社区的文化金名片。

二是有选择性地保留用好一批老建筑地标。一个社区乃至一座城

市应该有自己的过去、现在和未来,而非"千城一面"。老建筑、老街巷是城市的过去,是曾经居住在这里的人永远的乡愁,一座老房子,如风筝的线,会将游子与家乡紧紧相连。香港教育家陈之娟说:"老家有房子,子孙会常来。"陈之娟老宅因为较好地保存下来,前两年陈之娟组织70人的家族成员前来考察寻根。但现实是很多老建筑由于过于老旧被拆,游子因此感到失落遗憾,淡化甚至隔绝了游子与家乡的联系。对于未列入保护名录的商铺、厂房等地标建筑,如果其反映了某个历史时期的特征风貌,应给予长者般的尊重与敬畏,有选择性地予以保留,并用好它,赋予其生机和活力。需要结合老旧小区改造,完善设施配套,改善老房子周边生活条件,使之与现代社会相适应。可以借鉴松阳县等地经验,根据市场需要,适度转变老房旧居功能,改造成咖啡馆、民宿、陈列室、文创基地等,以取得较好的社会、经济和生态效益。

三是有创新性地联络引进一批企业团队。挖掘沉睡的老旧建筑民居资源,关键的是人,核心是解决谁来开发建设的问题。如七彩村、3D墙绘村,通过引进团队进行"无中生有"的文化创意,让人眼前为之一亮,成为"网红打卡地"。中河街道引进一家文化公司,投入1.8亿元,对原有破旧的村级厂房进行整体改建,打造"东遇文化里",使之成为宁波文创旅游新地标。小众化有特色的文创产品、展览、拍卖能更好地满足城市居民的消费需求。打造特色社区,必须引入新理念和新思路,可通过引进大公司、文化创意团队和实行与美术专业院校结亲等方式,对社区老旧建筑民居进行有机更新,融入文化创意因子,建设文创项目实践基地,让老旧建筑民居变成文创之作,使之形成独有的文化特质。

(2019年12月)

关于茅山片区文旅融动开发的建议

新一轮行政区划调整后,姜山镇作为宁波城市南大门地位更加凸显,正奋力建设现代化田园城区。茅山片区原为乡镇合并前的茅山镇,位于姜山镇西南,毗邻奉化,区位优势明显,文旅资源丰富,生态资源突出,是鄞南连接奉化的重要节点,更是鄞州未来提质增效的重要增长极。区咨询委专家委员在调研中认为,茅山片区文化旅游产业基础很好,且《茅山集聚区规划》已于2018年获市政府批准,目前开发建设起步较晚,有无限的发展空间可以想象,根据人民群众对美好生活的向往,应充分发挥其资源优势,在尽量保护其原有山水田园风貌的基础上,以文旅产业融合发展为切入点,建设富有情怀的鄞南文旅融动示范区。具体建议如下。

一、开发茅山片区需把好"四种文化"

（一）传承耕读文化

北宋端拱年间（998—989），长洲进士陈矜任明州知府，死后葬于茅山，其子为父守墓，带家眷定居走马塘，遂成为今走马塘人先祖，陈氏家族重视教育，以耕读传世，笃守诗书礼乐，走马塘村先后走出了76位进士，形成了深厚的耕读文化底蕴，富有"天下进士第一村"之美誉。耕读文化暗含了"勤劳、拼搏、上进"的精神，是一种优良的家风，在现代社会，读书依然是让人开阔视野看世界的先决条件，需要大力传承下去。

（二）弘扬红帮文化

18世纪末19世纪初，茅山孙张漕村的张尚义远涉日本横滨，成为中国学做西服第一人，并带动亲朋好友及鄞奉子弟往日本做服装。后该村的孙光武于20世纪初在京津开创西式女装之先河。1998年，时任轻工部副部长的王曾敬为孙张漕村题词"中国红帮第一村"。红帮文化蕴含着"敢为人先、精于技艺、诚信重诺、勤奋敬业"的人文思想，红帮人开拓进取的精神更对服装产业转型升级具有重要的意义。

（三）光大藏书文化

历史悠久、古籍浩瀚的天一阁是亚洲现存最古老的藏书阁，富有"南国书城"之声誉，天一阁主人范钦暮年长居茅山，范钦的陵园也位于茅山，以范钦为标签的藏书文化是浙江文化流派的一部分，是国家藏书文化的象征，具有重要的历史文献价值、科学价值和艺术价值，值得进一步收集、整理和发掘。

（四）保护宗教文化

茅山片区宗教文化源远流长，原普安寺位于茅山山麓，梁代初建时称"茅山院"，为四明古刹；1064年宋英宗赐名"普安寺"；自隋唐至民国，普安寺被世人称为"天下第一寺"。范钦的嫡孙曾是这家寺院的方丈，中国佛教协会第一任会长八指头陀曾是这家寺庙的主持。20世纪40年代，普安寺被一场大火烧毁，"文革"期间又遭到进一步破坏，亟须对普安寺进行保护重修。

二、开发茅山片区需做实"五篇文章"

（一）制定一个整体规划

着眼于未来宁波城市发展大局，在茅山集聚区规划的基础上，对接市区新一轮国土空间规划，建议市区两级联动，由姜山镇牵头，联合发改局、自规局、文旅局、农林局、交通局等部门，统筹考量片区内外特色文化旅游资源，坚持全域景区化的开发理念，走文旅融动路线，突出董家跳河姆渡文化遗址、范钦墓、天下进士第一村、普安寺、茅山中学、红帮第一村等文化元素，凸显片区文化内涵，规划建设一个富有家国情怀特色的鄞南文旅融动示范区。

（二）谋划一个文旅项目

建议针对茅山片区开发建设现状和文旅资源分布，引入有情怀、有文化、有实力的民营资本参与，谋划一个市区重点文旅项目，由区宣传文旅部门负责，聘请国内有战略眼光和丰富经验的顶尖文旅专家，重点策划一个教育文化产业园项目，以重大项目为龙头，带动整个片区未来发展。项目布局为一核多点状，以茅山为核心，周边走马塘、董家跳、新张俞、孙张漕等为节点，以弘扬中华优秀传统文化为主题，突出爱国主义和当代民族精神教育，以发展文化旅游产业为主线，融入新经济理念，建设好一个文化公园，开发好一批特色民宿，办好一个研学中心，保护好一片明清建筑，修缮好一批历史文化遗址，培育好一条文明风景线，实现文化和旅游的融合，教育和文化的融合，物质文明和精神文明的融合。

（三）落地一批实事工程

建议适时对范钦墓进行重新修缮，整治范钦墓周边环境，植入现代文化元素；对范钦晚年居住地普安寺进行原地重修，恢复其完整面貌，并建设范钦纪念馆，实现范钦墓周边自然景观与人文景观的相融统一，建设范钦藏书文化重要传播地。对原茅山中学进行修缮扩建，建设教育培训研学中心、非遗展示中心、文创产品展示中心，建设一个具有民国风且兼具传统与现代文化特质的爱国主义教育基地。将董家跳古文化遗址开发为旅游景点，作为茅山景区的关键点进行培育，发掘茅山片区古文明，展示其深厚文化底蕴。在孙张漕村修建"中国红帮第一村"村史馆，以弘扬红帮文化为主题，编写村志，融合现代时尚文化元素，同时建设一个红帮文化传承基地。在走马塘村、新张俞村开发一批特色民宿，并适时配套开发健康养老、农事体验、文化创意项目，建设一张富有文旅特色的乡村振兴名片。

（四）设计一条文旅线路

注重旅游资源的互联互通，通过与5A级景区天一阁联动，设计天一阁—范钦墓—普安寺—茅山中学—走马塘—新张俞—孙张漕—董家跳特色文旅线路，将不同文化景点串珠成线，创新吃、住、游、乐、等文旅产品供给，吸引游客住下来，深入体验宁波历史文化，提供游客对宁波文化更加完整深刻的感触。

（五）建好一批公建设施

加快明辉路建设，改善胡家坟村附近由于拆迁而出现的断头路现状，打通该片区南北主要通道。加快改造提升茅姜路，方便居民和游客通行。同时，结合"稻香鄞南"美丽风景线建设，加快在规划的各景点建设一批步行街，饰以人文景观，方便游客观赏休憩。在茅山片区原茅山中心点，按照城市生活标准，高起点建设文化、生活、商贸等配套设施，丰富片区居民物质和精神文化生活。

（2020年12月）

关于深入挖掘徐偃王历史传说文化的对策建议

徐偃王是西周时期徐国国君，统辖今鲁苏沿海一带。相传他由于奉行仁义，疆域不断扩大，引起周穆王不满。公元前988年，周穆王联合楚国出兵讨伐徐国。徐偃王考虑战争会造成的严重后果，出于仁义而弃国避战，最终逃亡到东钱湖畔隐学定居。隐学山上至今仍保留有徐偃王墓冢。隐学山、玉几山的名称也与徐偃王历史传说有关。云龙镇前徐村村民一直以来都奉徐偃王为始祖，村内至今还保留着完整的徐氏族谱和偃王宗庙。徐偃王与诸多鄞州历史文化名人一起，为构建人文荟萃、星光熠熠的鄞州名人文化增添了又一抹亮色。

一、深入挖掘徐偃王历史传说文化的重要价值意义

（一）徐偃王历史传说文化是新时代鄞州精神的重要来源

徐偃王隐居鄞州后，把语言、文字等先进的中原文明带进了当时尚处于蛮荒时期的浙东地区，徐偃王主张"修行仁义，以怀诸侯"，徐

偃王"仁义"思想是儒家"仁义"学说的重要来源，孔子评价徐偃王"躬行仁义，远近悦服"，《荀子·非相篇》将徐偃王与尧、舜、禹等并称。徐偃王"仁义"思想代代相传，新时代鄞州精神中的"大义当先"，以及"千年义乡、厚德鄞州"公益文化品牌等，都可视为是徐偃王"仁义"思想的一脉传承。

（二）徐偃王历史传说文化是传承宁波历史文化发展的重要佐证

从 7000 年前的"河姆渡文化"，到 2500 年前勾践建立句章城推行"越文化"，宁波的历史文化曾出现过断层。20 世纪 30 年代，郭沫若在《殷周青铜器铭文研究》中提出："春秋初年之江浙，殆犹徐土"。意思是，春秋初期的江浙地区，虽说不等于徐国，却相当于徐文化、徐势力活跃的区域。因此，徐偃王及其创立的徐文化，是链接起河姆渡文化与越文化的重要佐证。深入挖掘徐偃王历史文化传说，有助于进一步厘清上古以来宁波历史文化发展脉络，增强"文化自信"。

（三）徐偃王历史传说文化是创新引领高科新城建设的重要支撑

区委区政府提出"十四五"期间要大力实施全域空间提升战略，创新引领钱湖高科新城建设，重点打造数字经济、高新经济、会展经济、文旅经济和休闲经济。文化是区域凝聚力和创造力的重要源泉。徐偃王历史传说文化，根植于云龙地区千年古邑和薪火相传文脉，能够为数字产业和高新产业发展提供思想源泉，为文旅产业和休闲产业发展提供魅力元素，是提升钱湖高科新城文化软实力的坚实后盾和有力支撑。

二、挖掘弘扬徐偃王历史传说文化存在的困难

近年来,围绕徐偃王历史文化传说挖掘传承弘扬,鄞州区云龙镇和前徐村开展了大量工作,如每年拨付经费修缮宗祠和宗谱;每逢徐偃王诞辰日举行大型公祭、庙会社戏、龙舟巡游等活动。但当前工作还是以地方村民自发为主,如何深度挖掘讲好徐偃王历史传说故事尚有一定的难度。

(一)文化传说故事掘度不够深

由于徐偃王事迹太过遥远,相关文物和文献资料比较匮乏,其文化深度发掘工作相对缺失,缺乏相应的深度提炼和有效总结,如何将"徐偃王与隐学文化""徐偃王传说与徐福东渡传说"等传奇故事讲透讲好,是推动文化传播深入人心的关键。

(二)文化传播载体效度不够广

关于徐偃王的历史传说故事,仅流传于部分宁波徐氏宗亲和地方文史爱好者中,广大市民知之甚少。在传播载体效度方面,缺乏相应的影视、文学、曲艺等生动活泼的文艺宣传形式,在旅游宣传、布展设计等方面也缺少有效的载体。

(三)文物开发研究力度不够大

徐偃王墓冢由于年代久远已多次被盗,尤其是原墓碑在"文革"时遗失。据考证,出土于云龙镇甲村的著名"羽人竞渡钺"和韩岭的"青铜编钟",虽然在时间上属于春秋战国,晚于徐偃王时期,但都属

于徐文化在鄞州的重要遗存；此外，2015 年发掘的鄞州横溪钱岙商周文化遗址，出土了许多与徐文化相关的文物，亟须加强研究开发。

三、深入挖掘徐偃王历史传说文化的设想和建议

（一）挖掘文化内涵，打好"文化赋能"牌

一是加强理论研究。建议由宣传部门牵头，成立徐偃王文化研究会，收集整理文化史料，充分挖掘、传承和发展徐偃王历史传说和隐学文化，将其作为宁波优秀传统文化继承弘扬。加大与高校、研究机构的合作力度，通过建立专家库、设立专项课题等方式，进一步加大对徐偃王历史事迹的发掘和研究。二是加强交流合作。加强与山东、江苏、浙江各地徐偃王（徐文化）研究机构以及日本、韩国等徐文化研究机构之间的交流合作，通过举办国际研讨会、学术交流、合作研学等方式，深入推进徐偃王历史传说文化和徐文化的交流传播。三是打造"徐偃王文化小镇"。将云龙镇打造成为"徐偃王文化小镇"，利用徐偃王文化赋能云龙镇建设，赋能钱湖高科新城建设。

（二）加强文艺创作，打好"宣传推广"牌

一是推进"徐偃王历史文化传说"市级非遗申报。整合政府部门、社会组织、文旅企业等多方力量，积极推进"徐偃王历史文化传说"申报市级非遗项目。二是加强文艺精品创作。积极编写创作"徐偃王传说系列故事"；筹拍徐偃王历史传说电视连续剧；开展"一人一艺杯"民间故事大赛，推动徐偃王历史传说文化进校园、进企业、进机关、进社区，不断形成文化认同，实现文化品牌的增值效应。三是加

强创意开发。将徐偃王历史传说与伦理道德教育、廉政文化教育结合起来；将徐偃王传说故事融入小游戏、小视频；发布徐偃王 VI 设计形象，设计推广徐偃王 Q 版形象冰箱贴、拼图、胶带等文创作品；在微信、微博、抖音等自媒体平台推广徐偃王系列表情包；将徐偃王历史传说文化 IP 做深做实做透。

（三）促进文旅融合，打好"水乡客厅"牌

一是高标准建设高科新城核心旅游区"水乡客厅"。以云龙镇冠英村 3 平方千米岛区为核心，打造钱湖高科新城"水乡客厅"景区，保留水乡特色，乡野气息，与东钱湖错位发展。同时为龙舟竞渡提供场地，还原端午节赛龙舟的传统生活场景。二是大力开发"隐逸文旅"。隐逸文旅是指以简单朴素及内心平和为追求的文化旅游现象，包含审美、养生、研学、遁世等丰富内涵，近年来大火的山水旅游、乡村休闲游就是隐逸文旅的体现。建议加强与浙江其他遗存有徐偃王活动遗址遗迹城市合作，开发隐学旅游线路。大力发展健康养生、医药养生产业。三是大力打造徐氏宗亲文化。围绕农历正月廿日"徐偃王诞辰纪念日"，积极举办"徐偃王诞辰公祭"节庆活动，建造徐姓名人博物馆，整合徐姓名人资源，吸引国内外优秀徐姓人才回归报效家乡。

（2021 年 6 月）

关于探索八法联动推动垃圾分类的建议

2019年10月1日起,《宁波市生活垃圾分类管理条例》正式施行,标志宁波市生活垃圾分类工作步入法治化轨道。鄞州将垃圾分类工作作为民生关键实事工程来抓。截至今年5月底,累计有377个小区27.8万户居民开展垃圾分类,机关事业单位、中小学校、国有企业垃圾分类覆盖率超过100%,居民小区生活垃圾覆盖率达到92.8%,垃圾分类知晓率达94%,已对垃圾分类违法行为立案查处52起,取得了良好成效。在"垃圾革命行动"背景下,鄞州务必要将垃圾分类作为一项长期性的社会发展大事来抓,不断创新工作方法,真正走在全市前列。针对目前鄞州垃圾分类工作中存在的垃圾分类知识普及有待深入、分类准确率不高、混投现象普遍等问题,必须结合基层实际,有针对性地探索有效有用的工作方法,切实推进鄞州生活垃圾分类工作。为此,建议如下。

一是典型示范法。选取垃圾分类工作中走在前列的社区、住户等先进典型案例,通过媒体联动报道,在全区进行宣传普及推广,发挥典型的示范带动作用。充分调动党员的积极性，认真落实党员垃圾分类承诺评价机制，发动党员在垃圾分类中积极参与宣传、示范和指导。

二是设施跟进法。借鉴国外垃圾分类经验，垃圾分类要提前在管道等设施建设方面进行布局，新建住宅小区要借助现代化数字化手段，配套跟进垃圾分类设施，从源头上减少垃圾产生数量。对于已建住宅小区，根据小区条件适时建设垃圾分类设施，推进垃圾分类和减量。

三是宣传普及法。针对垃圾分类知识量比较大且不易记忆的情况，借鉴上海等地经验，运用群众耳熟能详的语言，借助微信、垃圾桶、宣传窗、展板等阵地，以顺口溜等形式将垃圾分类知识转化成易懂、易记、易学的口语进行宣传普及，创新口语宣传内容表达，如"猪能吃的为厨余垃圾、猪不吃的为其他垃圾、猪吃了会死的为有害垃圾、卖了可以买猪的为可回收垃圾"，广泛深入宣传动员，从源头上深化群众垃圾分类意识。

四是小手牵引法。垃圾分类关键要从娃娃抓起，实行家庭、学校、社会多方联动，从幼儿园和中小学校开始抓起，通过学校老师训练，培养儿童、青少年良好的垃圾分类习惯，深化资源绿色使用理念，采取小手牵大手的方式，由学生带动家庭成员开展垃圾分类工作，通过小手牵引驱动垃圾分类工作。

五是积分奖励法。针对垃圾分类中居民普遍积极性不高的现象，深化实施垃圾分类积分兑换管理机制，在各小区严格落实桶长监督，给予严格按照垃圾分类标准投放垃圾的住户每天一定的积分，所得积分累积到一定程度可以兑换消费品，通过让利惠民调动居民积极性，形成全民参与垃圾分类的良好氛围。

六是收费约束法。根据国家发改委《关于创新和完善促进绿色发展价格机制的意见》，明确到2020年底前全国城市及建制镇全民建立生活垃圾处理收费制度，鼓励各地创新垃圾处理收费模式，提高收缴率。鄞州可探索先行试点，根据试点小区和上门回收企业的大数据处理结果，计算出每人日均生活垃圾产生量，确定收费标准，以户为单位缴纳，对不按要求分类且经教育不改者，经物业公司或居委会确定后提高收费档次，并将收费缴纳情况纳入个人信用评价体系。

七是考核督导法。对照生活垃圾分类覆盖率100%的目标，按照"横向到边、纵向到位"的原则，将垃圾分类考核督导覆盖到全区机关、学校、企业、社区、行政村和行业类宾馆、超市、商业综合体、专业市场、农贸市场及商铺、楼宇等，定期排出垃圾分类红黑榜，以全过程动态考核督导推进垃圾分类工作。进一步加大执法力度，对垃圾分类工作开展不力及反复出现问题的企业、物业及住户，加大行政处罚力度，倒逼垃圾分类工作。

八是产业带动法。针对垃圾分类工作中的资源浪费问题，注重扶持静脉产业发展，根据全区生活垃圾大数据分析，掌握生活垃圾变化趋势和固废回收利用情况，在鄞州经济开发区和鄞州工业园区等地，适时有针对性地引进静脉产业高新技术企业，突出固废回收利用和生活垃圾发电，促进鄞州静脉产业健康发展，以静脉产业发展带动垃圾分类工作。

（2019年7月）

关于加快规范鄞州区路名、小区名及门牌号的建议

近年来,区委区政府高度重视城市精细化管理,提出城市双修等要求。随着城市建设的不断发展,城区不断扩容,放射性路网不断向外延伸,老城区不断拆迁改造,新建道路和小区不断增多。同时,行政区划调整后出现很多路名和小区名重名、一路多名、门牌号建设滞后等种种现象,给城市形象和百姓出行带来一定的影响。规范路名、小区名及门牌号看似小事,实为大事,它能从小处体现一个城市的管理水平,体现一个城市的文化品位,体现一个城市的文明形象。从目前情况看,行政区划调整后鄞州区路名、小区名及门牌号主要存在以下几点问题。

一、广泛存在路名重名、无名、一路多名现象

随着鄞州和江东区的合并以及历史遗留问题,路名出现重名、无名、一路多名现象。比如原江东区的江东南路、北路之分的主干路,到原鄞州区地段的名称为宁南北路、南路之分;主干路在鄞州大道以北

叫广德湖路，鄞州大道以南姜山镇叫环镇路；比如姜山、横溪等很多乡镇都有人民路。还有很多路名未经过统一规划，取名过于简单，没有充分体现当地的文化底蕴。

二、滋生小区名一地多名，"洋、大、怪、重"乱象

房产开发商在楼盘命名时盲目贪大、媚洋、求怪，导致"洋、大、怪、重"等小区名乱象大量滋生。一些开发商为了追求商业利益最大化，给地产项目取名媚俗，未能根据传统文化而命名。并存在审批名称与实际广告宣传名称不一致情况，交付时出现一地多名现象。商务写字楼也普遍存在类似情况。

三、普遍存在门牌号缺损、跳号、自编自制现象

随着城市建设的迅速发展，尤其老城区道路改建、老旧小区外立面美化施工、沿街店铺店面装修、商铺挑选吉祥号码等各种原因，导致门牌号缺损、涂料污迹、顺序颠倒跳号、自编自制等现象；还有各小区、写字楼之间的门牌号数据相差悬殊，比如相邻之间的建筑会出现666、888的号码。

为更好地方便居民出行，提高城市管理水平，加强鄞州地方地域文化建设，现就规范鄞州区路名、小区名及门牌号提出以下建议。

（一）编制路名专项规划，尊重历史，体现地方特色

建议以民政局为牵头单位，住建局、自规局等相关职能部门配合

编制路名规划。按照保大改小、尊重历史、保持稳定、统筹协调等原则，同时也充分考虑历史因素，体现地方特色，保持城市道路名称的连贯性和延续性，编制一份路名专项规划，作为今后新建道路申报命名、老旧道路名称优化统一的根本依据。

（二）严格规范审批制度，挖掘文脉，体现地理人文

建议以民政局为审批单位，小区、写字楼项目一经许可后要马上启动名称的申报审批，严格按照最新的地名管理条例进行标准化、规范化审批。同时建议市场管理监督局要监督商业广告的宣传名称与审批名称一致，否则不予广告宣传。最终验收交付后挂名，建议住建局物业管理执行到位，出具相应的惩罚制度，对于一地多名的行为，将开发商列入黑名单。

（三）明确管理主体责任，加强排查，建立长效机制

建议由区民政局牵头，街道、社区、业委会、物业公司等共同参与的地名管理机制。对全区所有道路小区的门牌号进行排查，更新优化破损、不醒目、缺失的门牌号。日常门牌号新增、维护、施工要及时申报，主管部门要严格审查、验收。平时做好巡查等级和日常维护，巩固整治效果，使管理实现制度化、规范化、长效化。

为了使地名命名流程更加规范、完善，建议引入专家评议机制，吸收文史专家、院校学者或采取公开聘用等方式，建立健全地名专家库。引导社会公众广泛参与，如将命名的地名进行社会公示、投票选择等方式，同时加大地名文化的宣传力度。

（2019 年 12 月）

后 记

本书系宁波市鄞州区人民政府第二届咨询委员会2018—2022年度调研成果汇编,是本届咨询委员和特约委员集体智慧的结晶。定名为《咨言询论(2018-2022)》,意即咨询言论,现参照咨询委系统普遍做法予以出版,权作纪念,以资自勉。

全书共选取咨询报告、咨询建议50篇,分经济建设篇、城乡建设篇、社会建设篇三个部分。其中经济建设篇选取咨询报告10篇、咨询建议10篇;城乡建设篇选取咨询报告10篇、咨询建议5篇;社会建设篇选取咨询报告5篇、咨询建议10篇。咨询报告主要由咨询委员撰写,咨询建议由特约委员史斌、李成刚、项乐宏、刘智、俞珠飞、王倍菲、刘彬、田佳琦、陈金波、孔阳飞等撰写。限于篇幅,部分特约委员建议内容未予入选。

特别感谢宁波市委常委、鄞州区委书记沈敏百忙之中为本书做序,鄞州籍中青年书法家张忠良为本书题写书名,图片由鄞州区融媒体中心供稿,在此一并鸣谢!

鄞州区人民政府咨询委员会

2023年3月

附录

我们的团队
鄞州区人民政府咨询委员会（第二届）组成人员

一、领导成员

沈　权	主任
忻国龙	副主任
吴海平	副主任
华志苗	副主任

二、咨询委员

胡岳明	秘书长
王国坚	社会发展部部长
张瑞良	统筹城乡部部长
叶彭君	重大项目部部长
徐源忠	综合经济部部长

孙亚飞（女）　　办公室主任

三、特约委员

陈飞龙　　　　宁波市发改委原副巡视员
李成刚　　　　浙大宁波理工学院副教授
刘　彬　　　　达升物流股份有限公司董事长
孙伍琴（女）　浙大宁波理工学院教授
洪　峰　　　　四川省木里县委常委、副县长（挂职）
孔阳飞　　　　共青团鄞州区委副书记（兼）
张全民　　　　宁波教育学院阳明人文学院副院长
毛　磊　　　　宁波永新光学股份有限公司董事长
杨飞华　　　　鄞州区教育局原党委书记
邵英豪　　　　鄞州区总工会党组书记、副主席
陈金波　　　　浙江万里学院教授
曹宇震　　　　资深媒体人
周　彬　　　　宁波大学教授
王艳玲（女）　浙江万里学院教授
王倍菲（女）　宁波市自规局鄞州分局林业与海洋科负责人
曹明艳（女）　鄞州区政府办公室副主任
章　斌　　　　鄞州区征管中心副主任
徐　淼　　　　宁波诺丁汉大学科研处副处长
俞珠飞（女）　鄞州区融媒体中心编委
仇　坤　　　　鄞州银行行长

谢子远	宁波财经学院教授
毛盈飞（女）	鄞州区财政局总会计师
项乐宏	乐歌人体工学科技股份有限公司董事长
朱岚涛	宁波城市职业技术学院副教授
田佳琦	宁波市乡村振兴促进中心综合研究一科副科长
张　倩（女）	鄞州五乡镇副镇长
史　斌	宁波市政府发展研究中心研究三处处长
刘　智	鄞州区委党校原党委委员
王其冬	宁波大学研究员

四、办公室人员

史锡君（女）	办公室原常务副主任
孙奎刚	办公室干部
谭媛媛（女）	办公室工作人员

图书在版编目(CIP)数据

咨言询论 . 2018—2022 / 宁波市鄞州区人民政府咨询委员会编；沈权主编 . — 宁波：宁波出版社 ,2023.6
ISBN 978-7-5526-5009-9

Ⅰ . ①咨… Ⅱ . ①宁… ②沈… Ⅲ . ①区域经济发展—鄞州区— 2018-2022 —文集 Ⅳ . ① F127.554-53

中国国家版本馆 CIP 数据核字（2023）第 085004 号

咨言询论 . 2018—2022 ZIYAN XUNLUN
宁波市鄞州区人民政府咨询委员会　编
沈　权　主编

责任编辑	晏　洋
责任校对	陈凌欧
装帧设计	金字斋
出版发行	宁波出版社
	（宁波市甬江大道 1 号宁波书城 8 号楼 6 楼）
印　　刷	宁波白云印刷有限公司
开　　本	710mm×1000mm　1/16
印　　张	27　插页　1
字　　数	300 千
版　　次	2023 年 6 月第 1 版
印　　次	2023 年 6 月第 1 次印刷
标准书号	ISBN 978-7-5526-5009-9
定　　价	98.00 元

如发现缺页或倒装，影响阅读，请与出版社联系调换，联系电话：0574-87248279